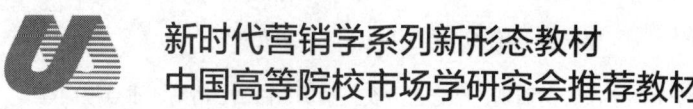

新时代营销学系列新形态教材
中国高等院校市场学研究会推荐教材

客户关系管理
数字化时代的客户运营

马宝龙◎主　编
李晓飞　姚　卿◎副主编
中国高等院校市场学研究会组织编写

清华大学出版社
北京

内 容 简 介

本书秉承透过现象看本质、基于本质去决策的原则，结合企业实践案例，简洁、清晰、重点地向读者阐述了客户关系管理的理念、方法和工具。在帮助读者认识客户关系管理的基础上，注重培养读者科学的客户运营思维方式，旨在使读者对客户关系管理形成系统、连贯的认识，对重要的客户关系管理理论知识形成深刻理解，并快速构建客户关系管理的框架和体系。

同时，本书与时俱进、注重结合时代发展，对互联网、新媒体下的客户关系管理方法和企业营销实践的演化进行了深入分析，能够很好地满足高校本科生、研究生、MBA 学生以及相关从业人员对学习客户关系管理理论知识、了解企业客户关系管理实践、把握客户关系管理发展动向等不同方面的需求。

本书封面贴有清华大学出版社防伪标签，无标签者不得销售。
版权所有，侵权必究。举报：010-62782989，beiqinquan@tup.tsinghua.edu.cn

图书在版编目（CIP）数据

客户关系管理：数字化时代的客户运营/马宝龙主编. —北京：清华大学出版社，2023.1（2025.1重印）
新时代营销学系列新形态教材
ISBN 978-7-302-62582-7

Ⅰ.①客… Ⅱ.①马… Ⅲ.①企业管理－供销管理 Ⅳ.①F274

中国国家版本馆 CIP 数据核字(2023)第 022863 号

责任编辑：刘志彬
封面设计：汉风唐韵
责任校对：王荣静
责任印制：刘海龙

出版发行：清华大学出版社
网　　址：https://www.tup.com.cn，https://www.wqxuetang.com
地　　址：北京清华大学学研大厦 A 座　　邮　编：100084
社 总 机：010-83470000　　邮　购：010-62786544
投稿与读者服务：010-62776969，c-service@tup.tsinghua.edu.cn
质 量 反 馈：010-62772015，zhiliang@tup.tsinghua.edu.cn
课 件 下 载：https://www.tup.com.cn，010-83470142

印 装 者：三河市少明印务有限公司
经　　销：全国新华书店
开　　本：185mm×260mm　　印　张：11.5　　字　数：231 千字
版　　次：2023 年 3 月第 1 版　　印　次：2025 年 1 月第 3 次印刷
定　　价：39.00 元

产品编号：099641-01

丛书编委会

主　任：符国群（北京大学）
副主任：景奉杰（华东理工大学）
　　　　龚艳萍（中南大学）
　　　　刘志彬（清华大学出版社）
委　员（按姓氏笔画排序）：

马宝龙（北京理工大学）	王　毅（中央财经大学）
王永贵（首都经济贸易大学）	王建明（浙江财经大学）
王海忠（中山大学）	牛全保（河南财经政法大学）
孔　锐［中国地质大学（北京）］	白长虹（南开大学）
吕　亮（北京邮电大学）	朱翊敏（中山大学）
孙国辉（中央财经大学）	李　季（中央财经大学）
李东进（南开大学）	李先国（中国人民大学）
连　漪（桂林理工大学）	肖　艳（宿迁学院）
肖淑红（北京体育大学）	何佳讯（华东师范大学）
汪　涛（武汉大学）	沈俏蔚（北京大学）
张　闯（东北财经大学）	金晓彤（吉林大学）
官翠玲（湖北中医药大学）	胡左浩（清华大学）
柯　丹（武汉大学）	侯丽敏（华东理工大学）
费显政（中南财经政法大学）	费鸿萍（华东理工大学）
姚　凯（中央财经大学）	贺和平（深圳大学）
袁胜军（桂林电子科技大学）	聂元昆（云南财经大学）
郭　锐［中国地质大学（武汉）］	黄　静（武汉大学）
彭泗清（北京大学）	蒋青云（复旦大学）
舒成利（西安交通大学）	曾伏娥（武汉大学）
滕乐法（江南大学）	戴　鑫（华中科技大学）

丛书编辑部

主　任：景奉杰（中国高等院校市场学研究会）
副主任：刘志彬（清华大学出版社）
成　员（按姓氏笔画排序）：
　　　　朱晓瑞（清华大学出版社）
　　　　严曼一（清华大学出版社）
　　　　张希贤（中国高等院校市场学研究会）
　　　　郑　敏（中国高等院校市场学研究会）
　　　　徐远洋（清华大学出版社）

丛 书 序

早在20世纪30年代，市场营销作为一门课程被引进我国，但受制于当时商品经济不发达，以及后来我国长期处于"短缺经济"状态，作为市场经济产物的市场营销并没有在中国"开枝散叶"。改革开放以后，伴随着我国社会主义市场经济的发展，经济学和管理学逐渐成为"显学"，作为管理学科重要组成部分的市场营销，不仅作为一门课程，还作为一个专业被众多大学开设。据不完全统计，目前我国有700余所高校开设了市场营销本科专业，每年招收的本科学生数以万计。不仅如此，作为商科知识的重要部分，几乎所有经济与管理类专业的学生都需要了解和学习市场营销知识，因此，社会对市场营销相关的教材和书籍有着巨大的需求。

有需求，就会有供给。早期的市场营销教材几乎是原封不动地对美国同类教材的翻译和"引进"，以至菲利普·科特勒的教材长时期成为我国学生接触、了解市场营销的启蒙读物。时至今日，我国绝大部分营销专业相关教材，都是以西方尤其是美国教材为基础加以改编或删减，真正立足于本土营销实践和具有中国理论特色的教材可谓凤毛麟角。这固然与中国营销学术总体上仍处于追赶阶段有关，也与我国一段时间营销学术界过于追求发表学术论文，对编写教材不甚重视有莫大关系。可喜的是，最近几年伴随国家对高校考核政策的调整，教材编写工作日益受到重视，一些优秀学者开始把更多的精力投入到教材建设中。

鉴于目前营销专业教材良莠不齐，众多高校教师在选用教材时面临难以抉择的窘境，中国高等院校市场学研究会（以下简称"学会"）决定组织全国营销领域知名学者编写一套具有本土特色、适应市场营销本科专业教学的高水平教材，以此推动营销学科建设和营销人才培养。本套教材力图博采众长，汇聚营销领域的最新研究成果及中国企业最新营销实践，以体现当前我国营销学术界在教材编写上的最高水准。为此，学会成立了专门的领导机构和编委会，负责每本教材主编、副主编遴选，同时要求主要撰稿者具有重要的学术影响和长期的一线教学经验。为确保教材内容的深度、广度和系统性，编委会还组织专家对教材编写大纲做了深入、细致的讨论与审核，并给出建设性修改意见。可以说，本套教材的编撰、出版，凝聚了我国市场营销学术界的集体智慧。

目前规划出版的教材共计33本，不仅涵盖营销专业核心课程教材，而且包括很多特色教材如《网络营销》《大数据营销》《营销工程》等，行业性教材如《旅游市场营销》《农产品市场营销》《医药市场营销学》《体育市场营销学》《珠宝营销管理》等。由于各高校在专业选修课甚至一些专业核心课程的开设上存在差异，本套教材为不同类型高校的教材选用提供了广泛的选择。随着社会、科技和教育的发展，学会还会对丛书书目进行动态更新和调整。

我们鼓励主编们在教材编写中博采众长，突出中国特色。本套教材在撰写之初，就提出尽量采用中国案例，尽可能多地选用本土材料和中国学者的研究成果。然而，我们也深知,市场营销这门学科毕竟发端于美国,总体上我国尚处于追赶者的地位。市场营销是一门实践性和情境性很强的学科,也是一门仍在不断发展、成长的学科,远未达到"成熟"的地步。更何况,发展中国本土营销学,既需要中国学者长期的研究积淀,也需要以开放的心态,吸收国外一切有益的优秀成果。在教材编写过程中,一味地排斥外来材料和成果,牵强附会地引用所谓"本土"材料,不仅是狭隘的,也是应当予以摒弃的。当然,在选用外来成果和材料时,需要有所甄别,有所批判和借鉴,而不是囫囵吞枣式地对所谓"权威材料"全盘接受。

本套教材的编写,在学会的发展史上也是一个里程碑式的事件。为了保证教材的编写质量,除了邀请在各领域的资深学者担任编委会成员和各教材的主编,还要求尽量吸收各领域的知名学者参与撰稿。此外,为方便教材的使用,每本教材配备了丰富的教辅材料,包括课程讲义、案例、题库和延伸阅读材料等。本套教材出版方清华大学出版社具有多年新形态教材建设经验,协助编者们制作了大量内容丰富的线上融媒体资源,包括文本、音视频、动漫、在线习题、实训平台等,使丛书更好地适应新时代线上线下结合的教学模式。

教材编写组织和出版过程中,众多学者做出了努力,由于篇幅所限,在此不一一致谢。特别要感谢学会副会长、华东理工大学景奉杰教授,从本套教材的策划、组织出版到后期推广规划,他尽心尽力,做出了非凡的贡献。清华大学出版社经管事业部刘志彬主任也是本套教材的主要策划者和推动者。从2019年9月清华大学出版社和学会达成初步合作意向,到2020年12月学会教学年会期间双方正式签署战略合作协议,再到2021年4月在北京召开第一次编委会,整个沟通过程愉快而顺畅,双方展现出充分的专业性和诚意,这是我们长期合作的坚实保障。在此,我代表学会,向所有参与本系列教材撰写、评审和出版的专家学者及编辑表示感谢!

教材建设是一项长期的工作,是一项需要付出智慧和汗水的工作,教材质量高低最终需要接受读者和市场的检验。虽然本套教材的撰写团队中名师云集,各位主编、副主编和编者在接受编写任务后,精心组织、竭忠尽智,但是由于营销专业各领域在研究积累上并不平衡,要使每本教材达到某种公认的"高水准"并非易事。好在教材编写是一个不断改进、不断完善的过程,相信在各位作者的共同努力下,经过精心打磨,本套教材一定会在众多同类教材中脱颖而出,成为公认的精品教材!

北京大学光华管理学院教授、博士生导师
中国高等院校市场学研究会会长

前　言

客户关系管理是市场营销研究的重要领域，其内容体系随着信息技术的发展程度、市场架构的特点、企业的竞争水平及客户特征的变化而不断更新调整。在市场中，客户关系是现代企业商务活动的核心战略资源，是企业在市场竞争中的关键砝码。因此，企业应基于"以客户为中心"的经营理念，运用先进技术和工具，整合企业资源，与客户建立长期稳定的信任关系，谋求客户价值最大化与企业收益最大化之间的平衡，从而实现企业的持续经营目标。

本书以客户关系管理为逻辑主线，按照客户建立、维持、发展、存续等的客户生命周期流程进行布局，梳理企业与客户之间的关系管理，帮助企业营销人员与管理人员随时把握客户需求，将理论与实践相结合，赢得以客户为导向的时代竞争。同时，此次修订还凸显了"互联网+"背景下客户关系管理的研究和应用。具体而言，本书重点突出了如下特色。

1. 本书遵循"体系结构合理，编排条理清晰，文字通俗易懂，案例丰富实用，内容详略得当"的基本原则，突出营销理念的实践性，在各个章节以"引导案例"引出章节主题，帮助读者深入理解所述概念。

2. 本书在内容上更加强调消费端（2C）客户关系管理的一般规律，以客户生命周期为时间轴，形成一条完整的客户关系管理链条，以更加具有针对性的方式为各类客户关系现象提出解决方案，从而帮助读者培养相关体系思维模式，利用知识解决实际问题。

3. 本书深入浅出、通俗易懂，将"客户"这一代名词模糊化，以购买或使用产品的消费者作为主要研究对象，旨在使读者挖掘各类客户的价值，主动开发潜在客户，提升企业核心竞争力。

4. 本书跟随时代进程、结合时代背景，阐述了互联网背景下技术与营销融合的重要性，对新型客户关系管理的理念进行了深度剖析，并给出了解决方案。

在内容方面，本书共包括7章，从客户关系管理理念、过程和工具3个方面展开，可分为三大部分：第一部分是第1章、第2章，主要是对客户关系管理的产生、内涵和演变的整体概述，以及对客户生命周期和客户终身价值的含义的解读，帮助读者建立对现代客户关系管理的认知；第二部分是第3章~第6章，在理解核心理念的基础上，系统阐述客户关系建立的全过程，即客户关系的建立、维护、发展，以及对客户流失与赢回的持续关注；第三部分是第7章，讨论客户关系管理实施过程中数据挖掘、大数据分析等信息技术工具对实施有效性的支持与影响。

在本书编写过程中，北京理工大学马宝龙教授的博士生孙建鑫、李茸、魏少木，硕士生刘成宇、张超越，北京科技大学姚卿教授的硕士生韩译萱、陈苗，在资料收集和整理方面付出了辛勤的劳动，在此一并致谢。

由于作者主要从事市场营销学的研究、教学与实践工作，而市场营销又是实践性非常强的学科，尽管参阅了大量国内外著作与文献资料，但受限于水平和实践，编写中难免存在一定的局限性和片面性，疏漏和错误之处在所难免，恳请读者批评指正，以期逐步充实和完善。

目 录

第1章 客户关系管理的演变 ... 1
1.1 拥抱客户的时代 ... 2
1.2 客户成为企业战略的焦点 ... 4
1.3 数字经济时代客户关系管理的新变化 ... 8
1.4 客户关系管理的内涵与本质 ... 14

第2章 客户生命周期和客户终身价值 ... 23
2.1 价值创造 ... 24
2.2 客户生命周期 ... 27
2.3 客户终身价值 ... 28
2.4 客户关系管理的终极目标——客户资产 ... 30

第3章 客户关系的建立 ... 37
3.1 客户识别与区分 ... 38
3.2 客户接触点与关键时刻 ... 45
3.3 如何链接客户? ... 50
3.4 内容管理 ... 55
3.5 客户媒介矩阵管理 ... 64

第4章 客户关系的维护 ... 73
4.1 将流量变成留量 ... 75
4.2 如何扩大留量池 ... 78
4.3 客户互动管理 ... 89
4.4 客户体验管理 ... 98

第5章 客户关系的发展 ... 111
5.1 客户忠诚管理 ... 112
5.2 忠诚计划 ... 120

5.3	客户交叉购买和向上购买	127
5.4	社群营销	131

第6章 客户流失与赢回管理 … 141

6.1	客户多生命周期阶段	142
6.2	客户流失原因分析	143
6.3	正确认识客户流失	144
6.4	客户赢回策略	150

第7章 客户关系管理的工具 … 154

7.1	客户数据的分析与应用	155
7.2	客户画像系统	160
7.3	客户关系管理系统	163
7.4	全域营销工具	166

参考文献 … 169

第1章

客户关系管理的演变

◆ **本章学习目标**

1. 了解客户关系管理的产生与发展；
2. 认识管理客户的重要性；
3. 熟悉和掌握数字经济所带来的客户关系管理工具的变化；
4. 熟悉和掌握客户关系管理的内涵、本质和思路。

◆ **引导案例**

华为公司——以客户为中心

通信行业一直是资本重度青睐、人才大批涌入的热门领域，也是长期以来欧美商业巨头的必争之地。尽管行业环境恶劣，但我国最优秀的民族企业之一——华为依靠其优秀的技术创新能力以及亮眼的海外市场经营绩效，跃居全球通信行业的技术和市场最高点，成为参与领跑的龙头企业。一家成立仅仅30余年的中国民营企业，是如何在竞争激烈的红海市场中顽强生存并不断成长的呢？

华为的总裁任正非曾经公开表示："华为走到今天，就是靠着对客户需求宗教般的信仰和敬畏，坚持把对客户的诚信做到极致。"在华为的发展过程中，其一直坚持"以客户为中心"的核心价值观，并将"为客户服务"作为华为存在的唯一理由。

在初创时期，华为致力于成就客户的传奇故事广为流传。在中国偏远的农村地区，电信线路被老鼠咬断致使客户网络中断的情况时有发生。而当时提供服务的跨国电信公司都认为这不是他们应该负责的问题，因此偏远地区的客户长期被此问题所困扰。华为发现这一问题之后，积极研发相应的解决方案，不仅为客户解决了难题，强化了客户关系，还让公司在开发防啃咬路线等坚固、结实的设备和材料方面积累了丰富的经验。除此之外，针对客户提出的问题，华为制定了24小时随时响应制度；针对早期华为设备经常出现故障的问题，华为的技术人员总是等到客户晚上不使用设备的时间段才进入客户的机房中维修设备。这与西方公司只提供优质的技术和产品、忽略服务的经营模式大不相同。这一改变不但帮助华为赢得了真正关心客户需求的美誉，而且促使其构建起自身的企业竞争优势。

在"以客户为中心"的核心理念指导下，华为将企业文化定位为高绩效文化。究其原因，就是公司若要持续不断地满足客户对低价、优质和完善服务的需求，那就必须具有强大的价值创造能力，而这种能力在企业内部的体现就是高绩效。与此同时，基于客户需求导向，华为确立并持续优化其研发、创新和服务策略、人力资源管理模式以及组织变革方向和进程。以研发策略为例，2010 年，华为的技术研发能力已基本可以同西方先进企业媲美，进入从"以技术为中心"向"以客户为中心"的转型阶段。为矫正研发体系中工程师"技术至上"而忽略市场需求的片面思想，华为出台硬性规定，每年必须有 5%的研发人员转做市场，同时也有一定比例的市场人员转做研发以提升研发部门对市场的敏感性。除此之外，在人力资源管理体系中，客户满意度作为从总裁到各级管理人员的重要考核指标之一。华为建立了一整套满意度管理的闭环体系，其中包含：定期开展分层级的针对第三方、业务和项目满意度调查工作；实时跟进调查结果并及时评估；如果发现满意度较低的情况，由负责人及时约谈并整改，同时也会配合专人负责后续的监督和落实。

华为秉承着"以客户为中心"的核心理念，年年都会取得优秀成绩。同时华为轮值董事长徐直军明确表示，为客户及伙伴创造价值，有质量地活下来是公司未来 5 年的战略目标。

资料来源：王伟立. 任正非：以客户为中心[M]. 深圳：海天出版社，2018.

1.1 拥抱客户的时代

从社会经济形态的演变进程来看，每当科学技术出现重大突破并应用于实践，以及逐渐向各个领域广泛渗透时，就会促进经济的结构性进步。随着互联网的兴起，特别是云计算、大数据、移动互联网、人工智能、物联网等新兴科技在产业中的运用，意味着一个新的产业时代已经来临，在国家数字经济发展战略引领下，我们正在大步跨入以互联网为基础的数字经济时代。

扩展阅读 1.1 "客户，您是总裁"——创维集团的经营观念

步入数字经济时代，代表知识资源、创新能力等以人力资本为主要形式的智力资本已跃居领导地位——只要拥有创新的商业模式，市场就会充分兑现企业的"客户"价值。现代企业正在迎来一个真正个性化、一对一的"以客户为中心"的时代……

1.1.1 客户关系管理的兴起

"客户关系管理"这个概念设立的初衷是为了更好地理解和迎合客户需求的尝试与失

败。人们往往认为客户关系管理是与呼叫中心（call center）、技术驱动型销售、自动化营销/销售、数据库营销和互动营销等相关概念联系在一起的，也有人认为客户关系管理跨越了这些领域，但是不少人更倾向于认为它是技术而不是信念和哲学。实际上，客户关系管理是对客户咨询/服务柜台、客户服务中心、企业资源计划（ERP）、数据挖掘、关系营销和数据库营销等术语进行整合之后的发展，弥补了以前术语不能很好地覆盖上述话题的不足。

客户关系管理的产生体现了两个重要的管理趋势的变化：首先，企业从以产品为中心的模式向以客户为中心的模式转变。随着各种现代生产管理和现代生产技术的发展，产品的差别越来越难以区分，产品同质化的趋势越来越明显，因此，通过产品差别细分市场赢得竞争优势变得越来越困难。其次，客户关系管理的产生还表明了企业管理的视角从由内向外型转换为由外向内型和内外互动型。众所周知，互联网及其他各种现代交通、通信工具的出现和发展催生了全球一体化，企业与企业之间的竞争也几乎变成了面对面的竞争，一个充满竞争与合作的关系型企业时代正在来临。

1.1.2 重心转移——从产品到客户

"以客户为中心"的表述，多年来一直频繁地出现在企业管理活动中。传统"以产品为中心"的营销理论指导企业围绕着产品（product）、价格（price）、地点（place）、促销（promotion）的 4P 展开营销管理，而以"客户为中心"的营销理论则强调并实践客户/消费者（customer/consumer）、成本（cost）、渠道（channel）、方便性（convenience）的 4C 理论模式。

扩展阅读 1.2 4P 与 4C 理论

只有在数字经济时代中，企业才真正具备了实现"以客为本"战略的基本条件。人们之所以更加青睐"以客为本"的战略，是因为它所包含的理念顺应了数字经济的要求，使传统企业也能够参与互联网时代的商业竞争而不被淘汰。

"以客为本"是数字经济时代实施客户关系管理的战略性航标。企业经营管理的基本理念随着经济发展和社会环境的变化不断演变，到目前为止大致经历了以下几个阶段。

第一阶段是"质量第一"。客户所处的市场环境较不发达，产品销售中竞争不激烈甚至不存在竞争，基本上只要企业能将产品生产出来，就能销售出去。这个阶段，企业经营管理的目标就是如何更快、更多地生产出产品，效率和质量是管理的重点。

第二阶段是"销售导向"。随着市场竞争的不断加剧，企业生产出的产品如果卖不出去就无法实现价值增值；为完成商品向货币的转换，"销售中心论"逐渐占据了主导地位，企业在重视产品质量的同时，不断强化营销，追求销售的充分实现。

第三阶段是"价格竞争"。价格竞争可以分为良性和恶性两种。良性的价格竞争有利于优化市场结构和更好地维护消费者的合法权益。各个企业都不断优化产品和服务，力图最大程度地满足所探寻到的客户需求，以谋求市场中的一席之地。在这一时期，我们更多地看到的是恶性的价格竞争，即价格战。在红海中谋生存的企业好似最偏爱价格战，但是这也许是他们走向亏损的导火索。囿于产品无差异化和竞争产品相似性高，企业间只能比谁的价格低。你家低，我家比你更低。比来比去，产品利润为零，甚至还得企业倒贴钱。企业要想跳出这个恶性循环就必须生产"差异化"产品或者服务。那么如何生产"差异化"呢？企业管理者们发现只有以客户为中心，持续发掘并开发客户的需求才能探寻到客户愿意买单的"差异化"。

第四阶段，对今天的企业来说，"以客为本"成为企业营销战略的核心诉求。客户需求构成了事实上的市场，因此也成为企业获利能力的根源——客户的满意，是企业效益的源泉。可以说，企业真正将客户需求的满足及其满意程度作为经营管理的中心理念时，一个客户导向的时代才真正到来。互联网正在改变企业的管理模式，也将彻底改变企业与客户交流互动的方式。如何获得客户、抓住客户，维护与客户的关系，维持客户的忠诚度，并通过他们影响更多的潜在用户、扩大市场份额，让客户感受到企业对他们的重视从而增进彼此的信任等，是当下所有企业应当关心的问题。

从企业实际的运营模式中可以进一步了解"以客为本"导向的重要性。目前，在国家政府宏观政策和市场需求的共同驱动下，很多企业已将以客户为中心作为立身之本，但仍有部分未成功转型的企业仍固守传统。以销售的实现过程为例，传统企业大多都是以工作习惯或传统流程为主开展销售，销售人员都是独自跟踪自己的销售机会，如通过传真、电话或E-mail与客户联络，客户信息将记录在他们各自的计算机或日记本中，然后定期向上级主管汇报，得到审批后形成销售合同。传统销售过程的结果是：销售人员无法跟踪众多复杂的销售机会，更无法综合分析客户的整体需要；销售环节多、周期长，大量重复性的工作中经常出现许多低级错误；信息传输慢，浪费时间，可能会导致合同不能及时提交甚至误失商机；商业信息零散会造成客户丢失或价值低估，更重要的是企业会由于单个销售人员的离职而丢失重要的客户信息；最后，销售环节过分独立，在与市场、技术支持、客户服务等业务环节的协调中，传统手工、低速的销售方式会产生种种不良后果，往往令企业无法承受。

所以，"以客为本"在新商业模式中正得到广泛的认同。企业在设计管理营运模式时，过去比较重视从内部的优势出发，先考虑自己有什么长处；但现在应当鼓励企业先从客户的外部需求出发，再考虑如何提高内部竞争力，以更好地满足市场需求——围绕"客户中心论"的商业模式产生出许多新的思想、新的做法、新的系统和商机。对企业来说，以客为本，如果能形成先进的、集成化的商务解决方案，帮助销售人员及时地收集客户和市场信息，有效地对客户的需求做出反馈，就犹如增添了一件锐利的竞争武器。

1.2　客户成为企业战略的焦点

数字经济时代的营销与以企业为主导的传统营销大不相同。随着智能终端和移动互联的迅猛发展，以移动设备、社交媒体、数字金融和定位服务为主要特征的场景成为人们生活和消费的常态。这为消费者带来了更加丰富的信息资源，也让客户拥有了更大的选择空间。客户不再以被动者的角色参与营销，而是以主要决策者的身份判断企业营销是否可行，他们只为能够满足其个性化期望的企业买单，而不再钟情于某一家企业。

因此，数字化时代的营销必须超越产品营销层次，谋求与客户建立更深层次的互动和保持更持久的关系。在这样的环境下，企业不得不重视客户资产，重点关注那些能够与顾客建立联结的接触环节，深入贯彻以客户为中心的管理理念，持续提高自身客户关系管理能力，以求得在数字市场中的一席之地。

1.2.1 管理客户的重要性

现代管理学之父彼得·德鲁克（Peter F. Drucker）曾说："顾客是企业存在的理由，企业的目的就在于创造顾客，顾客是企业营收与获利的唯一来源。"由此，管理客户的重要性可见一斑，其重要性主要体现在以下几个方面。

（1）降低企业维系老客户和开发新客户的成本

客户关系管理使企业与老客户保持一种良好而稳定的关系，这就为企业节省了一大笔向老客户进行宣传、促销等活动的费用。此外，好的客户关系会使老客户主动为企业进行有利的宣传，通过老客户的口碑效应，企业能更有效地吸引新客户，同时减少企业为吸引新客户所需支出的费用，从而降低开发新客户的成本。

例如，可口可乐公司创办人阿萨·G. 坎德勒（Asa Griggs Candler）曾有一句名言："即使我的企业一夜之间烧光，只要我的品牌还在，我就马上能恢复生产。"可口可乐为什么这么"牛"？不就是因为它的产品有着数以亿计的忠诚客户吗？也正因为如此，可口可乐用于维系老客户和开发新客户的成本可以相当低。

（2）降低企业与客户的交易成本

客户关系管理还使企业和客户之间较易形成稳定的伙伴关系和信用关系，这样，交易就容易实现，并且由过去逐次逐项的谈判交易发展成为例行的程序化交易，从而大大降低了搜寻成本、谈判成本和履约成本，最终降低了企业与客户的整体交易成本。

（3）促进增量购买和交叉购买

客户关系管理可以增加客户对企业的信任度，因而客户增量购买（即客户增加购买产品的金额）的可能性就会增大；反之，客户就可能缩减其购买量。

例如，当客户购买小米手机时，他就会被邀请进入小米社区。在线上社区里，他不仅可以浏览到小米插线板、小米打印机、小米空气净化器等一系列产品的介绍，还可以查看各个产品的相关带图评论和评测。在观看评测的同时，客户也会被评论者所展示的小米全生态的消费场景所打动。其中一个场景是：回家前，小米手机就可操控打开家中的加湿器；回到家后，坐到沙发上用小米手机打开小米电视；看着电视的同时，用手机连接上了家里的打印机就将一天游玩时所拍摄的照片打印了出来……客户在购买小米手机后，会不由自主地购置小米打印机、小米扫地机器人等其他产品。由此，小米公司通过线上社区极大地降低了客户管理成本，增强了客户黏性，与客户建立了良好关系，同时也实现了客户的增量购买。

客户关系管理还可以使客户交叉购买（即客户购买该企业生产的其他产品或拓展与企业的业务范围）的可能性变大。例如，购买海尔冰箱的客户，如果与海尔公司建立了良好的关系，当其需要购买电视、洗衣机、手机、电脑时，就比较容易接受海尔公司生产的相关产品。

（4）给企业带来源源不断的利润

传统的管理理念乃至现行的财务制度一开始只把厂房、设备、资金、股票、债券等视为资产，后来又把技术、人才也视为企业的资产。如今，人们逐渐认识到，"客户"及"客户关系"也是企业的重要资产，它能为企业带来利润。

低重复购买率一直是困扰房地产企业的头号难题，万科地产却因此而受益。万客会（万科所建立与用户互动的社区）资料显示，在万科地产现有的业主，万客会会员的重复购买率高达 65.3%；而且有 56.9%的业主表示其将考虑再次购置万科的房产。更夸张的是，在地产界流传着这样一种奇怪的现象，每逢万科新楼盘开盘之际，总会有老业主自发前来捧场，随之而来的是不菲的推荐成交单。借此，万科地产的推荐成交率居高不下，部分楼盘甚至能够达到 50%。忠诚用户的满意与推荐帮助万科地产打出了一张又一张响亮的名片，也为其招徕一笔又一笔的生意。

我国家电行业著名企业海尔集团首席执行官周云杰在主管市场期间每天上班的第一件事就是登录海尔的 CRM 网站按地域和产品查看相关信息。这个习惯由 2014 年沿袭而来，那时的信息资料是放到铁质的档案盒中的，是海尔销售员手写的销售档案。这么多年来，变换的只是技术手段，不变的是企业对待客户的态度。海尔坚信创造客户感动、获取客户忠诚的能力才是中国家电服务商的核心竞争力。正如周云杰所说："客户关系是树根，信息技术是树干，销售结果是树叶。"树根是苗木蓬勃生长的关键，对企业服务满意且愿意再次消费的客户也是企业持续发展的核心。

可见，良好的客户关系使企业拥有了相对稳定的客户群体和客户关系，因而能够降低风险、提高效率、促进销售、扩大市场占有率，从而给企业带来源源不断的利润。此外，良好的客户关系会使客户对企业抱有好感，客户就会降低对产品价格或服务价格变动的敏感度，因此使企业获得较高的利润。

综上所述，管理好客户关系可以降低企业维系老客户和开发新客户的成本、降低企业与客户的交易成本、促进增量购买和交叉购买、给企业带来源源不断的利润。企业的命运是建立在与客户保持长远利益关系的基础之上的，企业要想在激烈的市场竞争中保持长久优势就必须积极培养和建立客户关系，巩固和发展客户关系，并把良好的客户关系作为企业的宝贵资产和战略资源来进行有效的经营和管理。一言以蔽之，客户关系管理意义重大。

1.2.2 客户管理成为企业发展的核心能力

客户管理是企业为了提高核心竞争力，建立以客户为中心的发展战略，开展包括识别、选择、转化、发展和维系客户所需要的全部商业过程。随着数字化技术和移动互联应用的发展，客户管理成为企业和组织参与客户竞争、提升核心竞争力的重心。在这个连接和争夺客户的时代，企业需要恪守以下3个基本的客户管理法则。

扩展阅读 1.3 客户管理法则的相应案例

（1）将客户的利益放在首位

将客户的利益放在首位意味着企业必须将客户置于战略决策的核心地位，不仅需要主动识别客户，全面理解客户的需求，还要在产品销售和服务交付的战略选择中真正以客户的利益为首要的决策出发点。

如果没有做到这一点，或者过于重视企业的利益，就有可能失去客户的信任，甚至面临客户和媒体群起而攻之的局面。雅居乐的"维权事件"、百度的"医药门"、支付宝的"日记门"等都是企业违背这一客户管理原则而引发的商业事件。

（2）聚焦目标于客户的成功

客户成功意味着客户获得了预期的价值。企业想要真正赢得客户，成就伟大的生意，就必须将经营目标的重心聚焦于客户的成功，回归产品和服务本身为客户创造和传递价值。

大多数上市公司都面临着来自股东和债权人的各种压力，他们首先从企业的财务报告中寻找所需数据，其中，前者更加关注企业的盈利能力，后者更加关注企业的偿债能力，而二者优先考虑的均是自身利益，却忽略了实现客户预期的价值。

许多经营者被投资者所左右，他们为投资者服务，从来没有做到真正地以客户为中心，有时甚至不惜伤害客户的利益来换取资本市场的回报。为了增加产品利润，增加一些华而不实的功能，还打出提升性价比的营销噱头；为了控制运营预算，不惜砍掉服务成本，还美其名曰效率转型；为了吸引用户的目光，做出不能兑现的承诺。这些做法或多或少都是为了投资者的成功，而没有以客户的成功为首要目标。

平衡这些经营目标，从中找到客户成功的要素的确是一个战略性的管理挑战。

（3）向客户提供一体化服务

在服务经济时代，企业仅依靠核心产品很难取得足够的竞争优势。在提供卓越产品的同时，还必须提供足够优秀的服务赢得客户的认同。例如，苹果公司不仅提供了行业领先的卓越产品，还提供了代表业界最高水准的产品零售和客户服务体验。企业需要向客户提供一体化的服务。这意味着其产品和服务必须保持同样的水准。不能只提供好产品而没有好服务，也不能试图用殷勤的服务掩盖有缺陷的产品。

一体化的服务是有形产品、服务、信息、对客户的关怀和其他服务增值要素共同构成的相互整合和协调一致的产品与服务的"集合"。尽管这个集合有时会建立在有形产品之上，不过，确切来说，这个集合是一个服务集合。

进入数字化为特征的服务经济时代,产品和服务的边界在数字化的过程中变得模糊。在数字化环境下,产品和服务的信息传递以及与客户的互动接触过程首先就是服务体验。更进一步,一体化服务意味着能够在任意时间、任意接触点、全部产品和服务上向客户传递始终一致的体验。此外,有能力提供一体化服务的企业还具有以下特征。

- 形成协同一致的组织,具有灵活、敏捷和创新的特质。
- 无缝的内部运作协同,从而能够更好地响应客户请求。
- 以客户为导向的文化,主动适应不断变化的客户需求。
- 改变绩效考核的导向,以为客户创造价值为基本目标。
- 实现资源的合理配置,让客户成为资源分配的出发点。

1.3 数字经济时代客户关系管理的新变化

数字经济时代,(移动)互联网、社交媒体、大数据、人工智能以及区块链等技术蓬勃发展,企业和客户的行为模式随之发生变化。相应地,客户关系管理也开始向新型客户关系管理发展。要想在新时代下获得更多的忠诚客户和长久的盈利,企业就必须拥抱互联网、大数据等信息技术,并借此对其客户关系管理实践进行创新和变革。因此,企业需要了解新型客户关系管理的内涵、特征及其对客户关系管理实施所带来的影响,明确新型客户关系管理在未来发展中所面临的机遇和挑战。

扩展阅读 1.4 "以客户为中心"的商务"E"化实践

1.3.1 客户关系管理工具的变化

(1)社交化

随着市场上社交媒体数量的增多及其对客户体验、品牌忠诚度等企业关键绩效指标所产生的重要影响,基于社交媒体的社交化客户关系管理逐渐发展成为新的热门主题[①]。

社交化客户关系管理将社交媒体与客户关系管理结合在一起,体现了企业对客户主导权的一种反应[②]。借助社交媒体,企业能够在网络上公开发声、培育网络形象和声誉,通过沟通互动与客户建立起紧密联系,以个性化服务来吸引和挽留更多客户。社交化客户关系管理的核心主体在于:参与的个体和交互的话题。具体来看,企业通过社

扩展阅读 1.5 社交化客户关系管理与传统客户关系管理的区别

---

① DEWNARAIN S, RAMKISSOON H, MAYONDO F. Social customer relationship management:an integrated conceptual framework[J].Journal of Hospitality Marketing & Management, 2019, 28(2): 172-188.

② WIFIWER M, REINHOLD ALT R. Costomer context and social CRM: a literature review and research agenda [C]//BLED 2017 Proceedings.3.

交化客户关系管理对其社会关系网络进行智能化管理，甄别并衡量网络中每一位个体客户的需求和价值，对这些个体所构成的社会化网络结构形成一定的认知并进行管理，尽可能地选择最合适的社交媒体，通过不断地创造新颖且有趣的话题，凝聚众多的客户跟企业进行互动，最终通过满足个体的个性化需求，实现社会关系的转变和忠诚度的提升。

传统的客户关系管理往往以消费为导向，主要对客户的相关资料进行整理，并持续跟踪记录后续的消费情况，而对客户和企业之间或客户与客户之间的关系和互动重视不足。与传统的客户关系管理相比，社交化客户关系管理具有明显的优势，主要表现在以下几个方面。

- 基于互动的双边和网状沟通

借助社交媒体工具或平台，实施社交化客户关系管理的企业与客户甚至是客户与客户之间的实时的、真实的个性化互动日渐增多，进而逐渐交织成复杂的网状结构。

- 系统开放且规则透明

由于社交化客户关系管理是基于网络的社交媒体，因此要求其必须保持系统的开放性。除此之外，社交化客户关系管理中所形成的复杂社会网状结构，还必须依靠公开透明的规则来保障和约束。

- 支持客户大规模定制和个性化定制的需求

通过有效管理客户资源的相关信息，再加上基于 Web 的产品协同设计工具，客户能够真正参与到企业产品的设计和制造过程中来，从而真正高效地实现由客户驱动的大规模定制和个性化定制。

- 基于社群的跨渠道管理

社交化客户关系管理需要对多个渠道的客户数据进行整合，并结合大数据技术和特定算法对客户数据进行挖掘和分享，对多渠道中的同一客户进行细致的分析，以便勾勒出更为清晰的客户画像。此外，通过对客户进行标定、形成画像并细分为不同社群，企业还可以根据所属群组的特征进行资源的最优配置，通过精准的个性化沟通和服务，充分挖掘客户的价值。

（2）数字化

新经济时代，客户、技术和服务都在发生变化，企业必须将客户置于战略决策的焦点，转变业务体系，应用系统化的措施落实上文所提及的 3 个客户管理法则（将客户利益放在首位、聚焦目标于客户的成功、向客户交付一体化服务），在参与和赢得未来客户的竞争中获得优势。

数字化技术正在深化社会经济发展和商业模式转变，云计算、智能连接和大数据技术的发展让我们离智能时代更近，消费者产品和服务正在加速实现数字化转型，在这样的趋势下，未来所有的商业都将数字化。而数字化离不开的必然是数据。数据是数字化时代客户管理和营销应用最重要的资源之一。在更好地理解目标客户、准确预测客户的行为偏好、制定有效的营销策略、精准传递产品和服务信息、获得客户反馈、优化再营销策略等过程中,数据都是将这些过程贯穿起来而不可或缺的关键资源。

如今,年轻消费者已经是数字化的用户。他们不仅实时在线活动,还是最新的智能产品的购买者和使用者,每一个面向消费者提供产品和服务的企业都希望能够赢得这一数量庞大的新兴网络消费族群的信赖。在信息触手可及的数字化时代,为牢牢拴住消费者的心,企业必须深刻理解数字化客户管理的以下这些特征。

- **消费者彼此相互连接**。数字化的客户实时在线,通过社交网络连接在一起,他们更加主动地选择与商家的连接和交互方式。
- **非线性的数字化决策**。数字化客户的决策过程发生了变化,他们不再是线性决策,理解数字化决策模式才能更好地赢得客户转化。
- **不断增长的体验期望**。数字化客户更加注重体验,客户之间的相互连接使得客户通过社交媒体发出的声音变得更具影响力。
- **信任成为忠诚的基础**。数字化客户不再轻易地保持忠诚,他们希望更富情感的关系互动,赢得信任的过程需要更具策略性。
- **经营客户的长期价值**。数字化客户的价值更加容易测量,你需要建立更加完善的策略来赢得客户的长期价值。

(3)人工智能

不断丰富的数据、持续增长的连接和日益强大的计算能力促进数字技术的应用迈向智能化,与此同时,越来越多的新技术和应用为未来的商业发展带来了变革的驱动力。包括生物识别技术、云计算技术、区块链技术、机器人技术、人工智能技术在内的创新技术应用促进了产品、业务和服务的创新,驱动着全新的商业模式变革,促进了营销、服务和体验形态的转变。无论是与人们社会生活息息相关的生活消费、金融服务、交通运输、教育科技、健康医疗等产业,还是主要由政府部门提供的公共服务和社会服务,都面临着转变。

在智能分析领域,随着人工智能技术的兴起,在结构更加完整、产生更加快速和融合更加容易的数据环境下,基于机器学习算法的智能分析技术能够提供更有价值的服务。以金融服务行业为例,人工智能分析应用或将替代专业分析师提供更具价值的金融服务。人工智能所提供的市场分析预测与金融产品配置的合理建议或将服务于更广泛的客户群体。

在智慧服务领域,得益于更加全面和实时的数据、更加丰富的内容信息和更加智能的交互技术,越来越多原先依赖物理环境设施和人员交互的服务场景将转向数字化,随着自动化服务交互应用的成熟,客户更加自主地参与到服务过程中,未来的服务模式也因此而变得更加实时、简单、高效和智能。在未来,在线数字化互动和电话联系中心的人工服务响应将主要由智能机器人接管;银行业务都可通过数字化渠道办理,对于那些必须到线下办理的业务,客户通过移动设备也可了解具体流程并预约,从而提升业务办理的效率。

在智能体验领域，数字化技术不断产生新的客户交互场景，促进新的产品和服务形态的出现，带来了创新的客户体验。随着数字连接技术的发展和智能穿戴设备的广泛应用，不断会有更多的体验场景进入人们的生活。

在智慧营销领域，数字技术应用带来了新的营销思维，促进了营销方法和营销工具的升级。一方面，移动互联和社交媒体带来了连接红利，客户的接触和交互产生了大量的行为数据，更多的营销能够通过客户交互式参与的方式来实现；另一方面，智能技术的应用使得实时洞察客户的行为与即时满足客户的需求变得可能，营销更加关注如何在为客户创造价值的基础上实现商业价值。

大数据和机器学习算法的快速发展，缩短了人工智能走向现实应用的路径，我们正在迈向数据智能时代。社会商业从单向的产品设计、营销传播和服务提供变成以人机互动为主的方式。数据成为驱动人工智能应用的核心基础，企业利用获得的数据不断迭代更新产品设计、创新营销交互内容、优化服务交付方式，向客户提供更适合的产品、服务、内容和体验。

1.3.2 全生命周期管理的观念

数字经济时代，新型消费呈现出多元化、个性化、自由化的特征。移动互联技术使得消费者在较短的时间内即可捕获大量的产品知识，其中包括不同卖家的折扣力度、最新销量、产品质量等。这为消费者进行多样化选择提供了极大的便利。即使消费者对曾经购买过的某一产品或服务十分满意，他也可能因为折扣或其他原因尝试新的店铺。美国贝斯公司的调查显示，宣称满意的客户中的65%～80%也会转向其他公司的产品。在当今的消费市场上，客户满意并不代表其会绝对忠诚于某家企业。如果企业想让客户持续购买自己的产品，其就必须主动地进行客户全生命周期管理，帮助客户养成重复购买的习惯。

客户生命周期管理是对从客户考虑购买哪一商家的产品或服务，到客户购买后其对收入的贡献和成本的管理，再到客户离开倾向的预警和挽留，直到客户离开后进行赢回的整个过程的全流程管理。数字经济时代的客户生命管理是从潜客阶段就开始了，在这一阶段企业将投入人力、时间、物力等来激发客户的兴趣点，使客户吸引留意并关注企业。例如，当当网在新用户注册时就会要求客户填写阅读意向，然后主动推荐给客户相关的书籍，激发其购买欲望。紧接着，企业会花费大量的人力、物力来获取客户，关注与客户发生交互的接触点，与客户建立良好的联系。当客户有离开或者退网倾向时，企业就会通过派发优惠券等一系列的方式进行挽留。当客户彻底离开企业，企业对这一客户的生命周期管理宣告结束。以上海移动为例，客户从入网、在网、离网到回流的全过程都被上海移动纳入管理范畴。而后，上海移动再通过对入网客户的收入刺激、成本管控和交叉销售，对有离网倾向的客户使用预警和挽留等方式进行干预从而提高客户价值。

借此，上海移动的管理模式也从规模型转变成效益型。

1.3.3 大数据与客户关系管理

（1）大数据时代客户关系管理转型升级的必要性

客户关系管理既是一种策略，也是一种工具，其目的是通过信息技术和自动化流程来管理与客户的互动，以实现可持续的绩效增长和长期稳定的客户关系。任何客户关系管理的成功，都离不开广泛且准确的数据分析来提供支撑，以帮助企业有效地实现客户的识别、获取、挽留和赢回[1]。随着大数据时代的到来，传统客户关系管理正在遭受海量数据所带来的挑战，客户关系管理亟待转型升级。

由于大数据具有体量巨大、类型繁多等特征，传统的客户关系管理所主张的客户数据收集和分析方法已经很难与之相适应，具体表现在以下几方面[2]。

在传统客户关系管理中，企业收集的数据多为渠道单一且数量较少的结构化数据。随着移动互联网技术和社交媒体的发展，企业面对的更多是来自社交媒体平台的非结构化数据，如图片数据、音频数据、视频数据、地理位置数据等，这些都为企业的数据收集工作增加了难度，进而影响了后续的数据分析和预测。

由于数据体量以及类型的增多，实施传统的客户关系管理的企业在数据更新和分析速度上明显滞后，难以通过数据分析及时捕捉到客户不断变化的需求，以此分析结果为依据制定的客户关系管理策略势必也会脱离客户的真实需求，进而影响企业与客户的关系建立和维系。

大数据的丰富来源和类型背后蕴藏的是难以估量的商业价值。传统的客户关系管理系统中的数据挖掘技术，往往难以有效地满足对海量复杂数据的深度整合和加工，使企业无法从中发现潜在的商机并形成客户的立体画像[3]，从而限制了企业为其目标客户创造价值的活动效果。

因此，在大数据背景下，考虑到以客户为中心、以客户需求为导向的企业发展宗旨，客户关系管理的转型升级有其必要性和紧迫性。

（2）基于大数据的客户关系管理

大数据分析技术的发展，催生了新型客户关系管理战略，企业可以利用大数据分析技术为客户提供更好的体验，尤其是实现销售、服务以及产品方面的个性化和定制化。图1-1为大数据技术增强企业客户关系管理战略的基本框架[4]。

---

[1] SUN Z, STRANG K, FIRMIN S. Business analytics-based enterprise information systems[J]. Journal of Computer Information Systems, 2017, 57(2): 169-178.
[2] 鲁晓雪，李瑞新，关蕾. 大数据应用于客户关系管理的可行性与必要性[J]. 中国经贸导刊, 2016(14): 46-48.
[3] 田硕. 大数据时代CRM向信息化、智能化的转型发展研究[J]. 中国商论, 2018(26): 12-13.
[4] ANSHARI M, ALMUNAWAR M N, LIM S A. et al. Customer relationship management and big data enabled: personalization & customization of services[J]. Applied Computing and Informatics, 2019, 15(2): 94-101.

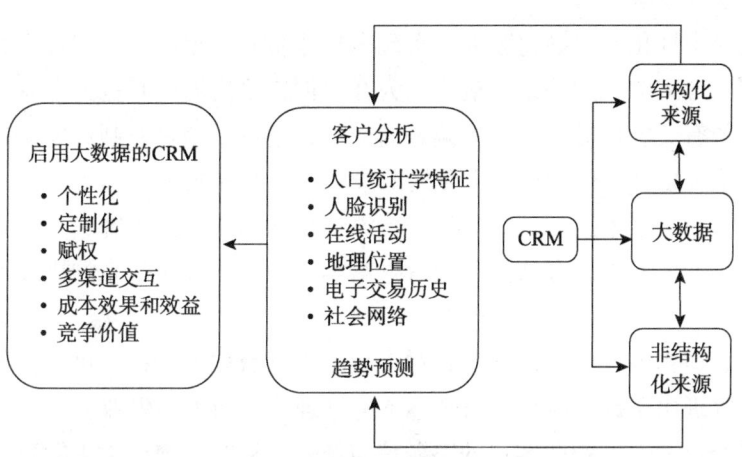

图 1-1 大数据增强客户关系管理战略的基本框架

资料来源：ANSHARI M, ALMUNAWAR M N, LIM S A. et al. Customer relationship management and big data enabled: personalization & customization of services[J]. Applied Computing and Informatics, 2019, 15(2): 94-101.

  大数据的核心价值在于对海量数据的收集、存储和分析，这也是其能够增强客户关系管理效果的关键。随着互联网技术以及社交化媒体的发展，企业与客户以及客户与客户之间可以进行沟通互动的渠道也越来越丰富，而渠道的增加也在一定程度上带来了数据数量的进一步增加。例如，一位华为手机用户可能会在华为公司的官方微博、微信公众号或者自己的微博、微信朋友圈以及微信群里，分享自己对华为手机的使用心得或者向周边朋友推荐华为手机，这些行为背后对应的是大量的、跨渠道的、非结构化的数据。通过运用大数据分析技术，企业不但可以获取传统的结构化数据，还能够高效地收集到多元渠道的非结构化数据，而且这些数据往往是涉及客户整个生命周期的心理与行为，从而为企业实施客户关系管理提供了丰富的、全面的数据支持。

  由于大数据能够在一定程度上保障客户信息收集与分析的准确度，所以企业可以据此判断并预测客户的需求和行为轨迹。大数据能够为企业提供客户的全方位视图，包括人口统计特征、线上活动行为、地理位置、线上交易的历史记录、社交媒体生成内容等，以便使企业能够更加全面、更加系统地了解客户，更详尽地勾勒出不同客户的用户画像。也正因如此，企业对客户数据的分析和预测才会更加客观、更加全面。除此之外，凭借大数据分析技术，企业还可以快速有效地从海量数据中找到目标客户的有用数据，然后通过对数据的深度加工和挖掘，找出提升客户价值和企业竞争力的方法[①]。

  大数据技术对于改善客户关系管理的实施效果举足轻重。如上所述，借助大数据所提供的、有关客户的全方位信息，企业可以更精准地预测出客户对产品和营销信息的反应趋势，并以此为基础，加强与客户的互动（例如，为激励客户参与到产品或服务的设计和开发过程中，可以赋予客户更多的权力），打通多元渠道的连接，进而针对客户的独

[①] LIANG Y. H. Customer relationship management and big data mining. In: PEDRYCZ W, CHEN S M. Information granularity, big data, and computational intelligence. Studies in Big 2015, 8.

特需求为其提供个性化的定制化服务，实现客户体验的一致性，提升客户的满意度和忠诚度，强化双方之间的长期关系，最终在为客户创造价值的同时也为企业创造利润。另外，诸如此类的有关客户需求和行为偏好的数据，还可以为企业制订经营计划，为合理安排预算提供重要依据，以确保最大化资源投入的效率和效果。

不过，在大数据技术凭借其收集和分析海量数据的能力而为客户关系管理带来巨大收益的同时，企业还必须充分认识到大数据给客户关系管理所带来的挑战，主要表现在以下几个方面[①]。

首先，缺乏适当的专业知识和工具对大数据进行获取和分析，可能会导致基于大数据的客户关系管理由于疲于应付和居高不下的管理成本而走向失败。

其次，对企业而言，跟踪客户的整条消费链——从对品牌产生兴趣到最终发生购买行为的全过程有一定的难度。如果上述过程中涉及渠道的转换和跨界的话，那难度就更大了。例如，如果某位客户在网上收集商品信息之后转向到实体店去进行购买的话，这无疑会加大企业对其社交行为和购买行为的跟踪难度与数据收集的难度。

再次，基于大数据的客户关系管理可能需要更多用户友好型的数据分析工具，以便确保客户能够配合并支持企业的数据收集与分析工作。对于无法理解企业行为的客户来说，任何数据的收集和获取可能都会被看作一种不好的消费体验，进而影响客户的满意度和忠诚度。

最后，数据的真实性和安全性是企业实施基于大数据的客户关系管理的另一大挑战。社交媒体的发展，丰富了企业和客户的互动渠道，使企业除了能够获取客户的交易行为数据以外，还能获得有关客户的社交行为数据。例如，在实践中，企业可以通过收集客户在微博、微信等社交媒体上所发布的有关产品使用的帖子及其与网友的互动评论，来分析客户对品牌的认知和态度。不过，企业在使用这些多种渠道来源的数据时，首先要想方设法确保数据的真实性和安全性。

1.4　客户关系管理的内涵与本质

1.4.1　客户关系管理的内涵

客户关系是指客户与企业之间的相互影响与作用或客户与企业之间的某种性质的联系或客户与企业之间的关联。根据美国营销协会(American Marketing Association)的定义，客户关系管理就是协助企业与客户建立关系，使得双方都互利的管理模式。

客户关系管理首先是一种管理理念，其核心思想是将企业的客户（包括最终客户、分销商和合作伙伴、潜在客户与现实客户）作为企业的战略资源，通过完善的客户服务

---

① ANSHARI M, ALMUNAWAR M N, LIM S A. et al. Customer relationship management and big data enabled: personalization & customization of services[J]. Applied Computing and Informatics, 2019, 15(2): 94-101.

和深入的客户分析来满足客户的需求，保证实现客户终身价值。客户关系管理也是一种管理软件和技术，它将最佳的商业实践与大数据、云计算、人工智能等技术结合在一起，为企业的销售、客户服务和决策支持等方面提供自动化的解决方案。

实际上，有关客户关系管理的研究既具有一定的共同点又各自有侧重。综合目前众多有关客户关系管理的经典文献，大致可将其分成两大阵营。第一阵营是学术界和实业界对有效客户关系管理及其运用的探索，主要包括4种主要流派：第一种，客户关系管理是一种经营观念，是企业处理其经营业务及客户关系的一种态度、倾向和价值观，要求企业全面地认识客户，最大限度发展客户与企业的关系，实现客户价值的最大化[1]；第二种，客户关系管理是一套综合的战略方法，用以有效地使用客户信息，培养与现实的客户和潜在的客户之间的关系，为企业创造大量的价值；第三种，客户关系管理是一套基本的商业战略，企业利用完整、稳固的客户关系，而不是某个特定产品或业务单位来传递产品和服务；第四种，客户关系管理是通过一系列过程和系统来支持企业总体战略，以建立与特定客户之间的长期、有利可图的关系，其主要目标是通过更好地理解客户需求和偏好来增大客户价值[2]。第二阵营则是以SAS、SAP和IBM等为代表的客户关系管理方案平台开发商，侧重从技术的角度来定义客户关系管理，认为客户关系管理是一个过程，企业通过这个过程，最大限度地掌握和利用客户信息，以增加客户的忠诚度，实现客户的终生挽留，并通过客户关系管理应用软件的形式加以实现。

基于上述有关客户关系管理的界定与内涵的探讨，结合客户关系管理研究与实践的新特点，我们对客户关系管理的界定如下：客户关系管理是企业的一种经营哲学和总体战略，它采用先进的互联网与通信技术来获取客户数据，运用先进的数据分析工具来分析客户数据，挖掘客户的需求特征、偏好变化趋势和行为模式，积累、运用和共享客户知识，并进而通过有针对性地为不同客户提供具有优异价值的定制化产品或服务来管理处于不同生命周期的客户关系及其组合，通过有效的客户互动来强化客户忠诚并最终实现客户价值最大化和企业价值最大化之间的合理平衡的动态过程。这个定义包括以下几个层面的含义。

（1）客户关系管理不是一种简单的概念或方案，而是企业的一种哲学与战略，贯穿于企业的每个经营环节和经营部门，其目的是以有利可图的方式管理企业现有的客户和潜在的客户。为了使企业围绕客户有效地展开自己的经营活动，客户关系管理涉及战略远景、战略制定与实施以及过程、组织、人员和技术等各方面的变革。

---

[1] GRAHAM R P. Customer relationship management: how to turn a good business into a great one[M]. London: Hawksmere, 2001.

[2] LING R, YEN D C. Customer relationship management: an analysis framework and implementation strategies[J]. Journal of Computer Information Systems, 2001, 41(3): 82-97; STORBACKA K, LEHTINEN J. Customer relationship management: creating competitive advantage through win-win relationship strategies[M]. Singapore: McGrawHill Companies, 2001.

（2）客户关系管理的目的是实现客户价值最大化与企业价值最大化的合理平衡，即客户与企业之间的双赢。无疑，坚持以客户为中心、为客户创造优异价值是任何客户关系管理的基石，这是实现客户挽留和客户获取的关键所在。而另一方面，企业是以营利为中心的组织，实现利润最大化是企业生存和发展的宗旨。因此，二者之间不可避免地会存在一定的"冲突"：不惜代价地为客户创造价值，势必增加企业的成本和损害企业的盈利能力，势必无法保证企业长期持续地为客户创造最优异的客户价值的能力。不过，二者之间又存在一定的统一关系。为客户创造的价值越优异，越有可能提高客户的满意度和忠诚度，越有可能实现客户挽留与客户获取的目的，从而有利于实现企业价值的最大化。

（3）对客户互动的有效管理是切实保证客户关系管理的有效性的关键所在。无论是创造优异的客户价值，还是实现企业价值的最大化，一个至关重要的前提就是企业必须有效地管理与客户接触的每个界面，在与客户的互动中实现全情景价值的最优化，创造一种完美的客户体验，最大限度地捕捉有关客户的任何信息，既包括有关客户需求与偏好及其变动的信息，也包括客户特征及其建议的信息。

（4）以互联网、大数据和人工智能等为代表的信息技术是客户关系管理的技术支撑。无论是要创造最优异的客户价值和实现有效的客户互动，还是要制定和实施切实可行的客户关系管理战略及其相关措施，都需要强大的信息技术的支持，以便企业能够以整合的方式收集、分析、运用、共享和更新有关客户的任何信息，最大限度地产生、运用和共享客户知识。

（5）在不同客户表现差异性的偏好与需求的同时，他们也往往具有不同的价值，企业必须把主要精力集中在最有价值的客户身上。一般而言，那些低价值的客户在数量上往往占有绝大部分比重，但对企业的贡献可能却很小。客户关系管理并不是主张放弃那些低价值的客户，而是主张在客户细分和深入剖析的基础上加以区别对待。不过，这里需要特别强调的是，这里所说的价值，虽然都是指相对于企业而言客户所具有的价值，但人们需要从多个层面来理解其内涵，其中，既包括潜在客户价值，也包括现实的客户价值；既包括客户的经济货币价值，也包括客户的非货币性的社会价值。

实际上，虽然客户关系管理是最近几年才提出的，但它并不是什么新概念，在这个词出现之前，基本的营销理论已经发展得非常成熟，营销管理的基本思想已经定型。在引入客户关系管理之后，客户关系管理中的营销管理思想与传统营销思想相一致，只不过相应的营销方法可能发生了一定的变化。它是信息技术与传统的营销、销售、质量管理、知识管理和服务管理整合的产物，是营销理论的进一步拓展和升华。不过，正如上面的界定所描述的，客户关系管理已经超越了营销管理的狭隘范畴，而是企业的一种经营哲学和总体战略，是多个学科交叉发展的产物。

1.4.2 客户关系管理的本质

客户关系管理的外在表现是"管理和服务客户",不论企业的客户管理实践有多么千差万别,当我们通过繁杂纷纭的现象去看本质时,我们会发现客户关系管理都是为了实现客户价值的最大化。

(1)客户为什么选择你?

是谁为企业带来利润?是谁引领企业不断地超越自己?答案是客户。随着经济的发展,市场竞争愈演愈烈,维持持久的竞争优势成为了企业立于不败之地的核心。而竞争优势如何获得是企业都在考虑的一个问题。以海底捞的崛起为例,在竞争激烈的餐饮行业,品牌实际上是餐饮企业最为核心的竞争力,海底捞以其极致的服务体验闻名全国,而极致的服务体验背后,折射其深度的管理智慧。食材质量是优秀餐饮企业的基础,管理能力是优秀餐饮企业脱颖而出的"催化剂"。良好的食材质量基础和优秀的管理能力赋予海底捞极致的服务体验,构建其品牌"护城河"。构成客户选择的原因是多种多样的,但归根到底其本质是企业的产品和服务能为客户带来更多的价值。

企业要想在激烈的市场竞争中脱颖而出,获得客户的青睐,最重要的一点就是要知道客户究竟想要什么,了解客户的真正需求。只有做到以客户需求为导向来组织企业的经营活动,企业才能为客户创造更多的价值。商场的存在不再像几十年前一样,仅仅是为了满足消费者购买商品的需求。如今的购物中心集购物、娱乐、休闲于一体,越来越多的餐厅、游乐场、体验馆进驻商场的各个楼层。这是因为随着物质生活水平的提升,消费者的需求一直都在发生着改变。应对这种情况,商场如果不调整自身结构、丰富自身功能,那么它就会因失去顾客而成就竞争对手。不局限于商场,任何一个商品或者一项服务如若漠视客户需求,企图在市场上一成不变,它的结果必将是面对利润空间越来越小、被市场所淘汰的现实。因为客户所购买的从来都不是产品或服务本身,而是这些产品或服务能为他们带来的价值。企业的管理者必须明白产品和服务只是价值的载体,而我们的客户是明智的,他们会优先选择能为其提供最大价值的产品或服务。

正如现代管理学之父彼得·德鲁克(Peter F. Drucker)指出的,客户购买和消费的并不只是产品,而是价值。在搜索成本、有限的知识、能动性和收入水平约束下,客户通常会追求价值最大化,他们会感知出哪种产品会给自己传递最大的价值,然后采取行动购买。也就是说,客户的最终目的在于:寻求客户价值最大化而作出购买决策的选择。

(2)实现客户价值最大化

实现客户价值的最大化是客户关系管理的本质,也是客户关系管理的最终目标。企业发展需要对自己的资源进行有效的组织与配置。随着人类社会的发展,企业资源的内涵也在不断扩展,从早期的土地、设备、厂房、原材料、资金等有形资产,扩展到现在的品牌、商标、专利、知识产权、商誉、信息和独特能力等无形资产。在当今的数字经济时代，信息经过加工处理后所产生的知识，成为企业发展的战略资源。在人类社会从"产品"导向时代转变为"客户"导向时代的今天，客户的选择决定着企业的命运。相应地，客户关系与客户知识成为当今企业最重要的战略资源之一。例如，小米手机借助在线社区，增加客户间的互动；收集客户意见与需求，并在此基础上进行研发和应用升级。

客户感知价值是客户获得的利益与其在获取产品或服务中所付出的成本之比（见图1-2），客户在购买决策中往往会权衡产品带给他的利益和成本。产品或服务能够带给顾客的利益往往是多方面的，包含产品本身的功能利益（如手表可以显示时间）、形象利益（如手表可以作为时尚装饰品）、社会利益（如手表可以展示社会地位）等，而客户在获取这些利益的同时也要支付成本，包括货币成本、时间成本、风险成本等。企业则需结合目标客户群体与产品或服务特征凸显竞争优势，为客户实现价值最大化。

$$客户感知价值 = \frac{利益}{成本}$$

图1-2 客户感知价值公式

由于客户的购买决策都是基于自身感知价值最大化，那么对于企业的客户关系管理而言，为客户创造价值永远是恒定不变的主题。企业必须牢牢抓住这一主题，对企业与客户发生的各种关系进行全面管理，竭尽所能以实现客户价值的最大化。企业与客户之间的关系，不仅包括销售过程所发生的业务关系，如签订合同、处理订单、发货、收款等，还包括在企业营销及售后服务过程中发生的各种关系，企业服务人员对客户提供报道活动、各种服务活动、服务内容、服务效果的记录等；以及在企业市场调查活动和市场推广过程中与潜在客户发生的关系，在目标客户接触过程中企业与客户接触全过程所发生的多对多的关系。

1.4.3 客户关系管理的思路

客户关系管理是一个逐步完善与改进的循环过程（见图1-3）。首先企业基于对环境的认识和对自身条件的审视，形成基本的组织使命和愿景，进而确定客户关系管理战略目标，确立企业在一定时期内的整体和全局发展目标。其次，将客户需求作为企业行动指南，企业本身作为理解和掌握客户需求的"物化通道"。而理解客户需求的关键，在于倾听客户，建立起企业与客户之间的多种沟通渠道，以便使企业随时把握目标客户的期望和需求。然后，分析战略制定与实施的内外部环境，评估企业行动的影响因素，在企业能力与最大限度地使客户满意，培育客户忠诚之间建立起平衡。最后，在此基础上，根据所确定的标准对所生成的多方面指标进行评价，进行具体细节的设计并加以实施，再在效果评价与反馈的基础上对企业所实施的战略进行调整和改进。

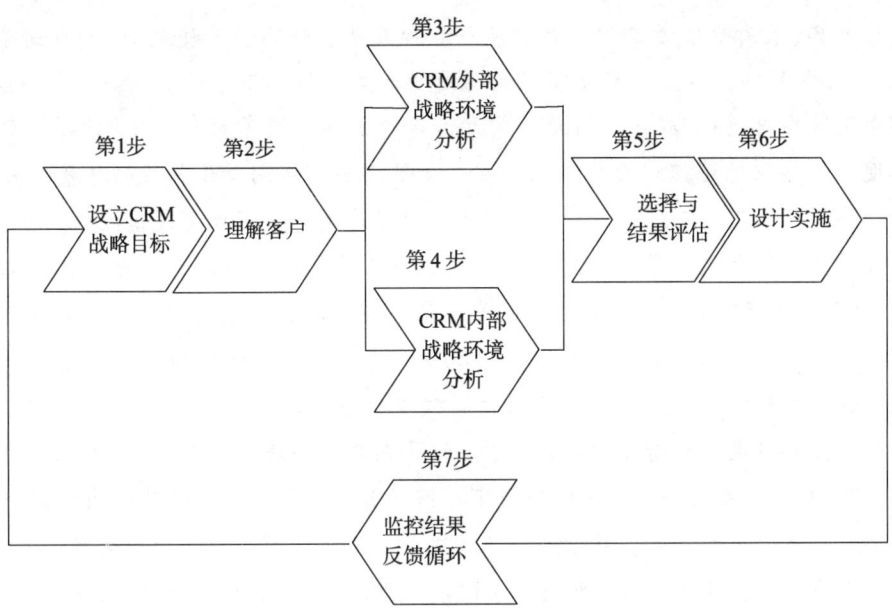

图 1-3 客户关系管理思路

资料来源：王永贵. 客户关系管理[M]. 北京：清华大学出版社，北京交通大学出版社，2007.

即测即练

案例讨论

蜜思肤：互联网环境下实体店顾客关系管理的异军突围

2021 年 4 月 19 日，单品牌连锁企业蜜思肤公司迁入新址，开启了蜜思肤再踏新征程的全新篇章。作为国内少有的植根于江南文化的化妆品单品牌连锁标杆企业，蜜思肤匠守初心，从 2011 年蜜思肤品牌创立起就将"水润养肤"这一核心价值理念深深扎根于品牌的血脉中。蜜思肤的创始人郑久炎在 2011 年将目光瞄准了单品牌店，随后成功转型进入单品牌领域。在互联网势如破竹的发展态势下，实体店的生存之道是什么？郑久炎是如何在大势之下将蜜思肤打造成当地最有代表性的化妆品店？

破冰：市场细分定位目标群体

我国皮肤学级护肤市场品牌来自中国、欧美、日韩等国家和地区，主要功效为皮肤屏障和敏感肌修护、舒缓补水、防晒修护等。根据国人皮肤特点，消费者大都更加崇尚天然成分产品，在郑久炎看来这正是发展单品牌天然护肤品的最佳理由。消费者皮肤"缺水""缺营养"的两大痛点，正是蜜思肤与消费者关系信息互惠的基础。

郑久炎曾经说道："我们宗旨是继续开好每一家店，服务好每一位顾客。"专注做好品牌态度，并提供值得信赖的产品，为爱美女性塑造"江南女子"般的精致、天然、水润的好肌肤。对郑久炎来说，坚持品质为先、顾客为先的品牌理念是蜜思肤的永恒目标，他也曾说道"做零售的人每天面对用户，最希望的就是每一位客户，都能喜欢上自己的产品。"创立之初拥有十余年零售经验的郑久炎深谙化妆品销售之道，在关系信息获取阶段，单品牌店必须同时驾驭品牌和零售的双重身份，另一方面保障产品质量，一方面提升门店运营及数据管理，形成属于蜜思肤的核心竞争力。

当每一位潜在的消费者走进门店时，美妆导购会立即送上一杯热茶，体现品牌的"一杯水文化"，无论消费与否，给消费者留下美好的品牌印象。针对进店的消费者个人皮肤特点，导购介绍适用的产品，并赠送免费的洗护、化妆体验、产品试用装等，享受清洁、护理、化妆的一整套洗护流程。在消费者沉浸式体验的过程中，讲解蜜思肤的品牌文化，拒绝刻板的营销方式。另外赠送10元无门槛优惠券的方式提升门店的新客户转化率。智慧门店和天猫门店也采取类似的拉新方式，但产品类型有一定差异。

养成：研发创新维护新老用户

谈到如何看待有些品牌的没落，创始人郑久炎说道："例如，一些早期的国内品牌，很多都是一个时代的产品，当年的消费者仅仅满足保湿的需求就够了，而作为企业来讲可能满足于市场的创新不够，另外一些没落的企业是被收购之后发展理念不合渐渐消失。但归结失败的根本原因是无法契合用户日益发展的需求，蜜思肤最注重的就是了解用户需求，以已有的用户为研究客体，根据皮肤变化和消费习惯轨迹的变化结合线上线下数据，不断研发创新。"在信息整合阶段，蜜思肤深刻明确：肌肤补水和补充营养才是实现美白、抗衰老、除皱等功效的根本，产品品质才是品牌最有力的名片。如果蜜思肤能够从根本上将护肤做得更好，后续才能有发展的基础。"任何一个新兴渠道的兴起，必将对传统渠道带来冲击，但电商、播商永远替代不了传统渠道。"郑久炎提到，目前蜜思肤只做单品牌店渠道，其他线上渠道的发展只是为了赋能线下门店提升业绩。面对新的消费环境，郑久炎认为蜜思肤要做的就是去学习借鉴、拥抱、整合新的技术、模式，更好地为用户提供服务。针对顾客的管理，采用"三位一体"运营模式："线下实体门店"营造舒适的购物环境、独特的产品体验和舒心用心的服务，给用户多重感官的消费体验；"线上智慧门店"全方位锁定用户、关注用户需求，打造门店独有的私域社群；通过"数据运营"工具，更好地挖掘用户需求，策划精准的营销活动，以达到门店业绩持续性增长。"

数据中心负责人说，数字管理App能够从导购、门店、区域等层次进行问题分析，针对业务部门上报的待分析门店，从"人、货、场、营销、服务"5个维度分析。在此过程中遇到的难题即为教门店人员分析数据，因此将其作为高级店长必修课程。利用会员 App 数据，门店运营人员可以具体了解会员的产品使用情况，"3 天～7 天～1 个月"的回访制度持续跟踪消费者的使用感受和皮肤状况，提供相应的产品推荐和护肤提示。营销助手也可以根据节假日、淡季、促销季等，向消费者个性化推荐可能使用的产品，提醒新老消费者及时兑换积分享受福利。门店内的洗护体验过程吸引到更多的潜在消费者进入门店产生消费。

黏性：会员管理助力品牌成长

在信息共享和利用阶段，会员管理是提升顾客满意度、顾客忠诚度、品牌影响力、顾客返店率、活动支持率的基础，手机号作为会员的唯一识别码，入会即可获得开卡礼，根据级别的不同所享受的福利存在差异。等级从低到高分别是蜜粉、普卡、银卡、金卡、白金，其中普卡和银卡占比最高。在门店及节假日营销活动时，会员能够参与活动所享受的力度不同。

一个会员从入会到成为门店的忠诚高级会员要经历很多过程，例如，初次到店消费、二回购买、生日回访、会员分享等。会员的数据化管理，可以让门店销售人员及管理者更加清晰、快速地了解门店的会员管理情况，会员数据化管理可以从营销、会员、消息三个类别查看各类数据。郑久炎提出"新顾客要哄，老顾客要宠"的原则，针对白金、金卡的忠实会员，不定期推送相匹配的新品信息；针对银卡会员面费赠送到店礼品，提升进店率，使其拥有良好的服务体验；普卡和蜜粉会员数量较大，设计微信攒积分送礼品、游戏送礼品等活动，增加互动和到店的频率。

活跃度管理的意义在于通过时间维度对会员进行精准营销，在合适的时间推送合适的活动信息，加深会员的记忆和品牌识别，提升会员体验和活动效果，降低活动成本。蜜思肤会员管理中，针对活跃用户（2 个月以内有消费），增强互动，在新品到店时邀约进店体验；沉默会员（2～4 个月前有消费），通过邀约进店送礼品或电子代金券，刺激会员再次进店，在邀约前门店根据会员的消费记录要判断会员之前购买的产品是否已经用完；睡眠会员（4～6 个月前有消费），重点邀约，通过体验、进店送礼品或电子代金券，刺激会员再次进店，在邀约前根据营销助手会员回访"五看"原则，了解会员后进行一对一精准回访；预流失会员（超过 6 个月未消费），重点邀约，在邀约前根据营销助手会员回访"五看"原则，了解会员后进行一对一精准回访，并找出会员未长期消费的原因；流失会员（超过 12 个月未消费），询问会员长期未来消费原因，如：对门店服务问题、居住或者工作变动、使用其他品牌、工作繁忙没时间等情况，做出分析并计划挽回措施；潜在性顾客开发，免费体验产品，增强顾客存在感，邀请入会添加门店的微信，让其更多地了解产品和品牌。

会员的分组精准化，对于门店的会员维护、门店业绩提升等有很大帮助。门店在做活动前根据活动产品在营销助手电脑端将会员进行分组，拟定目标然后进行会员分组并下发回访任务，通过精准分组做精准销售；会员分组支持门店从 11 个类别近 100 个维度对会员进行。

案例来源：侯旻，李灿灿，顾春梅. 蜜思肤：互联网环境下实体店顾客关系管理的异军突围[J]. 中国管理案例共享中心，2022.

思考题：

蜜思肤品牌的顾客关系管理如何进行消费者个性化管理？

案例分析思路

第 2 章

客户生命周期和客户终身价值

◆ 本章学习目标

1. 掌握客户价值的内涵、如何创造价值;
2. 掌握客户生命周期的含义、阶段;
3. 熟悉和掌握客户终身价值的含义和计算方法;
4. 熟悉和掌握客户资产的含义、计算方法。

◆ 引导案例

USAA 公司——最大化客户生命周期价值

当前,金融市场的竞争日益激烈,市场的重新洗牌也日益迫近。在金融混业经营的背景下,如何更好地吸引客户、占据客户更多的钱包份额、维护客户忠诚度,也成了所有金融企业共同面临的问题。

美国一家为军人和军人家庭提供保险、银行和投资服务的多元化金融服务公司——USAA,长久以来以出色的客户服务著称。USAA 公司成立于 1992 年,总部位于美国得克萨斯州,自成立以来一直将最大化客户生命周期价值视为最重要的战略焦点,奉行"一朝是客户,终生为您服务"的服务信条。USAA 致力服务于客户生命周期的每一个重要生活事件。对客户的喜结良缘、为人父母、乔迁新居、更换工作、退休生活、家庭关爱、丧偶等重要的生活事件,USAA 都精心设计了个性化的服务和产品解决方案,帮助客户从容应对这些关键的生活事件所需要的金融服务需求和生活挑战。

为了培养客户的全生命周期忠诚,USAA 努力向客户提供更加增值和更加节省的金融服务计划。在客户乔迁新居时,USAA 的金融顾问向客户提供个性化的全面解决方案,包括旧房资产评估、旧车交易、新房贷款、新车选购、搬家过程的保险服务,并且妥善安排,实施好这个全套服务方案。USAA 告诉客户这些服务在市场上的价格是多少,选择 USAA 的服务比单独从其他服务商购买能够节省多少钱,从而帮助客户做出更有价值的理智决策。在 2015 年,仅在汽车购买和租用服务上,USAA 就帮助客户平均节省了 3 443

美元。USAA 的服务不止产品，同时设计了包括丰富利益的忠诚计划，向客户提供整合的线下和在线购物消费折扣、旅行套餐、汽车选购、房屋选购等在内的多项增值服务。此外，USAA 还会定期组织处于不同生命周期阶段的客户，共同开发新型或衍生产品与服务，以确保公司对不同生命周期客户真实需求的把握。USAA 还与许多其他行业的服务提供商结成战略联盟，以尽量满足客户的不同需求。

USAA 的最大化客户生命周期策略得到了客户的高度赞誉，根据 USAA 的调查报告，92% 的客户表示愿意成为他的终生客户，其在银行、车险、家财险领域的客户推荐率均高达 81% 以上。

资料来源：史雁军. 数字化客户管理：数据智能时代如何洞察、连接、转化和赢得价值客户[M]. 北京：清华大学出版社，2018.

2.1 价值创造

价值创造是企业以客户为中心战略的重要组成部分，为客户提供非凡的价值并满足他们的需求是每家企业的任务。价值创造需要与每一位客户密切联系以便理解他们的客户需求，进而尽可能地向客户提供最适合的产品，以客户生命周期价值最大化为导向管理客户。

微课 2.1 营销短视症

2.1.1 什么是客户价值？

我们了解了客户是基于客户价值最大化做出购买决策，那么，我们就必须深刻理解什么是客户价值。从客户视角定义，客户价值是客户获得的全部利益与其在获得利益的同时而要付出的全部成本之间的比值。具体而言又可以将利益分成产品层面带来的理性利益，交付过程的体验利益及客户情感层面的感性利益，而将成本对应的划分为产品支付的货币成本、交付和使用过程付出的努力所带来的时间、精力等成本，以及产品或服务在情感层面的负面情绪（如图 2-1 所示）。客户理性利益是指那些给客户提供的物质层面的功能性利益，即产品的功效、性能、质量等为客户带来的利益（如手表可以看时间）；感性利益是客户在购买和使用产品的过程中产生某种情感利益，如自我的情感满足以及对于外界的自我展示（如品牌手表可以让你更有自信）。只是企业需要结合自己的目标客户及产品定位来凸显自己的优势，比竞争对手带给客户更多的利益；客户在获得这些利益的同时还要付出成本，最直接的成本就是按照价格支付的货币成本、当然还可能会有时间成本、学习成本，如很多苹果手机用户都反映说是也考虑过换成其他品牌手机，但一考虑到还要适应新的操作界面与系统，就放弃了，实际上，无非是转换会给客户带来成本，

$$\text{顾客价值} = \frac{\text{利益}}{\text{成本}} = \frac{\text{结果}+\text{交付}+\text{正面情绪}}{\text{价格}+\text{努力}+\text{负面情绪}}$$
（理性利益 / 过程利益 / 感性利益）

图 2-1 客户价值公式

而并不是其他品牌手机在利益层面做得不够好。

苹果公司创始人乔布斯曾说"客户并不知道他们自己想要什么？"但我们有理由相信，客户或许不知道他们自己想要什么，但他们一定知道如何选择！客户一定都是基于自身感知价值最大化来做出购买决策，因此，对于企业而言，为客户创造价值永远是恒定不变的主题，任何企业都要想办法向客户传递独特的高价值。

2.1.2 如何创造价值？

按照客户价值公式，企业创造价值可以从两方面切入（如图 2-2）：①增加产品带给客户的利益；②降低生产成本（因为价格减去生产成本就是企业的毛利润）。产品利益的增加和生产成本的降低可以帮助企业向客户提供更高的客户价值。

（1）通过增加产品利益创造价值

企业可以通过增加产品利益来创造价值，通过向客户传递比竞争对手更多的产品利益来实现产品盈利能力的提高。以智能手机为例，手机最基本的利益是通信功能（打电话、发短信），企业可以在手机通信功能的基础上增加拍照利益（Vivo X9 突出了手机的拍照功能）或社会利益（使用苹果手机可以凸显时尚、活力的身份）以提升客户价值。在华为由低端品牌向中高端品牌的转型之路中，正是由于 Mate 系列、P 系列手机产品带给客户区别于竞争对手的产品利益（炫酷的功能、精良的设计、过硬的质量），才使得华为手机成功逆袭。

（2）通过降低生产成本创造价值

产品实际价格与价格下限（生产成本）之间的差值即企业的单位毛利，这是企业销售产品的动力。所以，降低生产成本同样可以提升企业的利润空间。丰田公司以其高水平的成本管理举世闻名，它不遗余力地削减成本，被业界形象地称为"从干毛巾中拧出水来"。为了节约成本，丰田不断地挑战成本极限，成为汽车行业的低成本佼佼者。丰田将低成本作为企业追求的目标，而非低价格，原因很简单，因为价格并不是企业能够控制的，而低成本却是企业可以控制的。当企业实现相对于竞争对手的低成本时，价格自然就可能会成为消灭竞争对手的利器。由于丰田的生产成本低于行业平均水平，即使降价也能保持相当可观的利润。因此，在众多同行市场份额下降、面临巨额亏损的恶劣市场环境下，丰田仍然能够保持快速增长，市场份额稳步攀升，创造了巨大的利润（其利润率远超通用、福特）。

（3）增加产品利益和降低生产成本的平衡

我们知道，增加产品利益和降低生产成本是可以提高产品价值的两种途径。那是不

企业利润↑=单位利润↑×销售量

$$客户价值↑ = \frac{利益↑}{价格↓}$$

图 2-2 创造价值的途径

扩展阅读 2.1 星巴克的"第三空间"

扩展阅读 2.2 蜜雪冰城：饮品界"低价王者"

是意味着企业可以一味地增加产品利益而忽视成本管理，或者一味地节约成本而忽略产品利益呢？答案是否定的。产品主导型企业的根本是产品，最重要的还是企业产品比竞争对手有优势。即使是以成本管理闻名于世的丰田公司，虽然旨在通过降低生产成本来提高利润空间，但是其产品向客户传递的利益也不会低于竞争对手，这样才会形成竞争优势。再如，实施成本领先战略的沃尔玛，虽然一直保持低价销售，但沃尔玛在产品质量、服务水平等方面向客户传递的利益并没有逊色于竞争对手。

2.1.3 企业的价值主张

由于客户的购买决策都是基于自身感知价值最大化，那么对于企业而言，为客户创造价值永远是恒定不变的主题，无论处于何种行业何种类型的企业，都要想办法向客户创造并传递独特的高价值。而在创造价值的过程中企业都要力争实现独特的价值主张（value proposition），即为客户提供一系列的利益集合和利益系列来实现相对于竞争对手的顾客价值的提升。企业的每个价值主张都应该包含可选系列的产品或服务，以迎合特定细分市场顾客的消费诉求。有些企业的价值主张是颠覆性的，如苹果公司的产品，为客户提供了全新的利益；而另一些与现有市场上的产品相类似，只是增加了某一种功能或者更改了产品的外观，例如药妆佰草集突出中医、中草药文化，实现了具有独特中国风味的价值主张。

客户价值可以是定量的（价格、服务速度），也可以是定性的（设计、用户体验），图 2-3 中列出的 11 项价值主张的简要要素将有助于帮助企业梳理如何能够更好地为客户

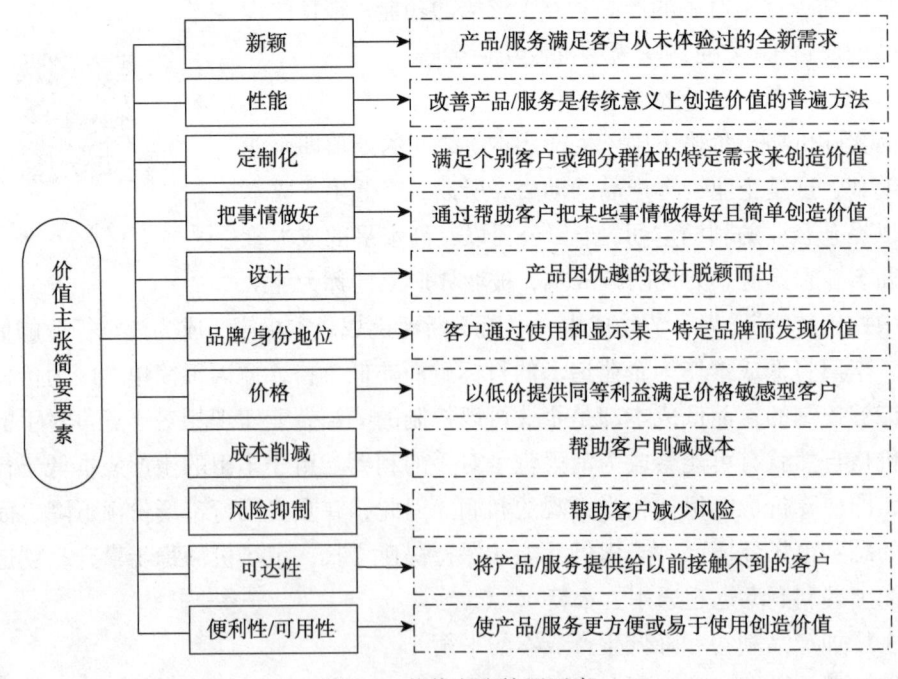

图 2-3 价值主张简要要素

创造价值。总体来说，围绕图 2-3 所示的价值公式，这 11 个方面提升客户价值的途径要么是为客户提供利益，要么是降低客户的成本。

2.2 客户生命周期

2.2.1 客户生命周期的定义

客户有一个从诞生到流失的过程，具有明显的生命周期的特点。从一个客户开始对企业进行了解或企业欲对某一客户进行开发开始，直到客户与企业的业务关系完全终止所经历的时间称为客户生命周期（customer lifetime）。作为管理客户的主体，企业应当认识到客户生命周期过程的重要性及不同阶段的特征，使其针对不同生命周期阶段的客户管理策略更加有效。

客户生命周期的定义，包括以下三层含义。

（1）在具体时间上，客户生命周期并不是指客户作为自然人或组织的生命存续时间，而是指个人或组织成为企业的客户直至不再具有这种身份的整个过程存续的时间跨度。

（2）在具体阶段上，客户生命周期与产品生命周期、组织生命周期等概念并不相同，因而针对不同阶段的管理方式有其自身特点。

（3）在判断标准上，客户生命周期以企业所设定的标准为判断依据，因而标准不同，所得出的客户生命周期结论就不一致。

随着互联网技术的普及与推广，客户生命周期的特征随之发生了巨大变化。企业产品供应与客户需求等信息在网络上全天候呈现，以及网上信息检索接近"零成本"，使交易中供求双方沟通与对接变得更加直接、快捷和便利。同时，线上、线下销售渠道的多元化选择，导致客户群体中出现"蝴蝶效应"，他们可以在不同供应商或网站平台间"飞来飞去"，因而使短缺经济时代或信息封闭时期所形成的"非他莫属"式忠诚度与专注力快速下降。

客户生命周期缩短是互联网时代背景下的一个普遍现象。新技术总是把客户的需求和消费期望，从一个高水平推向另一个更高的水平。企业必须紧跟客户消费需求的变化趋势，尽快调整产品种类，以跟上整个市场变化的节拍。从这个意义上讲，客户生命周期除了反映客户自身的特点外，还体现了一个国家或地区的技术变革反应速度和市场环境整体变迁轨迹。

2.2.2 客户生命周期阶段

通常情况下，客户生命周期可以划分为潜客期、考察期、形成期、成熟期和衰退期 5 个阶段，如图 2-4 所示。

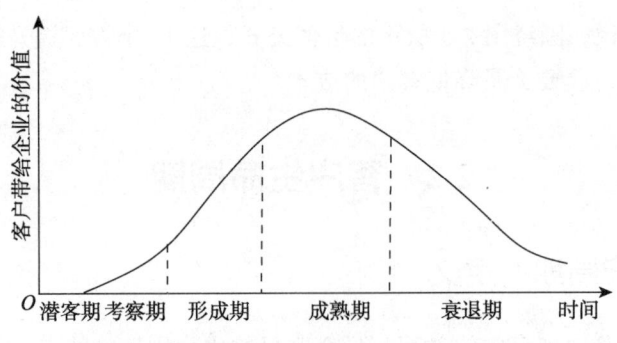

图 2-4　客户生命周期及其对应价值

▶ 在潜客期，客户在形式上主要是以"潜在客户"出现的。企业所能够做的工作主要是关注这些潜在客户的行为和态度。潜在客户一般会出现在企业的各种促销活动和接触点中，也许他们对企业的产品仅仅局限于感兴趣，还没有产生真正的购买意图。但是，这种感兴趣的心理状态极有可能向着真实购买行为转变，因此企业必须在这一时期投入足够的时间和精力来研究潜在客户的兴趣点。

▶ 在考察期，客户与企业刚建立联系，需要花费大量成本和精力来寻求信息并做出决策，企业则需要花费大量人力和物力投入来获取客户。因此，此阶段中的客户价值较小。

▶ 在形成期，客户与企业之间已经建立了一定的信任，与企业之间的交易或互动逐渐增加，企业从客户身上获得的收入逐渐大于投入，客户带给企业的价值逐渐增加。

▶ 在成熟期，客户和企业之间已经建立了长期的关系，客户对企业的产品/服务需求稳定，并愿意购买企业其他的产品/服务，为企业带来的价值达到最大。

▶ 在衰退期，客户的交易或与企业的互动水平下降，带给企业的价值逐渐减少。衰退期并不总是出现在成熟期之后，在任何一个阶段都可能衰退。

扩展阅读 2.3　京东的客户生命周期划分

2.3　客户终身价值

一个客户的真正价值是什么？这是每个企业都在思考的问题。客户终身价值（customer lifetime value，CLV），也叫客户生命周期价值。可以帮助企业从定量的角度为企业客户管理的具体措施和努力方向提供参考。

2.3.1　客户终身价值的定义

客户终身价值是指一位客户在未来所有周期内对企业利润的贡献总和，即来自某个客户的所有未来收益的净现值总和。如果不考虑货币的时间价值，客户终身价值就等于客户在其生命周期内各个时期客户盈利性的简单加总。通常来讲，客户带来的收益包括客户初期购买给企业带来的收益，客户重复购买给企业带来的收益，客户增量购买及交叉购买给企业带来的收益，由于获取与保持客户的成本降低及营销效率提高给企业带来的收益，客户向朋友或家人推荐企业的产品或服务给企业带来的收益，客户对价格的敏感性降低给企业带来的收益等。例如，可口可乐公司预测其一位忠诚客户50年能给公司带来的收益是1万美元，万宝路公司预测其一个忠诚客户30年能给公司带来的收益是2.5万美元，AT&T预测其一位忠诚客户30年能给公司带来的收益是7.2万美元，等等。

在计算每一个客户的终身价值时，将该客户在其生命周期内不同年度为企业带来的净利润进行折现再加总，就得到了该客户的终身价值。通过计算客户终身价值，企业可以有效地识别最有利可图的客户群，营销和服务等策略也可以相应地作出调整，以获得尽可能多的具有较高终身价值的客户。

客户终身价值有助于企业对不同客户进行比较。例如，企业可以为那些终身价值更高的客户提供独特的产品和更好的服务；对那些价值不大的客户，可以采取一些更有利于回收营销成本的产品供给和服务方式。在实践中，客户终身价值的作用主要体现在以下三个方面。

（1）有利于进行客户细分

依据客户终身价值，企业可以把整个客户群体按照能够带来的收益进行细致划分，这有利于精准营销，提升营销活动效率。

（2）有利于作出客户选择

客户终身价值为企业设置了营销费用上限，即企业花在某位客户身上的营销费用不能超过从其身上获得的收入。如果超过，则表明企业收不抵支。

（3）有助于进行合理的资源分配

企业的营销资源是有限的，而客户群体是无限的。把有限的资源用到无限的客户开发事业中，需要做好资源分配工作。因此，企业必须把核心资源用在关键领域和重要客户身上。

2.3.2 客户终身价值的测算

我们将客户在其生命周期各阶段为企业带来的价值加总后就得到了客户终身价值，用以衡量单个客户为企业提供的所有价值，通常可以用下面的公式进行计算。

$$CLV = \sum_{t=1}^{T} \frac{R_t}{(1+i)^{t-1}} \times r^{t-1} - AC$$

T = 客户与企业关系的持续时间；R_t = 客户在第t期为企业创造的利润；r = 客户保留率（r^{t-1}是第t期的客户保留率）；i = 贴现率；AC = 获取客户的成本。

通俗地讲，客户终身价值就是一个客户能够给企业带来的全部利润的净现值，这些利润当中包括客户在过去和将来的购买行为中为企业创造的利润价值，还包括客户重复购买、交叉购买、向上购买以及从第三方引流服务中帮助企业获得的利润。由于单个客户终身价值是未来的经济活动，我们无法准确预知，只能进行预测，乘以贴现率的目的就是评价客户终身价值在当期的价值。此外，企业在获取客户后，在客户生命周期的每一个时期都存在客户流失的可能，只有那些没有流失即保留下来的客户才能继续为企业创造价值，所以在计算客户终身价值时，还要考虑到客户保留率，我们假设在每一时期客户都有 $r\%$ 的概率保留下来，那么，客户在第 t 期继续为企业创造价值的概率就是 r^{t-1}，将客户在第 t

扩展阅读 2.4 C 公司在化妆品品牌竞争中的客户终身价值挖掘

期为企业带来利润的净现值乘上客户保留率，才是客户在第 t 期为企业带来的总价值。最后，将客户生命周期各阶段的价值进行加总，再减去企业最初获取该客户的成本（acquire cost，AC），就得到了单个客户的终身价值。

2.4 客户关系管理的终极目标——客户资产

对企业来说，想要持续获得价值，实现自身的资产增值，就必须关注客户资产增值，因为企业价值获取的源点是客户。客户也像企业的资金、设备等资产一样，如果能够被企业拥有或控制，就能给企业带来经济利益，而客户关系管理策略的最终目的就是提升企业的客户资产。

2.4.1 将客户作为核心资产进行管理

在数字经济时代，客户资产价值成为衡量和影响企业市场价值和品牌价值的重要的因素之一，很多企业通过运营客户资产实现了企业的快速增长。例如，某网络出行公司在创业的前两年烧钱 15 亿元，双向补贴司机和乘客，这为其积累了海量的客户（包括司机和乘客），这些客户对其而言是非常重要的资源，后期其可以通过向这些客户匹配不同的产品或服务实现未来收益。这样看来，客户就像企业的资金、设备等资产一样，由企业拥有或控制、未来能给企业带来经济利益。因此，企业通常应该将客户作为一项资产来管理。

将客户作为企业核心资产的另一个原因是，客户资产能够为企业带来难以模仿的独特竞争优势。企业的其他资产（如厂房、土地、机器设备等资产）带来的优势，竞争对手可以通过购买、兼并、模仿等手段在短时间内获得，甚至超越。但是，如果企业能够拥有庞大的客户资产，也就是将大量客户锁定在企业内部，让客户对企业形成强烈的认同感和归属感，那么，这种竞争力就是独一无二的，竞争对手无法模仿和超越。这也是为什么很多企业在评估企业及竞争者的发展前景时，不再依靠传统的市场份额[①]（反映企业过去做的怎么样），而是采用客户资产（反映企业未来将会怎么样）指标。

---

① 一个企业的销售量（或销售额）在市场同类产品中所占的比重。

通过图 2-5，我们可以发现，市场份额并不能完整地评估企业的发展前景，有的企业拥有很高的市场份额、客户资产却很低（左上角的象限），此类企业的客户正在不断流失，企业逐渐走向衰落。如果企业的市场份额低、顾客资产份额也低（左下角的象限），显然这类企业没有任何发展前途。但是如果企业的市场份额很低、顾客资产很高（右下角的象限），这样的企业一定能够发展壮大，因为它拥有了最能够盈利的资产。任何企业的目标都是想达到令人羡慕的状况，即顾客资产份额和市场份额都很高（右上角的象限）。

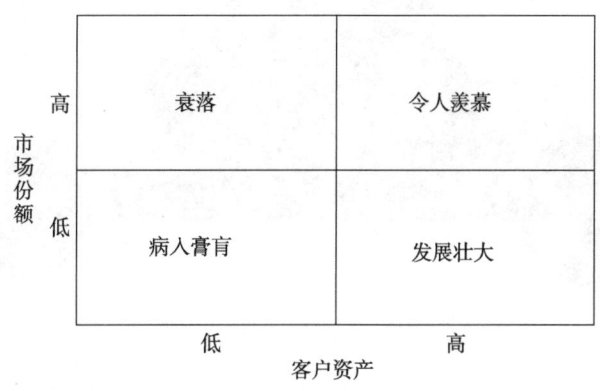

图 2-5　企业发展前景评估

2.4.2　客户资产及其衡量

客户资产（customer equity，CE）是指在某一时点上企业所有客户终身价值的总和。在客户终身价值计算公式的基础上，我们可以采用如图 2-6 的公式来计算企业的客户资产，并由此得到客户资产的提升途径。

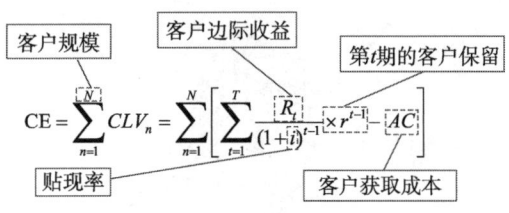

图 2-6　客户资产计算公式

CLV_n = 单个客户的生命周期价值；N = 在某一时点上企业所有客户的数量。

通常，客户资产可以看作是由价值资产、品牌资产和维系资产三部分组成，如图 2-7 所示。这样的划分方式可以帮助我们更加深入地理解客户资产的维度及内涵。价值资产、品牌资产和维系资产单独或者共同决定客户生命周期价值的动态变化，将所有客户的这三种资产加总起来，就得到了企业的客户资产。

价值资产是客户对企业及企业产品/服务的客观评估，这是客户与企业保持关系的必要条件。如果企业的产品/服务不能满足客户的价值诉求，即使企业采取最好的品牌策略

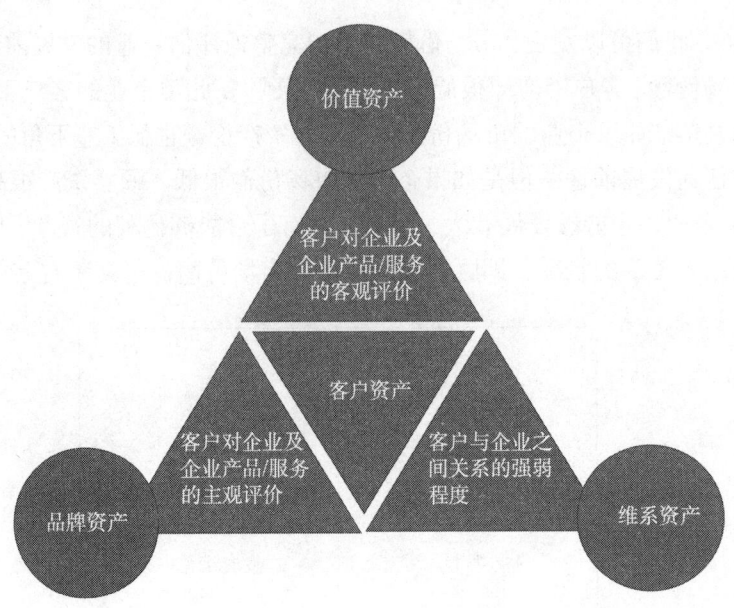

图 2-7　客户资产的驱动因素

和关系营销策略,也无法有效地增加客户资产。增加价值资产实际上就是增加企业的产品/服务为客户创造价值的能力。例如,京东所提出的"多、快、好、省"就是京东提升价值资产的形象表述,京东在最初的聚集客户阶段、维系客户阶段及后来的向客户匹配产品阶段,始终坚持减少中间环节,在第一时间为消费者提供优质的产品及满意的服务,商品不仅价格低,而且质量有保证,这些做法都有效提升了京东的价值资产(见图 2-8)。

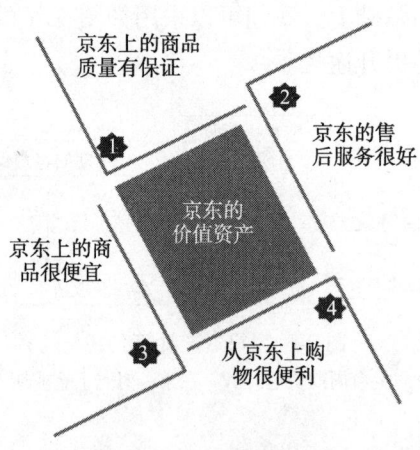

图 2-8　京东的价值资产

品牌资产是客户对企业品牌的主观和无形的评估,它超越了客观的价值感受。这种评估受到客户的消费体验和客户与品牌的关系的影响。提升品牌资产通常考虑如下问题:采用什么传播形式才能吸引客户?客户的品牌选择是否与某种情感、生活方式、生活体验有关?客户把品牌视作自身的一部分吗?例如,当我们说起"苹果",绝不仅仅是想到甜脆多汁的可以吃的苹果了，我们会想到有着炫酷大气外表的 iPhone，想到随时随地可以掏出来上网的 iPad，想到小巧玲珑但是肚量不小的 iPod……苹果公司给予消费者炫酷、时尚、高贵的情感体验，拥有一部苹果产品成为他们的向往，苹果公司的品牌资产可以展示为图 2-9 所示的内容。

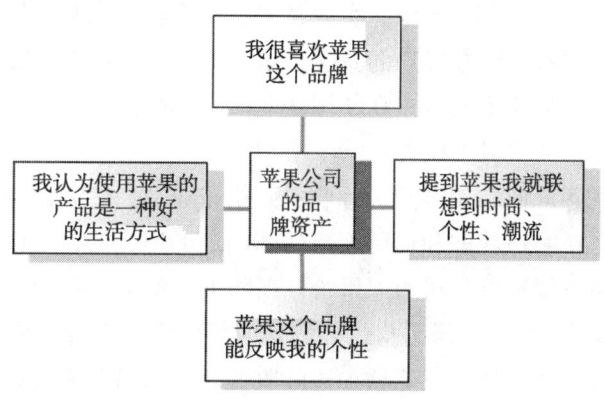

图 2-9　苹果公司的品牌资产

维系资产是通过企业客户关系的维系活动和关系培养活动而获得的资产，强调客户和企业之间的关系。提升维系资产需要考虑以下几个问题：客户最近一次购买的是什么？客户能从与企业的关系中获益吗？企业能从与客户的关系中获益吗？互联网公司小米在聚集了一大批用户之后，建立了小米官方论坛，"米粉"们可以在论坛中畅所欲言，讨论小米的产品，小米还不定期的举办小米同城会、微博抽奖、设计大赛等活动来增加与用户互动的机会，最终目的都是维系和增强企业和客户间的关系，增加客户的生命周期长度，从而提升维系资产。

需要注意的是，在企业不同的发展阶段，价值资产、品牌资产和维系资产在客户资产中所占的比重不同，如果企业处于初创期，最大可能的推动要素是价值资产；如果企业处于成长阶段，品牌资产将发挥重要作用；如果企业处于市场成熟阶段，最大可能的推动要素是维系资产；当然，价值资产在大部分时间都是非常重要的，是企业实现客户资产的首要条件，试想如果产品/服务不能为客户带来价值，客户又怎么能够去购买它呢？

2.4.3　提升客户资产的方法

作为企业的核心资产，客户资产可以像其他资产一样升值或贬值。那么，企业该如何提升企业的客户资产呢？我们可以根据客户资产的计算公式（见图 2-6）来回答这个问题。

由于在一定时期内，贴现率是不受企业控制的（通常可以用利率代替），因此，结合客户资产的计算公式，提升客户资产大致就有如下几条路径。

（1）增加客户规模。拥有客户（互联网企业往往称之为用户）是企业能够持续发展，获得资产增值的第一要素，在获取一定规模的可盈利客户后才有后续的客户资产的管理和开发。奇虎360正是通过将自己的杀毒软件免费提供给客户使用，积累了庞大的客户群，掌握了大规模的流量入口，为后续客户资产的管理和开发奠定了基础。

（2）提高客户保留率。在成功获取客户之后，企业还要想方设法将客户留在企业内部，使其成为企业的内部资源，为企业带来源源不断的收益。因此，提高客户的保留率是提升客户资产的第二种途径。如今，企业越来越重视客户体验，特别是互联网企业，原因就在于好的客户体验是留存客户的直接手段。虽然企业可以通过免费的产品或服务的方式获得客户，但如果获得的客户在使用企业产品或服务时没有好的客户体验，那么流失就将成为必然，企业将得不偿失。

（3）增加客户的边际收益。客户边际收益是指企业从一个客户身上获得的利润增加值。这种提升途径是在客户获取和保留客户的基础之上进行的，可以通过向上销售和交叉销售来实现。如果一位苹果公司的"果粉"在购买了苹果8手机以后，还会购买苹果9、苹果10（向上购买）以及苹果手机以外的其他苹果公司产品，如苹果笔记本、iPad、苹果手表等，即交叉购买，那么就能增加边际收益。北京西单大悦城在拥有了一大批年轻客户之后，通过为他们配套涵盖吃喝玩乐的一系列产品和服务，实现客户边际收益的增加。此外，企业还可以通过向客户匹配第三方企业的产品或服务（如广告或将客户引流至第三方企业）来增加客户的边际收益，这也是互联网企业所常用的获利方式。

（4）较低的客户获取成本。较低客户获取成本同样决定了企业客户资产的高低。互联网通过打破时间、空间的限制使得企业获取客户的成本大大降低，这也正是互联网企业往往可以短期内聚集大量客户，从而获得高估值的原因。例如，奇虎360通过免费的杀毒软件和浏览器来获取客户，虽然前期的开发成本很高，但是产品的变动成本很低，所以其获取新客户的平均成本是相对较低的，只需要运营更新杀毒软件和浏览器，免费的服务就可以帮助企业以较低的成本快速获取客户。

即测即练

案例讨论

万象更新还是万劫不复？——乐视的成与败

2017年7月6日傍晚，乐视网发布公告称，"贾跃亭将辞去乐视网董事长一职，同时辞去董事会提名委员会委员、审计委员会委员、战略委员会主任委员、薪酬与考核委员会委员相关职务，退出董事会，辞职后将不再在乐视网担任任何职务"。此外，公司申请股票自 2017 年 7 月 18 日起继续停牌。这一则公告再一次将乐视生态及其创始人贾跃亭推至舆论的风口浪尖。

梦想起航：乐视网的诞生和发展

2003 年，不到 30 岁的贾跃亭来到北京发展，创立"乐视网"。随着移动互联网的迅猛发展，乐视网赶在互联网用户快速渗透的风口期，大步迈入国内付费网络视频服务领域。

在成立之初，乐视网致力于为互联网用户提供流视频服务，并将业务触角延展至网剧、微电影、电影、电视剧等产业链上游。至乐视网上市时，公司主要有两条业务线：网络视频基础服务和视频平台增值服务。这两条业务主线形成了乐视网"版权+用户+增值"三位一体的商业模式：以正版内容为基础，向免费用户提供标清视频服务赚取广告及分流收入（通过免费服务掌握流量入口，将流量导流到游戏、电商及教育类网站等第三方网站），向付费用户提供高清视频服务，向第三方视频门户网站分销版权内容。

乘胜追击：乐视生态大屏的初步构建

2013 年对于乐视网而言是极具里程碑意义的一年。初具实力的乐视网开始紧锣密鼓地谋划乐视大屏生态的构建，进一步加大对影视剧版权的购置，并于 2012 年 8 月推出体育频道，为用户提供足球、篮球、网球、高尔夫球等赛事的直播、点播和资讯等视频服务，吸引更多的用户群体。与此同时，乐视网更是将触手伸向了硬件研发业务。

在国内智能终端市场迅速兴起的背景下，乐视网于 2012 年 8 月将其"乐视 TV 事业部"独立出来，成立了"乐视致新电子科技（天津）有限公司"（以下简称"乐视致新"），正式进军智能电视市场。并于 2012 年 12 月 19 日，推出行业内首款 1.5G 双核智能机顶盒乐视盒子 C1，采用 "0+399" 元的价格策略，即盒子免费送加收一年乐视网 TV 版服务费的定价策略。2013 年 5 月 7 日，乐视发布旗舰型超级电视 X60（售价 6 999 元）和普及型超级电视 S40（售价 1 999 元），成为全球首家正式推出自有品牌电视机的互联网公司。

2013 年我国的智能电视市场海尔、海信、TCL 等各大家电厂家纷纷推出了智能电视。此时，乐视网出其不意地采用"内容反哺硬件"的定价策略，对超级电视采取"负利定价"的方法，以低于量产成本价对超级电视的硬件进行定价。乐视盒子和乐视电视凭借超高的"性价比"获得了消费者的认可，使超级电视在智能电视市场中异军突起。超级电视 2015 年的年销量突破 300 万台，至 2016 年，乐视超级电视仅 4 月份一个月的销量就达到了 71 万台，以 19% 的全渠道销量占有率成功登顶当月彩电销量榜。

伴随着以乐视超级电视业务为代表的"大屏生态"初战告捷，乐视大屏生态"平台+内容+应用+终端"模式的可行性得到初步验证。公司上下沉浸在喜悦中的同时，也面临着一个艰难的抉择：究竟是选择专注于"大屏生态"，还是将"平台+内容+应用+终端"模式推广至其他行业？

拔苗助长：从大屏生态快速复制到其他行业

春风得意的乐视网决定继续乘胜追击。2014 年初至 2015 年 8 月，乐视生态飞速扩张,由大屏生态发展至拥有7个子生态系统(互联网生态、内容生态、大屏生态、手机生态、体育生态、金融生态、汽车生态)的庞大生态圈,俨然成为了一个生态系统"巨无霸"。

2015年,在完成了7大子生态的布局后,乐视生态的整体布局基本成型。乐视生态营销总裁张旻翚说道:"生态营销是基于用户生活形态的营销,并通过不同场景终端来实现"。乐视生态营销的两大方向就是平台与场景。平台是依靠乐视超级手机、电视、PC端、PAD端、VR、院线大屏,到汽车等多平台的终端集群,为用户实现从"一云多屏"到"七屏通吃"的随心体验。同时基于多维终端打造的场景,为用户匹配更具针对性、更加优化的内容。贾跃亭宣称,乐视生态圈是一个既包含垂直整合的闭环生态链,又拥有横向扩展能力的开放闭环生态系统。

暗潮涌动:内容反哺硬件

超级电视销量不断提高的同时也使其终端运营方——乐视致新遭受了巨额亏损。一方面,尽管消费者购买超级电视需另支付至少1年的乐视TV影视库会员费,弥补了硬件部分的亏损,但超级电视的定价仍低于市场同类型其他智能电视,弥补的能力也是有限的。另一方面,乐视电视赖以支撑的海量内容和良好的用户交互体验优势,也开始因传统黑色家电(电视、家庭影院等)企业主动联姻互联网内容生产商而慢慢削弱。随着子生态业务的进一步开展,各个子生态的资金缺口也正在不断扩大。

在构建庞大的生态圈后,乐视的成本构成主要分为终端成本、宽带成本、版权成本、硬件和广告成本等。首先是终端成本,由于乐视进入智能电视市场靠的就是低价、高性能,需要投入大量的资金来用于生产和销售等,因此,终端成本成为乐视成本构成中最大的一部分。

开放闭环在硬件领域的过度扩张,以及内容反哺硬件的盈利模式,都为乐视后期资金链的断裂埋下了祸根。而乐视赖以生存的内容产业,由于其天然的特殊性,需要持续的资本投入与支持,单一的广告、会员收入难以回收版权、宽带的巨额投入。乐视网前期之所以能够盈利,也是得益于低成本的拥有大量版权,截至大屏生态初战告捷,乐视网仍拥有近70%热门影视剧的独家网络版权。然而布局"大生态"后,在硬件方面的大量投入和入不敷出,使乐视网视频内容逐渐匮乏,造成了用户的流失。

危在旦夕:快速扩张引发"生化危机"

2016年下半年以来,乐视网资金链风波不断,包括供应链欠款、断缴社保等。2016年11月6日,乐视生态中的手机生态、汽车生态先后被曝出长时间拖欠供应商货款的丑闻。随后,乐视生态曝出存在严重的资金链断裂危机,裁员、欠薪事件更是让问题愈演愈烈,为此,贾跃亭不得不发布一封内部反思信进行危机公关。

在信中,贾跃亭终于承认,乐视生态正处于艰难困境中。

案例来源:马宝龙,王高. 认识营销[M]. 北京:机械工业出版社,2020.

思考题:

从客户资产的角度分析乐视网资金链为什么断裂?

案例分析思路

第 3 章

客户关系的建立

本章学习目标

1. 识别与区分客户、构建客户画像;
2. 协调各个客户接触点并创造价值;
3. 找到触达用户的有效途径并实现用户的第一次购买;
4. 熟悉和掌握构建用户媒介矩阵的方法。

引导案例

去哪儿网"聪明你的旅行"

去哪儿网的价值就是帮助旅行者找到性价比最高的产品和最优质的信息,聪明地安排旅行,这是一个使命。

——去哪儿网创始人庄辰超

近年来,在线旅游业发展迅速,中国的在线旅游市场多年保持较高增速,规模持续扩大。经过十几年的发展,中国在线旅游行业已经形成了比较完善的产业链,上游供应商为渠道供应商提供旅游产品,然后再借助搜索引擎、营销平台等媒介将旅游产品展示给用户,促使用户产生购买行为。

与其他在线旅游业的竞争者不同,去哪儿网是一个全网垂直搜索平台,通过网站及移动客户端的全平台覆盖,随时随地向旅行者提供国内外机票、酒店、度假、旅游团购及旅行信息的深度搜索,为旅行者找到性价比最高的产品和最优质的信息,帮助消费者聪明地安排旅行。去哪儿网凭借其便捷、先进的智能搜索技术对互联网上的旅行信息进行整合,通过提供实时、可靠、全面的旅游产品查询和信息比较服务满足消费者的需求,迅速积累了一大批旅行者在去哪儿网购买旅行产品。

作为一个以消费者需求为导向的实时搜索平台,去哪儿网从成立之初就确定了"消费者第一,合作伙伴第二,去哪儿第三"的企业经营理念。基于此,去哪儿网摒弃"用户"这个比较含混的说法,而是把它细化为"消费者"和"商户",并将"消费者第一"的文化理念实践为对产品质量的提升和产品属性的优化,希望以此增加消费者对于去哪儿网的信任和依赖。此外,去哪儿网站还增设"我的旅图""攻略论坛"等板块与旅行者进行线上互动,增加用户体验度的同时也实现对消费者关系的维系和强化。

为了进一步巩固与客户的关系,去哪儿网通过与 Web 合作,在其 Web 开放平台上推出旅游搜索应用,客户不仅可以更加简单方便地获取旅游信息,而且与好友的互动交流也更有乐趣。此外,去哪儿网机票搜索与移动端新浪网百事通进行计票数据无缝对接之后,去哪儿网与移动端新浪网开展无线领域更深度的战略合作,客户只要登录移动端新浪点击酒店查询就可以通过去哪儿搜索查询酒店。通过上述一系列极具人性化的措施,去哪儿网与一大批客户建立了良好的关系,不仅方便了旅行者的使用,也为企业客户及时准确地发布信息进行推广。

资料来源:马宝龙,刘岭,等. 去哪儿网"聪明你的旅行"——商业模式与价值创新. 中国案例共享中心,2014.

3.1　客户识别与区分

客户关系管理是企业以客户为中心的战略经营,但"以客户为中心"并不代表要以所有的客户为中心。企业的资源是有限的,在资源有限的条件下,企业要想获得最大的产出,就必须把有限的资源投入到能产生最大价值的客户身上,这就是客户识别与区分的观念。所谓客户识别与区分,是指通过一系列技术手段,根据大量客户的特征、购买记录等可得数据,找出企业的潜在客户,分析潜在客户的需求及蕴含价值,并把潜在价值较高的客户作为企业客户关系管理的实施对象的过程。

3.1.1　为什么要选择客户?

正确选择客户是企业与客户建立关系的第一步,错误的客户选择可能导致未来企业开发客户的难度增加,开发成本提升,开发成功后客户关系难以维持。美国《财富》期刊 2019 年公布的数据显示,企业的增长率与正确识别客户有显著联系(见表 3-1)。通过表 3-1,我们可以看出那些更懂得选择客户的企业具有更高的增长率,这说明了正确选择客户对于企业快速发展具有重要意义。

扩展阅读3.1　狄克超市的秘密

表 3-1　企业增长与客户识别的关系

指 标 属 性	高增长率公司	低增长率公司
非常清楚哪些客户具有价值/%	38	22
前 10 位客户中所得年收入/%	46	32
强化客户识别的表现指数(1~10)	7.0	5.7

识别重要且具有潜力的客户，能够为企业获取新客户和管理老客户带来事半功倍的效果。对企业来说，与其耗费大量精力和成本去追逐任一客户，不如预先正确识别客户，低成本、高效率地挖掘高价值、高潜力的优质客户。我们可以看这样一个例子：某科技型企业以直销的方式销售公共广播类的软硬件交流产品，这些产品适用于酒店、学校、卡拉OK厅等场所。张某是该公司新聘的业务员，他通过"扫街"的方式开始在市内开发客户。两个月内他联络了近500家客户，但只有9家客户有初步意向。虽然他几乎每天都在电话联系，但仍然业绩不佳，这是为什么呢？原因在于张某没有正确地挖掘高价值、高潜力的客户，而是盲目地耗费精力去追逐每一个客户。这个例子也说明了正确选择客户是成功与客户建立关系的前提，具体原因如下。

- **不是所有的购买者都是企业的有效客户**

不同客户需求的差异性及企业自身资源的有限性，使每个企业能够有效服务的客户类别和数量是有限的，市场中只有一部分客户能成为企业产品或服务的实际购买者，其余则是非客户。企业如果能准确地选择属于自己的客户，可以降低客户开发成本，从而有效减少企业的费用支出。

- **不是所有的客户都能给企业带来利益**

客户存在差异性，并不是每个客户都能为企业带来价值。一般来说，优质客户带来高价值，普通客户带来低价值，劣质客户带来负价值。因此，正确选择客户能增加企业盈利，这就要求企业针对不同客户采取不同的服务策略。

- **正确选择客户是成功开发客户的前提**

企业如果选错了客户，则开发客户的难度将会比较大，开发成本也会比较高，开发成功后维持客户关系的难度也就比较大。企业如果经过认真选择，选准了目标客户，那么开发客户、实现客户忠诚的可能性就很大。只有选准了目标客户，开发客户和维护客户的成本才会降低。

3.1.2 什么样的客户是"好客户"？

（1）"好客户"的内涵

企业是以盈利为目的从事生产经营活动，向社会提供商品或服务的经济组织。对于盈利性的企业而言，最终的目的都是通过向消费者提供产品或服务来换取利润，以实现投资人、客户、员工、社会大众等利益相关者利益最大化的目的。也就是说，获取利润是一切企业存在和活动的基本动机和目的，也是企业经营活动的出发点和归属点，而获取好客户则是企业获取利润的前提。

微课3.1 企业核心客户

好客户指的是客户本身的"素质"好，对企业贡献大的客户，即其给企业带来的收入高于企业为其提供产品或者服务所花费的成本。菲利普·科特勒将一个有利益的客户定义为：能不断产生收入流的个人、家庭或公司，其为企业带来的长期收入应该超过企业长期吸引、销售和服务该客户所花费的可接受范围内的成本。现有针对"好客户"的研究多倾向于将以下几点特征标志为"好客户"的特征属性。

- 保证企业盈利。
- 购买量大、购买频次高。
- 服务成本低。
- 经营风险小，具备良好的发展前景。
- 愿意与企业建立长期的伙伴关系。
- 具有市场号召力、影响力。

（2）选择"好客户"的意义

"好客户"是企业营销战略中的核心资源，选择"好客户"关乎企业能否成功实施客户关系管理。学术界和企业界常见的"二八法则"指出，20%的客户创造了企业80%的利润。如果企业在开发客户之前就能有效识别潜在的高价值客户，并有针对性地开展新客户获取策略，企业新客户的获取成本则会相对减少，后续企业的收益也会相应增加。

因此，企业在选择客户的过程中，正确区分出"好客户"与"坏客户"，并能够对"好客户"制定专门的营销策略，这可以极大地提高企业与客户建立关系的效率，帮助企业正确实施客户关系管理。

（3）获取"好客户"的原则

对于企业而言，并不是所有的客户都是好客户，企业在选择"好客户"时，应当遵循以下几项原则。

原则一：只要客户在未来收益的折现值超过获取该名客户的成本，企业就应当获取这名客户，而不仅仅关注客户当前给企业带来的价值。这项原则要求企业关注长远利益，虽然有些客户的获取成本很高，但是一旦获取这些客户，他们能够在未来带给企业长远的利益。

原则二：当企业扩大客户获取范围时，客户的获取率就会降低。这项原则引导企业有层次、有选择性地获取客户，先瞄准最有价值的客户，其次是一般重要的客户，以此类推。

原则三：企业从客户保留中获取的利润越多，就越应该在客户获取阶段投入更多。这似乎是反常识的：为什么企业可以从客户保留中获取高额利润，反而要在客户获取方面投入更多呢？原因在于如果一个客户能带给企业更多的未来收益，那么，企业就可以支付得起所增加的获取成本，这又增加了企业在客户保留中的获益，从而形成良性循环。

原则四：企业收回最初的客户获取成本的时间越短，就越应该加大客户获取投入。早期的回报决定了投资风险，获取客户成本的投资回收期越短，企业面临的风险越小。

基于上述4项原则，可以将客户分为基本的4类（全力以赴型、持久战型、游击战型和剥离/重组型），从而可以有针对性地采取相应的客户获取策略。如图3-1所示，客户获取成本的回收期，即客户为企业带来的利润弥补原始投资所需要的时间；客户为企业带来的未来收益，可以用客户终身价值（CLV）来衡量。

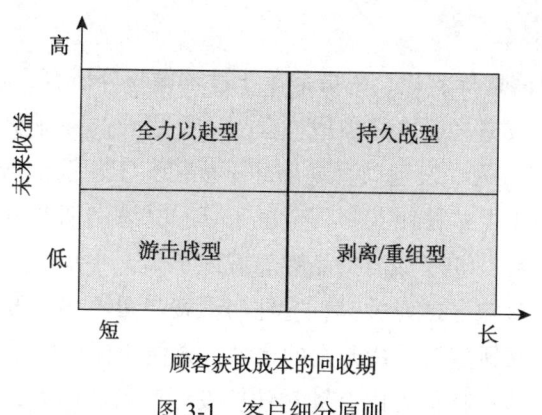

图 3-1 客户细分原则

全力以赴型：这一象限中的客户在未来能给企业带来很高的收益，而且客户获取成本的回收期最短，也就是说，这些客户的投资风险很小但是收益很高。这些客户是企业应尽力获取的。例如，美团、饿了么等电子商务企业，在获取城市年轻白领客户方面存在明显优势，由于这一群体客户工作时间较为紧凑、工作负荷较重，在午餐、晚餐方面需要快捷、便利的快餐式服务，外卖便成为他们的首要选择，且这部分消费者基数越来越庞大，所以，这类企业早期都是尽全力获取这类客户。

持久战型：在这一象限中，虽然客户的获取成本在短时间内无法收回，但是客户在未来能够为企业带来很高的利润。这类客户也同样需要企业在获取方面投入较多成本，并且投资风险也相应较高。面对他们，企业需要做好打"持久战"的准备，延长客户的生命周期，避免因客户流失导致前期投资无法收回的损失。以小米为例，早期小米主要用低价手机来获取客户，成本相对较高，所以，企业早期运营需要强大的资金支持，否则，很容易陷入资金链断裂的困境。但是，当度过客户获取成本回收期后，这些企业将因客户的高未来收益而获得快速发展。

游击战型：对于未来收益低但是投资回收期短的客户，企业可以采取灵活、放任的态度，不需要进行大规模的获取活动，根据市场和企业竞争的需要适当出击，获取成本不宜太高。

剥离/重组型：在这种情形下，企业需要重新调整其营销体系，因为此时最初的客户获取成本很难得到弥补，并且客户最初的利润、保留期间的利润都很低。长期来看，企业不会盈利。

3.1.3 客户画像

在大数据时代，企业借助相关技术能够更加精确地分析用户行为，描绘客户画像，促进产品与客户之间的智能匹配，提升企业客户关系管理效率。

扩展阅读 3.2 一位奶茶用户的画像

（1）客户画像的内涵

客户画像，即客户信息标签化，是指企业通过收集与分析客户社会属性、生活习惯、消费行为等主要信息的数据之后，完美地抽象出一个用户的商业全貌。例如，一些企业研究了"95后"的消费行为，发现其呈现出如下规律：①超前消费较为普遍但也理性，部分消费者依赖透支信用卡、使用花呗等金融工具；②海淘消费较多，多使用小红书、网易考拉等跨境电商平台；③服饰消费品牌忠诚度不高，小众品牌拥有市场；④餐饮消费中品牌餐饮受欢迎，口味是选择关键；⑤住房消费考量不多，要求低价和舒适并重，对品牌公寓有所期待；⑥新零售是待开发的市场，方便快捷依然是"95后"消费者的核心需求。企业基于这些消费特征可以有针对性地设计产品。例如，喜茶、茶颜悦色等饮品连锁店受到了很多"95后"消费者的青睐。

（2）数字化时代的客户画像

移动互联网的发展带来了数字化用户数量的快速增长和消费者决策行为的持续分化，使用智能设备的消费者保持实时在线，他们获取信息和交易决策的行为随之发生分化，部分注重便利和体验，部分注重产品的品牌。企业比以前更难获取到目标客户，为了让企业的营销和服务策略更加有效，营销人员需要依赖更加准确的数据信息来分析消费者的需求和偏好。对于企业而言，则希望知道对产品具有购买兴趣的客户特征，以及消费者在线做出购买决策的过程等，这些都对用户画像提出了更加精细的要求。

数字化时代中，客户的身份信息、销售过程及产品信息都已经实现了数据化，客户所有的消费行为也都可以被记录并跟踪。基于海量大数据的挖掘分析，企业可以对消费者做更细致入微的描画。客户画像成为企业在数字化时代进行客户关系管理的一大利器。

（3）客户画像的作用

客户画像基于尽可能全面的信息来建立对客户的背景处境、认知特征和个性特点的理解，包括身份背景、生活习惯及消费需求、偏好等。客户画像实际上是围绕定位所服务的目标群体关键特征的集合，包括社会属性、消费行为、心理特征等，是根据现实反馈不断迭代的一个系统。首先，它可以帮助我们更聚焦地洞察消费者的需求，从而提升体验或者优化产品。其次，客户画像可以帮助企业更加精准地进行决策，不管是产品设计、营销策划，还是战略规划，都离不开客户画像的支持。同时，客户画像也可以帮助企业培养客户思维，懂得站在客户的角度去理解客户需求，从而为客户设计产品，进行精准营销。

（4）如何绘制客户画像

面向消费者的个人客户画像的绘制最常用到的数据是消费者的个人信息。个人信息是可以被识别到自然人的任何相关信息。一般来说，在绘制面向消费者的个人客户画像时主要包含人口属性、行为特征、旅程轨迹及交易消费信息。

①人口属性信息：人口属性信息是用来识别自然人身份和描述背景处境特征的信息，

包括身份信息、联络信息、背景信息、地理信息、信用信息及历史信息。

②行为特征信息：行为特征信息在数字化时代得到了极大的丰富。人们的上网记录、浏览历史、在线交易商品及移动社交工具都被系统以数据化的方式一一记录了下来，这为企业绘制用户画像提供了基础。

③旅程轨迹信息：旅程轨迹信息是用户在线上或线下发生的跨平台、跨渠道的交互性信息。在数字化时代，客户的浏览路径、偏好、互动内容以及触发原因、位置轨迹等信息以数据化的形式记录，并通过技术手段整合，作为企业日后绘制用户画像的标准。

④交易消费信息：交易数据通常是由企业的业务系统记录的信息，是企业最重要和最有价值的信息资产。交易消费信息包括客户所购买产品信息和使用服务的交易、消费记录，以及消费信息、支付情况、消费特征、服务记录和互动等，可以帮助企业建立对客户消费行为的理解，评估客户在整体客户群中的价值，预测客户的后续消费行为。

以李某为例，我们将其年龄、性别、婚否、职位、收入、资产进行标签化处理，描绘出李某的客户画像，如图3-2所示。他是一位26岁的未婚男青年，在某公司担任产品经理，有可观的收入，目前无房无车。经常加班但仍旧热爱运动，喜欢健身跑步，同时对游戏有一定的兴趣，工作繁忙，压力较大。

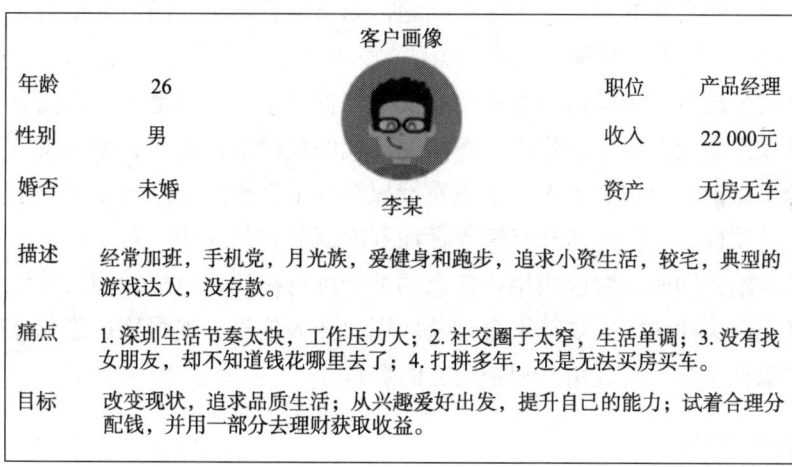

图3-2　李某的客户画像

3.1.3 补充

（5）客户画像与客户隐私

大数据时代，企业可以根据客户画像为客户提供更为精准的个性化服务，也为企业推广节约成本、提高效率。但是，若运用不当，客户画像也可能会带来个人隐私泄露、价格歧视、大数据"杀熟"等问题。

①个人隐私泄露

隐私权是公民所享有的私人生活与私人信息依法受到保护，不被他人非法侵扰、知悉、搜集、利用和公开等的一种人格权。在互联网和物联网时代，多维信息联合到一起可以得到一个人完整的心理和行为画像，甚至细致的生活信息和日常轨迹。如果处理不当，则会泄露客户的个人信息数据，违反《个人信息保护法》的相关规定。

②价格歧视

价格歧视（Price Discrimination）实质上是一种价格差异，通常指商品或服务的提供者在向不同的接受者提供相同等级、相同质量的商品或服务时，在接受者之间实行不同的销售价格或收费标准。企业通过对海量数据进行收集和分类，最终得出客户画像。通过对客户画像的精准分析，企业可以得出客户的购买意愿、购买习惯和支付能力等信息，最终进行个性化推荐和展示以及区别定价。借助计算机强大的计算能力，在越来越成熟的机器学习技术的帮助下，客户画像的准确度、精细度将越来越高，企业就可以定出越来越接近用户所能承受的极限价格。

③大数据"杀熟"

在购买产品或服务时，消费者一般会默认：老客户、VIP 会获得相对便宜的价格，然而事实并非总是如此。对于同样的商品和服务，老客户看到的反而比新客户的价格要高，这种现象被称为大数据"杀熟"。

针对上述可能存在的用户个人隐私问题，国家信息安全部门陆续出台了相关法律法规，形成了以《中华人民共和国网络安全法》为根基，《个人信息保护法》为基本原则，《个人信息安全规范》为实操规范的信息安全保护体系，对规范企业的信息收集、信息使用、信息保护起到了决定性作用。在法律法规的规范下，企业和个人也应当注重消费者个人的隐私保护：消费者个人应该慎重授权涉及个人敏感信息的权限请求，如通讯录读取请求，在授权时应优先选择有清晰标注开发商品牌的应用。对于企业，应该严格把控数据隐私风险，同时，对收集用户信息的类型进行标注，以提示相关隐私偏好用户，在国家网络安全法律法规的规范下合理获取用户个人信息，加强用户隐私保护力度，切实保障用户隐私安全，实现用户和企业方的双赢。

3.1.4　客户洞察

客户洞察是指企业对消费者的消费心理和消费需求的把握，通过挖掘产品的核心价值，营造打动消费者的氛围，以期达到营销策略最佳效果的过程。

客户洞察的核心是洞察"消费者的需求"。例如，登山爱好者经常爬山远足，所以对运动鞋的舒适性和耐穿性可能更为看重，而某个运动鞋品牌特别强调了登山情景中产品的耐穿性和舒适性，所以登山爱好者更容易对此产品产生消费偏好。

扩展阅读 3.3　宝洁：基于消费者洞察和研究的创新

客户洞察不是指某个客户服务人员、客户接触人员个人对客户的熟悉与了解的能力，而是指在企业或部门层面对客户数据的全面掌握及在市场营销与客户互动各环节的有效应用。例如，百事可乐与可口可乐一直以来在碳酸饮料行业中分庭抗礼，然而不久前，百事可乐却逐渐失去了活力，市场份额出现严重下滑。为了重新获取新的消费者，百事可乐随即开展了一项高强度的全球消费者调查。百事可乐研究了其以往的广告策划，启用了传统的调研访谈、详细的问卷调研，并且参与相应的人种学研究，深入各地消费者，观察他们的日常生活，融入他们的文化。经过调查，百事可乐将纷繁复杂的发现数据化并概括成了两个简单却有力的消费者洞察：可口可乐是经典永恒的，而百事可乐却是及时行乐的；可口可乐的顾客寻找快乐，而百事可乐的顾客寻找刺激。基于此，百事可乐调整了营销策略。

扩展阅读 3.4　无印良品的客户洞察

3.2　客户接触点与关键时刻

每一个客户在接触组织、产品及服务时都会产生特定的感受，这些就是接触点。这些接触点上会产生"关键时刻"，接触质量会对消费者的情绪产生影响，这直接决定了消费者是否愿意与企业建立关系。数字化时代下，基于数据和社交媒体对用户接触点的深入了解，有助于企业挖掘与消费者建立联系的关键时刻。

3.2.1　什么是客户接触点？

（1）客户接触点的定义

客户接触点是指用户在接触企业及其产品时遇到的特定对象或者介质。一般而言，它是指企业为了吸引用户而做出的具有一定目的性的陈设、活动或者安排，如人员、场所、材料、产品、工艺、流程、形象、图案、声音、味道等都可以成为接触对象，这些也成为接触点或接触点的构成元素。例如，当消费者进入一家餐馆就餐时，餐馆内的装修布置、气味、服务员都是接触点。可能的用户接触点如图 3-3 所示。

扩展阅读 3.5　故宫文创

企业与客户之间往往存在多个接触点，这些接触点汇总在一起会形成对企业或产品的总体印象。企业在连接和接触客户的过程中，应该让客户自始至终感受到积极的体验，增加客户对企业的良好印象。同时，企业需要注意的是，各接触点之间并不是独立分割的，而是紧密联系、协同配合，以确保客户在任意接触点上能够具有一致的体验。例如，在一家超市的促销活动中，超市店面、宣传单页、销售人员、社交媒体宣传等都是连接客户的接触点，所有的这些接触点都会对消费者产生不同程度的影响，因此，应该对每一个接触点加以改进和提升，让客户在每一个接触点感受到美好的体验。对企业来说，既要努力增加接触点的数量，也要提升接触点的质量，只有同时将这两方面结合起来，才能形成与客户建立联系的典型模式，才会带来与客户之间的更多互动和更强联系。

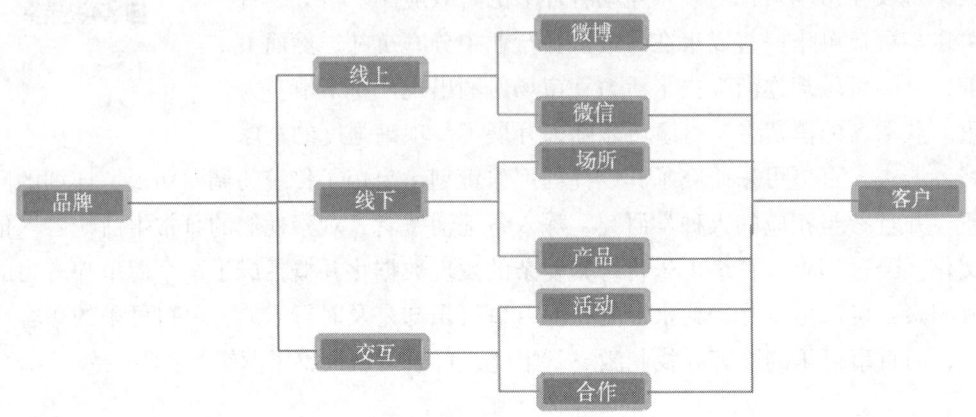

图 3-3　客户接触点

（2）客户接触点的作用

接触点是企业连接客户的重要纽带。企业设计接触点的根本目的是让客户及时、准确、全面地了解企业及其产品方面的信息，进而便于形成购买决策和完成购买行为。其核心是企业在正确的接触点以正确的方式向目标客户提供产品和服务。在当今市场上，客户体验变得越来越重要，增进客户体验的重要环节就是通过接触点来实现。例如，乐高在很多城市开设了体验店，让乐高爱好者近距离体验乐高的魅力。在体验店，大人们可以选购品类繁多的乐高产品，而小朋友还能现场体验和感受乐高的乐趣。店内还有专业的乐高拼砌顾问，全力帮助解答各种乐高拼砌和选购的问题。当下，像乐高一样的众多企业希望通过接触点满足和改善消费者的体验，这也是接触点的主要作用之一。

（3）客户接触点的类型

依据不同分类标准客户接触点可以划分为不同的类型。常见的划分包括四种方式：按顺序事件技术进行分类、按展示对象的真实性进行分类、按客户参与程度进行分类、按照服务对象进行分类。

- 按顺序事件技术进行分类

在使用顺序事件技术研究客户接触点时，通常需要将客户旅程分为感知、搜索、考虑、购买四个阶段。在这四个主要的阶段中，对客户接触点的细分与深挖是赢得客户并建立牢固纽带的关键。换句话说，客户接触点并不是一概而论的，如何按照客户旅程阶段将不同的接触点进行区分与整合，利用不同接触点的优势作出有针对性的营销策划则是营销管理人员需要重点考虑的问题，见表 3-2。

- 按展示对象的真实性进行分类

以真实产品为展示对象的客户接触点。企业通过展示真实产品，让客户全方位了解产品特征，进而对其购买决策的合理性做出清晰判断。适宜于以真实产品展示的客户接触点，产品性质通常具有能够从人的感官上得到充分验证的特点。

表 3-2 按顺序事件技术的客户接触点分类

客户旅程阶段	目标	客户接触点类型
感知阶段	吸引客户的注意，让客户知晓产品	宣传性的广告
搜索阶段	传递价值主张，引起客户兴趣	主题广告、互动式营销、口碑营销、内容营销等
考虑阶段	塑造和引导客户需求，强化购买欲望	渠道的接触点，如 POP（Point of Purchase）展示和店内推广
购买阶段	客户完成购买	品牌建设广告、广告宣传和社交媒体的客户互动、渠道推广和终端促销

以虚拟形式展示产品的客户接触点。通常是专门针对不便于以真实产品形式满足客户接触需要的情形设计的。在互联网时代，以虚拟形式展示产品的客户接触点越来越普遍，有时甚至一些能够以真实产品进行展示的客户接触点，也出于吸引客户注意力和扩大营销宣传效果，而采取了这种展示方式。

"真实"或"虚拟"产品展示之外的客户接触点。这样的客户接触点通常是指良好的信赖关系，良好的信赖关系体现在一些细节上，有时即使企业拥有精细的客户关系管理战略，也会由于基本接触点的管理不善而丢失重要的客户资源。这些管理不善的客户接触点包括过度的推荐要求、糟糕的服务访问、草率制定的销售价格、劣质的账单结算操作等。如果在这些接触点上出现管理不善，那么通常意味着企业建立的客户关系宣告结束。

- 按客户参与程度进行分类

需要客户深度参与的客户接触点。在此类客户接触点中，由于产品本身的复杂性及对使用场景的特殊要求，客户需要对相关产品，甚至对企业的管理、组织状况进行深度参与。

需要客户中度参与的客户接触点。此类客户接触点中，客户只需中度参与即可了解与掌握相关产品质量和功能方面的信息。这种接触点对于客户而言，一方面比较节省时间和精力；另一方面由于产品属性限制了接触程度，因而比较合理的方式只能是进行中度接触。

需要客户低度参与的客户接触点。在此类客户接触点中，客户只需低度参与即可了解与掌握相关产品的质量和功能方面的信息。这通常有两种情形：一种是企业对客户的知识和经验的要求较低；另一种是在相关产品方面，客户的知识和经验非常丰富，市场上同类产品的标准化程度已经非常高，因而可以尽量减少对客户的影响。

- 按照服务对象进行分类

以客户本人为服务对象的客户接触点。此类接触点主要应用于生活用品的营销推广与传播。由于这些产品直接作用于客户，因此，接触点的营销宣传内容主要针对其功效在客户身心方面所引起的反应。这种反应可能出现在生理层面，也可能出现在心理层面。

以客户所属物品为服务对象的客户接触点。此类接触点主要用于提升客户学习、工作、生活品质而服务于客户个人财产或其他附属物的产品项目。

以其他事物为服务对象的客户接触点。客户接触点中的客户需求并非全部来自客户本人，也可能来自与客户有直接或间接关系的其他人员或组织。此时，客户是以代理人或负责人的身份出现，如董事长作为企业的法定代表人，批发商、零售商的总经理在一些场景下代表各自单位进行合同洽谈等。

3.2.2 数字化时代的用户接触与连接

数字化技术应用的普及驱动着企业的数字化转型，在新兴数字化用户的消费和社交行为变化的影响下，用户接触点的内容也在不断变化。

（1）以客户为中心的数字化连接

数字化时代，企业与客户的接触和连接逐渐从原来侧重线下接触向线上接触转化。例如，银行最初是以营业网点为主要接触点，人们需要在网点完成存款、取款、转账、缴费等，几乎所有的金融业务和账户操作都在营业网点完成。而后，银行推出了自助终端（ATM）、电话渠道、网上银行等多个线上触点，客户可通过移动设备线上办理金融业务，对于客户和银行而言，均达到了高效、便捷的目的。

移动互联从根本上改变了企业和客户之间的连接特性，社交媒体的出现也使得企业和消费者之间的互动呈几何倍数增长。线上触点的挖掘加速了企业与客户连接的进程，并且通过互动积累了大量的客户行为数据，促进了消费者购买行为的转化。

此外，数字化时代，企业与消费者的接触不再是割裂的，各接触点之间的隔阂被打破，各接触点以消费者为中心交织在一起。客户接触点如图3-4所示。

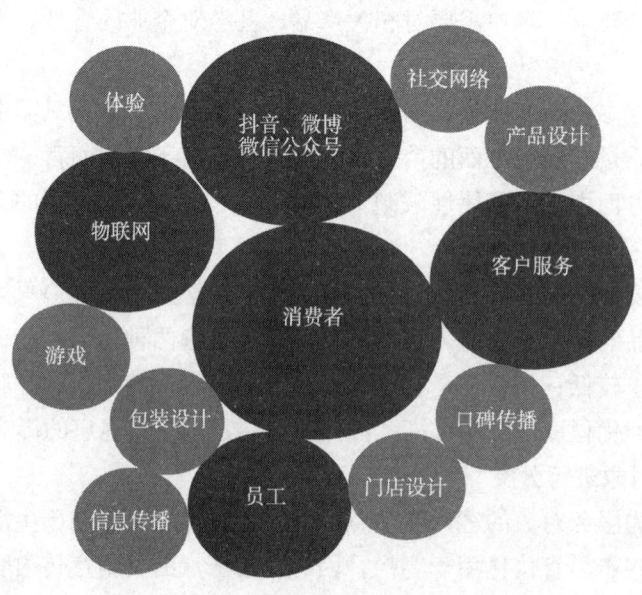

图3-4 客户接触点

（2）从多渠道到全渠道

电商的成功让我们看到了互联网对传统销售渠道的巨大冲击，线上渠道的接触点以其迅捷、便利的优势吸引了大量消费者，许多只采用线下渠道的企业在新业态竞争对手的压力下不得不缩短战线或试图转型。实际上，线上与线下分别发挥着不同的作用，如果将二者打通融合，就可以发挥两种渠道的优势而避免它们各自的缺陷，例如，线上渠道可以弥补线下渠道营业时间空间受限的不足；而线下渠道可以帮助线上渠道提高客户的真实体验，让客户放心购买。随着消费者的购物方式的变化，一种新的将线上渠道和线下渠道完全打通融合的全渠道营销应运而生。

关于"全渠道营销"，简单的理解就是个人或组织为了实现目标，满足客户在任何时候、任何地点、任何方式的消费需求，在全部渠道（商品所有权转移、信息、产品设计生产、支付、物流、客流等）范围内采取实体、电子商务和移动电子商务等多渠道整合的方式销售商品或服务，为客户提供无差别的消费体验。

在全渠道策略下，传统的线上和线下渠道之间的界限被打通，渠道之间可以相互渗透和配合，企业可以满足客户在任何时候、任何地点、任何方式的购买需求，即客户可以在任何时候，如早上、下午或晚间，任何地点，如在地铁站、在商业街、在家中、在办公室，采用任何方式，如电脑、电视、手机等，都可以购买到他们想要的商品或服务。

全渠道营销强调的是客户可以选取自己认为最优的模式，从该公司下任意渠道获取信息，进行采购，并且最终取得商品无缝连接的过程。例如 2014 年 10 月，乐友孕婴童宣布采用全新的"App+网上商城+连锁店"的全渠道经营模式，为消费者提供一站式消费体验。

3.2.3 协调各接触点之间的价值创造

为了能大幅提高接触点连接客户的效率，企业应对各个接触点进行协调，合理分配资源。所有的接触点必须相互协调、互补不足，但最重要的一点是，各个接触点之间并不是相互独立的，各个接触点的最终归宿以及接触点之间的协同方向必须拥有统一的目标（见图 3-5）。

企业在进行全接触点价值创造的过程中，首先考虑的是短期和长期的共赢目标，这既是企业的出发点，也是最终归宿。这一部分不仅包括了企业的使命、愿景，还包括企业对社会的积极性和责任感。品牌、人群、社会这三者是密不可分的，相互协调相互促进形成强劲、统一的品牌理念，通过分析才能、操作才能、创造才能、设计才能，使品牌理念从企业端向消费端延伸，最终向消费者传播。在此过程中，离不开全接触点的相互协调，在数字化时代下，微博、微信公众号以及线上购物分享平台成为了不可或缺的传播工具，也是企业争相抢夺的主战场。为了使这些接触点给企业带来价值，单独的传统营销模式已经不再适用，内容最大化 M.A.D.E.S.和主旨最大化 R.A.V.E.S.成为现在品牌与消费者沟通的指南针。

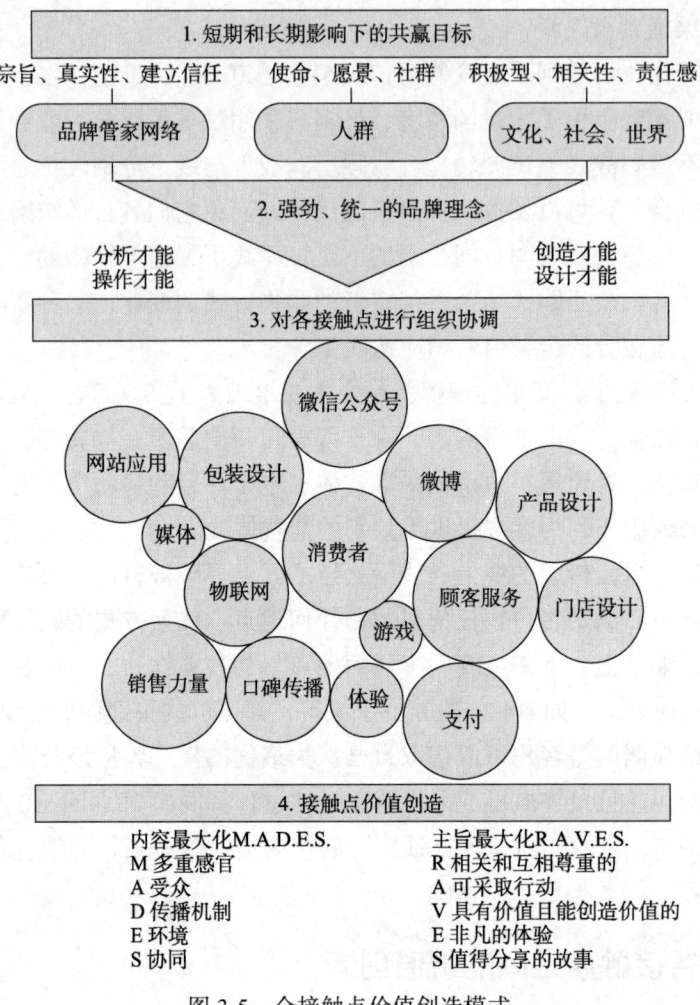

图 3-5　全接触点价值创造模式

从本质上来说，接触点是品牌与消费者直接沟通的互动过程，在这个过程中会存在信息流动，并产生数据。这些数据对于企业来说异常珍贵，因为它能够捕捉到消费者的感知、情绪及关注点、痛点，基于这些数据有助于加强各个接触点之间的协调。接触点很少是单向的，当品牌通过各个接触点与消费者交互时，用户的反馈信息也将被送回品牌，这一过程的双向性为品牌的营销策略优化、营销布局及品牌发展方向提供了指导。

那么，人们会选择性收看、收听或体验哪类内容呢？R.A.V.E.S.内容指南：品牌和消费者的每一次接触都可以、也应该是相关的和相互尊重的、可采取行动的、有价值的且能创造价值的，并且能提供非凡的体验和值得分享的故事。

3.3　如何链接客户？

客户关系管理真正迈出的第一步就是成功链接客户，如此才能有后续的保留、开发和维系等活动。传统的客户关系管理是基于失联环境下的一套寻找传统的用户的手段：产品、品牌、渠道、促销。数字化时代客户与企业的关系由传统的"失联关系"变成了"实时在线的链接关系"，这给企业链接客户的工作带来了诸多挑战。

3.3.1 公域流量和私域流量

公域流量和私域流量的概念，可以用经典的"鱼塘理论"来举例说明。以前大家都在海里捕鱼，最初捕鱼的人很少，捕鱼很容易，成本也非常低。但是当越来越多的人到大海里捕鱼的时候，每个人能够捕到的鱼就越来越少，成本也越来越高。于是有人思考：为什么不在自家搞一个鱼塘养鱼？这样就不需要再和别人在大海里竞争，直接在鱼塘捕鱼，鱼越养越多，成本也越来越低。

扩展阅读 3.6 新冠肺炎疫情期间来伊份的私域流量运营

在这个例子中，大海就是公域流量，不属于企业自身拥有的资源，例如，贴吧平台流量、抖音平台引流、视频平台流量都是属于公共的流量。企业自己的鱼塘则是私域流量，是企业自身可以自由支配的流量，例如，企业建立的微信群、微信公众号上粉丝，都属于私域流量。

3.3.2 如何获取新的客户

（1）获取新客户的意义

客户获取工作针对的是那些尚未与企业发生过交易的新客户，客户获取就是企业采取一系列方式方法去增加新客户数量的行为。一方面，企业为保持可持续发展需要紧紧围绕客户需求，良性发展的企业对新的市场空间有要求，新客户为企业带来的增长空间充满想象。另一方面，客户的生命周期有限，未来将会面临着老客户流失的现象，获得新客户意味着市场竞争地位的稳定。此外，合作是建立在双方都有利可图的共赢前提下，但利润会随着市场发展有所变动。老客户一般习惯于要求获得增值服务，而不愿进行付费。企业要保障收益的稳定增长，就要开发新客户取代不合格的老客户。

（2）获取新客户的方式

企业获取新客户的方式也被称为客户获取途径，随着互联网的快速发展，交互式营销渠道的出现使客户获取途径变得更为复杂。根据企业实践中客户的来源途径，可以将客户获取的方法分为以下三种：线上客户获取、线下客户获取和口碑客户获取。

- 线上客户获取

线上客户获取是指企业通过线上渠道，如搜索引擎、购物网站、网络广告和在线直播等方式，获取新客户。大数据技术的发展与应用，逐渐解决了线上营销获客不精准、投放成本高的问题，使得线上客户获取成为企业获取新客户的一种重要途径。

- 线下客户获取

线下客户获取是指企业通过线下渠道，如门店、展位、传单、户外广告等方式，获取新客户。这种获取途径,需要企业投入更高的成本,容易受时间和空间的制约,客户转化购买率较低,而且线下交易记录成本较高,难以实时追踪和评估客户的轨迹特征。

- 口碑客户获取

口碑客户获取是指企业通过口碑传播的途径获取新客户,即通过对企业的老客户进行口碑营销,让老客户从企业的消费者转化为消费商,为企业带来新客户。

(3)新客户获取的流程

新客户获取的过程可以划分成选择目标客户、客户知晓和产品定位、获取定价、试用、使用体验和满意、维系定价6个关键要素,企业可以基于这6个关键要素更高效地管理其客户获取流程。

- 选择目标客户

企业应该瞄准两类客户:一是那些本身对企业的产品/服务有需求的客户;二是对企业的产品/服务还没有明确需求,但可以从企业的产品/服务中获益的客户。相对而言,第二类客户更难获取,因为企业需要帮助这些客户明确他们的需求,如通过需求引导性的营销。

- 产品定位和客户知晓

赋予企业产品/服务差异化的定位,让其在目标客户心目中占据独一无二的位置至关重要。有利可图则标示着竞争存在,清晰独特的产品地位是捕获消费者偏好的关键手段,其能够直接对客户期望与购买兴趣产生影响。产品定位既定之后,针对目标客户全渠道营销应发挥最大作用,利用线上线下多个触点触达客户端,使目标客户知晓且产生互动,最终引导他们做出购买决策。

- 获取定价

当客户开始搜集企业的产品/服务的相关信息、评估可能的替代选择时,价格就成为一个很重要的因素。在获取新客户阶段,很多企业采取渗透定价策略,渗透定价策略是指企业把新产品投入市场时价格定得相对较低,以吸引大量顾客及迅速打开市场,短期内获得比较高的市场占有率,同时通过接近成本的定价,使其他试图进入该领域的竞争者知难而退的一种定价策略,该定价策略也称为低价定价策略。企业在选择渗透定价时面临的最大挑战是如何制定最有效的试销定价水平。试销定价是指在某一限定的时间内,企业将新产品的价格维持在较低水平,降低客户的购买风险,从而使该产品得到客户的认可和接受。如微软公司的数据库程序在刚刚进入市场时,其建议零售价为495美元,而短期促销价则是99美元。试销定价会影响客户的价格期望,进而影响其后续的购买决策。

- 试用

这一阶段是客户从情感向实际购买行为的转化,在这一阶段,企业应以推动战略为主,通过劝导性的广告配合渠道的推动销售。在试用阶段,除了获取利润之外,企业还需要提升客户对产品/服务的体验感知,为后续的重复购买做出铺垫。

- 使用体验和满意

除了营销沟通策略之外,产品/服务带给客户的价值、售后服务也会影响客户的满意和使用体验。这就涉及企业的产品/服务的设计（研发团队）、产品生产和配送（运营团队），以及售后服务（客户服务团队）。任何一个部门职责的疏漏缺失都会降低客户的体验和满意，这会直接影响客户的重复购买行为。

- 维系定价

可能有读者会有疑问：为何要将维系定价放在客户获取管理中进行讨论？这是因为客户获取的概念包括了客户第一次购买行为之后到重复购买行为之前的阶段。对客户而言，获取定价相当于一个参考点，这会影响客户对维系价格的期望。如果维系价格相对于获取价格太高，客户很难接受这样的差异，难以做出重复购买行为。所以企业需要平衡获取价格和维系价格之间的差异。

3.3.3 如何赢得客户的第一次购买？

（1）客户决策过程

对营销人员而言，预测客户对企业的营销策略有什么样的反应是最核心的问题，也就是要理解客户是如何做出购买决策的。客户决策过程（decision-making process，DMP）描述了客户做出购买决策前所经历的一系列具有代表性的步骤，即认知→考虑→态度→试用→重复（见图 3-6），这几个步骤反映了客户从形成对产品的初始认知到产生积极情感，到最后发生购买行为的整个过程。

微课 3.2　实体店和线上零售的购买转化过程

- 感知阶段：客户感知了产品的存在，进而将此产品放入意向清单中。
- 情感阶段：客户以自身的情绪和情感为判断基础，改变对产品的态度。
- 行为阶段：客户产生强烈的购买意愿，进行产品体验。
- 情感/行为阶段：客户完成第一次购买，并持续复购，最终成为企业忠诚客户。

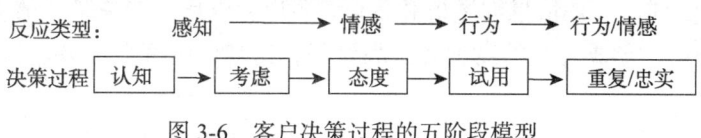

图 3-6　客户决策过程的五阶段模型

客户决策过程随着客户消费水平和产品需求程度的不同而变化，并没有一个完全通用的模式。由于每个阶段所需传递的信息不同，因此了解客户进行考虑、感知和行动的顺序对于营销传播的管理具有重要意义。对于某一具体的产品类别，客户（或整个群体）在做购买决策时的决策步骤可能不同，或者相同的客户根据环境的变换选择不同的产品，这是营销人员需要面对的挑战。一般来说，DMP 阶段前两个阶段是普遍存在的：认知和考虑，后续阶段可能会随着产品、客户和场景的不同而改变，因此，企业需要有针对性地研究目标客户群体的 DMP。这就好比人们寻找伴侣的过程，基本上要经历先认识、再考虑、之后依据形成的态度决定是否在一起（行为）的过程，但又不能排除"一见钟情"这些走不同步骤的客户出现。

（2）数字化时代客户决策过程的变化

顾客购买行为具有动态性、互动性、多样性、易变性、冲动性、交易性等特点。严格地说，顾客购买行为由一系列环节组成，即顾客购买行为来源于系统的购买决策过程，并受到内外多种因素的影响，如文化、社会、家庭、个人、心理等因素。顾客购买行为的复杂多变，对销售人员提出了更多、更高的挑战。掌握顾客购买决策过程及了解影响顾客做出购买决策等方方面面的因素，是赢得客户第一次购买的关键。信息技术的迅猛发展为客户带来了许多便利，主要体现在信息搜索和体验分享两方面，导致客户购买决策过程发生了变化，如图3-7所示。

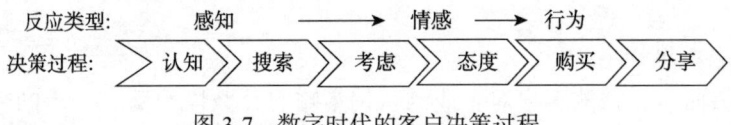

图3-7 数字时代的客户决策过程

认知：客户已经意识到某种需求，并且已经知道一些品牌和产品，但尚未获得品牌和产品的信息，该阶段与传统的客户决策过程中的认知阶段并无差异。

搜索：数字时代下，客户从被动接受信息变为主动搜索信息，并会基于所获信息进行下一步的考虑和选择，有效地减少了信息不对称带来决策失误的可能性。所以，在数字时代，信息搜索已成为整个环节中的重要一环。

考虑：如上文所述数字化时代更有助于客户搜集信息，减少不对称性，但客户又面临着一个新的问题，即选择范围广、信息获取量大、横向比较较多，导致了选择难度的增加。此时的客户迫切需要公正、专业的信息和决策引导，另外，先前购买者的评论及口碑，将会极大地影响客户的购买决策。

态度：基于上述对各种信息的考虑和分析，客户会以自身的情绪和情感为判断基础，改变对产品的态度，形成一定的品牌和产品偏好，这与传统客户决策过程中的态度阶段没有太大差异。

购买：试用这一阶段有时会受到压缩，尤其是网购的情境下，客户会基于对品牌和产品的态度直接做出购买决策，加速行动的实施。

分享：社交媒介和工具使得人人都成为媒介，客户获得了空前的权力，他们可以随时随地及时地分享自己的购买和使用体验。分享的平台可以是微博、微信、朋友圈，也可以是贴吧、论坛，以及电商平台的产品评论，信息不再受到传播的局限。

那么，如何在这一过程中获得客户认可，从而赢得客户的第一次购买呢？其关键是帮客户创造价值。①解决问题：及时了解客户的需求和困难，帮客户解决问题，是获得客户认可的第一步。②共创业绩：结合实际、客观分析、配置资源，和客户一起行动，在行动中创造成绩，建立信任。③引领成长：利用自己的专业性，以及信息的不对称，前瞻性和开放性地为客户提供发展建议和专业咨询。

3.4 内容管理

数字媒体时代，内容营销已经成为企业与客户建立关系的有效手段之一。迅速吸引客户的目光，将有价值的信息准确、及时、生动地传递给客户，是企业进行科学的内容营销和管理的重要功能。

3.4.1 什么是内容营销？

（1）内容营销的内涵

内容营销协会（Content Marketing Institute，CMI）对内容营销这一新兴领域给出了精辟定义：内容营销（content marketing）是一种以驱动潜在客户行动为目标，通过创造和传播相关有价值的内容来吸引、获取、保留有明确界定和理解的目标受众的市场营销手段。通俗来讲，内容营销就是以内容为中心的营销策略，它借由图片、文字、动画等介质向客户传达企业的有关内容，通过合理的内容创建、发布及传播，向客户传递有价值的信息，进而增进客户对企业的了解，培养好感，促进销售。内容营销所依附的载体可以是企业的 LOGO、画册、网站、广告，甚至是 T 恤、纸杯、手提袋等，虽然载体、传递的介质各有不同，但是内容的核心必须是一致的。例如，江小白在表达瓶的包装上不仅印刷了规格、酒精度等基本信息，还印刷了走心文案，如"一个人的成熟在于知道自己的不成熟""千言万语的想念，抵不过一次见面"，试图和年轻消费者产生情感共鸣；OPPO 官方网站不仅有官方商城、新产品信息、企业业务的介绍，还展示了 OPPO 最新资讯、品牌故事、新产品发布会、会员日活动、摄影课程等，满足了各种客户信息需求的同时，也体现了 OPPO 产品年轻、时尚、有趣的特点，增进了客户对企业的了解。

扩展阅读 3.7 小米有品为什么值得买私域内容营销

（2）内容营销的发展

过去，企业的营销手段大多依靠广告和推销，因此逐渐形成了广告泛滥的商业环境，每个消费者一天被动接受的广告信息高达千百条，如通过报纸、期刊、电视、电梯、公交等渠道。尤其在当前数字营销的大背景下，广告信息更是数不胜数。面对信息过载，消费者已培养出自我过滤广告的反应机制，他们对大部分广告熟视无睹，甚至安装了广告拦截软件。

与此同时，成长起来的"千禧一代"慢慢成为消费主力军，其自主消费意识更强，对于传统的硬性推销认可度不高，更加喜欢主动搜寻产品信息。在消费者主动寻找的购买信息中，很大一部分来自已购用户的点评、分享和推荐。专业点评网站 2020 年的调查数据显示，83%的消费者不相信广告，但是选择相信网上消费者的评价和反馈；90%的消费者在做出购买决策前，会主动搜寻和关注别人的点评。

传统广告效率的下降及新时代消费者自我赋权意识的觉醒，为新媒体环境下内容营销的蓬勃兴起提供了机遇。营销内容创作已达到传统营销手段同等地位，其为客户提供有价值的"干货"，积极促进消费者的分享，以此吸引其他潜在客户主动关注和了解产品，并帮助解答购买中可能遇到的问题，加深与客户的情感联系。如果把传统广告定义为推式策略，通过打断消费者思考或感官体验来硬性传递信息，那么，内容营销就是一种拉式策略，通过给予消费者答案和信息，降低消费者的警惕性和厌恶感，使有趣、有价值的信息更易被消费者接受、搜索和传播。内容营销不像传统营销那样追求冲动性或短暂性的行为改变，而是倾向于对消费者进行理性的、长期的内容教育。表 3-3 总结了内容营销和传统营销的主要区别。

表 3-3　内容营销与传统营销的主要区别

	企业行为导向					优劣势	
	消费者心理反应	可控性	精准性	长期性	分享性	优势	劣势
传统营销（推送）	厌恶、躲避、警惕	媒体掌控发布时间、发布形式甚至内容	广泛发布，没有针对性	广告费花完，传播结束	消费者较难主动分享	能有市场覆盖率；技术难度较低；效果立竿见影	营销费用高；传播内容难以流通和分享；内容传达不精准
内容营销（吸引）	愿意尝试和体验	企业自己掌控	根据目标客户需求组织和创造内容，具有很强的针对性	可以长效传播	消费者愿意主动推荐和传播	营销成本低；传播内容不受时长、版面等的限制；容易被回放和分享；精准传播	需较长时间的积累才能吸引消费者关注；技术难度较高；市场反应和效果不能立竿见影

（3）内容营销的实时框架

内容营销的实时框架大体分为以下 7 部分内容．

- **热点性内容**

热点性内容即某段时间内搜索量迅速提高、人气关注度节节攀升的内容。利用热门事件能够迅速带动网站流量的提升，但是热门事件的利用需恰到好处，否则就会变成充满风险的利器。对于何为热门事件，社会学认为热点是具有广泛社会影响力的事件，

微课 3.3　内容营销常用技巧

它通常会吸引大量且集中的媒体报道，以引起社会的自发关注。营销者们都可以借助平台通过数据进行热点内容分析，例如百度搜索风云榜、微博热搜榜等，而热点性内容也可以根据自身网站权重而定，了解竞争力大小，以及是否符合网站主题。热点事件爆发后，要考虑此事件是否符合企业价值观念、目标群体对事件兴趣的大小、品牌主题和时间主体的契合度、企业能否在短时间内实现创意创作，最终综合考虑进行热点性内容营

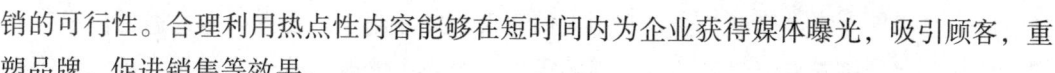

销的可行性。合理利用热点性内容能够在短时间内为企业获得媒体曝光，吸引顾客，重塑品牌，促进销售等效果。

- 时效性内容

时效性内容是指在特定的某段时间内具有最高价值的内容。时效性内容逐渐被营销者所重视，并且加以利用使其效益最大化，营销者利用时效性创造有价值的内容展现给用户。所发生的事和物都具备一定的时效性，在特定的时间段拥有一定的人气关注度，作为一名合格的营销者，必须合理把握及利用该时间段，创造丰富的主题内容。时效性内容对于百度搜索引擎而言其重要性显而易见，百度搜索也给予十分重视，搜索结果页面中也充分利用了时效性。

- 即时性内容

即时性内容是指内容充分展现当下所发生的物和事。及时有效是即时性内容策略的关键，迅速对发生的事物做出反应，第一时间完成内容制作，能够较大程度上提升营销效果。就软文投稿而言，即时性内容审核通过率更高，比较容易得到认可与支持。不仅如此，就搜索引擎而言，即时性内容时间无论是排名效果还是带来的流量，都远远大于转载相同类型的文章。

- 持续性内容

持续性内容是指内容含金量不受时间变化影响，无论在哪个时间段内容都不受时效性限制。持续性内容作为内容策略中的中流砥柱，引起人们的高度重视。持续性内容带来的价值是连续持久性的，其已经作为丰富网站内容的主要方式，在众多不同类型的内容中占据一定份额。以百度搜索引擎为例，内容时间越长久，获得的排名效果相比而言越好，带来的流量也是不可估量，因此，营销者们越来越关注持续性内容的发展与丰富。

- 方案性内容

方案性内容即具有一定逻辑符合营销策略的方案内容，方案的制定需要考虑很多因素，其中受众人群的定位、目标的把握、主题的确定、营销平台的选择、预期效果等都应在方案中有所体现，而这些因素大多依赖市场调查、数据对比分析得出。作为方案性内容，其优点是内容中含金量高，用户能够从中学习经验，充实自我，提升企业综合竞争力。缺点是方案性内容写作上存在难点，经验丰富的营销者才能够较好把握，互联网上方案性内容相比而言较少，因此，获得的关注需要更多。

- 实战性内容

实战性内容是指通过不断实践在实战过程中积累的丰富经验而产生的内容。实战性内容的创造需要营销者具有一定的实战经历，只有具备丰富经验的营销人员才能够做到内容真实，将实践过程中遇到的问题充分展现，让用户汲取有效信息，间接获取学习锻炼的机会。实战性内容之所以能够获得更多用户的关注，是因为这是真正实战经验的分享。

- 促销性内容

促销性内容即在特定时间内进行促销活动产生的营销内容，特定时间主要把握在节日前后，促销性内容主要是营销者利用人们需求心理而制定的方案内容，通过传递产品销售信息，诱发或激发消费者某一方面的需求，内容中能够充分体现优惠活动，利用人们普遍存在的求廉心理做好促销活动。促销性内容能使消费者了解、熟悉和信任企业产品，扩大产品销售，从而提高企业的市场竞争力，巩固企业的市场地位。

3.4.2 内容管理的整体策略和框架

（1）存量和流量

每当企业制定内容策略时，可以利用的内容形式是多种多样的，为了充分利用不同形式的内容，企业可以从流量和存量两个角度来考虑内容。在考虑品牌的内容资产和内容策略时，存量内容是固定资产，其价值不会轻易随着时间的流逝而降低，今天创作的内容在未来两个月甚至两年之后仍会像现在一样有趣，客户仍可以通过搜索来发现这些内容。它们就这样于无声中缓慢但稳定地传播开来，久而久之便形成了自己的粉丝群。而流量内容也叫消费性内容，保鲜期更短，更多的是发挥新闻的功能，如网站公告、爆炸性新闻、实战案例分享等。这些内容一般具有比较短的生命周期，随着时间的推移，其价值会有明显的减损。

因此，在内容策略中，存量内容可能被视为由组织所创造的、能够给公司带来长期价值的有用的内容资产。这种长期价值往往以顾客增加、销路拓展、自有媒体资产的访问量和认知量上升（在搜索引擎上的排名）等形式存在。而内容可能包括说明书、指南、报告、白皮书、经典案例，或者仅仅是那些价值不会随时间流逝而减少的独特和有用的内容。大多数的企业都会具备有价值的内容资产或者是在组织内部很容易转化为有价值内容的有效资产，存量内容优化的核心策略是将这些内容资产和组织专业知识具体化，从而为品牌或公司带来长期收益。例如阿里巴巴发布的《阿里云存储白皮书》，以当前存储密集型行业的应用场景以及阿里云多年实践为切入点进行全面解读，旨在为数字经济从业者提供具有指导性、操作性的参考资料。

若要保证目标的持续优化，需要确定并不断更新组织或品牌目标的价值，培养定期审查存量资产的能力，并使其与工作流程和责任部署相结合。例如，一家报纸的旅行版编辑，随着时间的推移，慢慢建立起了一个在线知识库，其中有一些有用的旅行指南和一些关于世界上特定旅行目的地的文章。即使其中很多文章都已经是很久以前发表的，但是这些指南和文章对于报纸来说仍然是有效资产，因为它们在相关检索项目中仍旧名列前茅，依旧可以为报纸网站带来访问量和用户。在这种情况下，报纸编辑可以用新的相关信息定期更新这些资产中最有价值的部分，编辑甚至还可以开设一些新的板块，将顾客从最有价值的内容中引导至这些新的板块中，从而利用它们来增加旅游板块有效存量资产的数量。

流量内容与存量内容不同，流量是指为了适应不断变化的消费需要或竞争环境快速或动态生成的内容，或者只是为了利用一个机会来实现品牌或组织目标而生成的内容。

最简单的例子就是在社交媒体渠道和社交网络品牌商店内经常使用的内容。考虑到社交媒体渠道的共享和传播功能，内容设计也越来越倾向于定制化发展。想要充分利用流量内容提供的市场机会，市场和组织的灵活性是最重要的。此外，快速的审批过程、团队和部门协作的合理流程，以及数据、信息和知识的无障碍传播，也都是非常重要的因素。如微博、小红书上很多网红发布的种草帖子、软文推广、心灵鸡汤、搞笑视频等，这些图文和视频容易吸引用户短时间的关注，但很快又会被新的内容所取代。

存量和流量组合，为品牌制定内容战略创造了一个理想的框架。框架包括下列问题：品牌的存量资产是什么？应该如何优化、激活、更新品牌的存量资产？如何获知现有存量资产的有利条件，并运用这些条件创造新的存量资产？然后，企业又该如何优化品牌内容的流量部分？能够使企业定期到达顾客并实现预期目标的最优平台和分配策略是什么？谁将会生成内容？企业如何才能确保业务所需信息和资产的顺畅、快速流通？当机会出现时，如何使一线员工做到灵活应对？

24小时在线的品牌平台和新媒体（包括网站、微博、抖音等）的日益普及要求营销人员不仅要考虑活动的短期高潮（如通过线上活动形成的短期高潮），还要考虑在长期内吸引顾客持续的内容。企业进行内容管理的健康状态是把存量内容与流量内容相结合，把专业性强、质量高的内容与有趣的、生动的相关内容结合，使顾客保持兴趣，占据顾客的心智，让他们能最先联想到该品牌，最终影响其消费行为。

（2）内容策展的三大支柱

策展（curation），即策划、筛选并展示的意思，早期定义是艺术展览活动中的构思、组织和管理工作。策展一词已经成为市场营销中经常使用的词汇，也逐渐成为内容营销中越来越重要的一个概念。在当今数字经济时代，消费者搜索和寻找内容、企业用内容吸引用户和传递内容的方式，都在发生彻底的改变。随着内容选择和"噪音"（干扰）的爆炸式增长，这使得内容吸引力成为新的稀缺资源。如何让消费者选择吸引他们注意力的内容，对于制造内容的每一个营销者而言都非常重要。

针对这个问题的有效解决方法就是采用内容策展（content curation）。内容策展是指在线内容的再组织，即围绕某个特定主题的数字内容，对其进行发现、收集和展示的活动，策展人既是数字内容的消费者，同时又是数字内容的再创造者。在此过程中，需要考虑内容策展的三大支柱，因为它们会影响内容消费和分配情况。

- 算法策展

算法策展是指在技术流程解释、参与或预测需求的前提下，搜索者发现和了解的内容。搜索引擎结果页（search engine results pages，SERPs）是算法策展的典型案例，它是指当用户在搜索框中输入关键词后，搜索引擎用它所理解的与我们的查询相关的内容链接来响应输入关键词的一种算法。此类算法及其他相似的查询算法形式变得越来越复杂，正如谷歌和其他搜索服务提供商根据具体语境使搜索结果日趋个性化一样。其中包括搜索引擎所掌握的与用户相关的数据，以及其他一些相关的事情，还包括为用户提供相关的广告。脸书的"置顶帖子"（命名为 Edgerank）算法，给出了与用户相关的所有内容中对用户而言最重要的内容。Edgerank 的工作原理是通过计算加权"密切关系"的算法（即测量用户与某个人或某一品牌的互动频率）、内容类型及最近搜索对相关内容进行排序。亚马逊的算法则是根据用户的购买记录以及成千上万消费者的购买记录，动态地生成内容的推荐引擎。这些深入影响搜索内容的常用算法，与一种新的工具结合在一起，使品牌能够轻松管理第三方内容。这些工具有助于满足消费者从 24 小时在线的品牌平台上获取新的、有吸引力内容的需求。相比较而言，新的服务项目，如美国的 Percolate 和英国的 Idio 为品牌提供了一个易于大规模筛选内容的方法，其工作原理是通过连接和过滤反映品牌形象相关内容的方式，使编辑能够轻松评估这些内容并将其发布到品牌平台上。新的阅读应用程序，包括 Zite（iPad 用户的个性化杂志，随着用户使用的次数增加变得越来越智能）在内，也在运用算法策展，它根据用户在社交网络上的关系提取相关内容，或是根据累积数据了解用户的品位，进而提供更好的内容推荐。

- 专业策展

用户看到或发现的内容往往来自一个有经验的编者或内容整合者，他们用自己独特的视角观察一群特殊的受众，来确定可能引起受众兴趣的内容。这种管理方式从报纸和期刊出现起就一直存在，并且直到如今仍然具有巨大的价值。

- 社交策展

社交策展作为一种新兴的信息获取与利用途径，用户可以通过其提供的平台进行选择、组织和分享他们感兴趣的各种多媒体内容，得到越来越多的关注和认可。用户之所以会浏览某些内容，是因为自身、朋友或是更多的受众认为这些内容是积极的或相关的。社交策展是一种发现、组织和分享数字化资源的过程，对聚集于主题的优质资源进行组织，支持依附于策展集的用户之间交互，鼓励其再创造和再连接。社交策展一直以来都是数字化渠道的一部分，它包括内容标注、社交化书签服务、排名评估、等级评论、推特列表、谷歌+圈子等功能。现如今，这些应用程序也日趋成熟。

例如，英国《卫报》创造的可视化原型，将社会化分析（通过网站分享一些特定内容或对这些内容进行评论的人数）与网络分析（推荐、看过或读过相关内容的人数）相结合，建立了"人们此时此刻在卫报网站上发现的有趣内容的可视化记录"。

将不同类型的策展组合起来，可以为企业利用内容管理实现品牌目标提供一个有效的框架。例如聚集应用程序 Flipboard（中文译名：飞丽博，是一款免费应用程序，支持 Android 和 iOS 操作系统，将脸书和新浪微博等社交媒体上的内容整合起来以期刊的形式呈现给用户阅读），利用专业策展创建内容提要，满足用户订阅不同学科领域内容的需要。但是后来 Flipboard 又运用一种从用户在网络社交平台（如脸书和推特）上获取相关内容的算法对原有策展进行了扩充。美国证券交易所（AMEX）通过算法筛选出第三方内容，并应用了简单的导航标签，例如"热门浏览""最多评论"等，让用户可以很容易地在中心找到具有社交针对性的热门内容。中国应用程序 Bilibili（哔哩哔哩）根据视频的点赞量、投币量、收藏量等维度区整理出"热门""排行榜""入站必刷",让用户在全站找到自己感兴趣、高热度、高质量的视频,使新老用户都能感受到优质视频的魅力,培养黏性。

毋庸置疑,在这个内容丰富的时代,内容管理使用的日益成熟,再加上内容管理三大支柱的有机组合,将会给品牌带来显著优势。

(3)分布式和目的性思维

在使用数字化思维思考问题的同时,可以借鉴那些传统企业惯用的内容方法和成熟的数字化方法。用区分分布式思维和目的性思维的框架来分类处理以上所提到的方法。

目的性思维运用的是伴随营销者多年的传播方式。企业创造内容,然后吸引(或驱动)顾客浏览这些内容,以便尽可能长时间地留住这些顾客,再通过其他方式向顾客提供广告,或是从顾客身上赚取利润。目的性思维的典型特征就是用户必须成为整个资产的一部分,只有这样企业才能从这种关系中获利。以传统媒体所有者为例,虽然一个报刊出版商可能会有多种渠道来传递其数字化内容(如应用程序、网页、播客),然而,这些渠道在很大程度上仍是公司的自有媒体资产,所以同样需要尽可能地留住顾客。

分布式思维则采取不同的方法,即可以在许多不同的地方从关系中获利,而不仅仅局限于在自有媒体资产上。谷歌的内容广告(广告联盟)网络,就非常好地体现了经典分布式思维。谷歌广告联盟的目的不只是让用户进入谷歌网域,而是要让世界各地数百万的网站上嵌入"小匣子",无须通过编辑,使用谷歌算法根据具体语境就能为用户提供相关文字的链接广告。这是一种收益共享关系,所以,出版商从创造内容的投资中获得额外收益的同时,谷歌也成功地从用户访问、网络环境及相关性中获利。同样,用户也无须进入谷歌网域使用谷歌搜索引擎,因为谷歌已经将搜索功能授权给互联网中数百万的网站,在许多浏览器中也有谷歌的搜索框。

分布式思维可以产生强大的优势条件。例如,将 YouTube 视频嵌入网站上的功能,无论用户是在网络内的任何地址浏览该视频,都能够使平台凭借其视频内容盈利。当然,能够获得十分有用的数据是一项巨大的投资回报。推特通过从数百万用户的关注按钮中获取的数据集,来识别用户的浏览规律和浏览内容,并据此向用户推荐其他公众号。脸书通过在互联网成千上万的网页内容中植入点赞按钮的方式,获得了大量的上下文数据,并且可以通过多种方式对这些数据进行再利用。谷歌的 β 搜索产品(Search plus Your World:搜索加上你的世界),运用用户之间的关系数据(数据来自 Google+ 和 Gmail 等服务项目,也会从用户的博客或 Flickr 等第三方服务项目的公共数据中获取)来增强搜索结果的有效性。

分布式模型的关键在于它从生态系统的一部分中获取价值,然后再将其运用到提升用户体验的另一部分上。英国《卫报》在最初运行其公共平台时(一项允许合作伙伴免费重复使用卫报内容和数据的服务),时任数字内容总监的艾米丽·贝尔(Emily Bell)描述了开放式平台允许卫报内容"融合到互联网体系"中去的方法。这也是品牌思考自身内容的有效方法。对于主要使用传统目的性思维的企业，往往很难理解分布式思维的价值。这是因为分布式思维的出发点及思维方式都与传统思维方式截然不同，如通过应用程序设计接口（APIs）来公开数据。

分布式思维日益增加的重要性并不意味着目的性思维已意义全无。事实上，恰恰相反，在各种营销和内容模式中，将会越来越多地看到将这两种思维方式巧妙结合的例子。

由线上零售商 ASOS（欧摩时）发起的 Marketplace 频道就是其中的一个例子。Marketplace 是便于 ASOS 的顾客（以及一些新潮设计师）将服装销售给其他 ASOS 顾客的一个平台。可能大多数的传统零售商会认为，允许顾客在公司网站互相买卖可能会蚕食本公司的销售额。另外，ASOS 认识到 Marketplace 可以创造令人信服的黏性内容，这些内容赋予了消费者重复访问网站的理由，同时也为他们创造了大量购买新产品的机会（也就是说，这是一个很棒的目的性内容）。同时还为活力社群提供了一个平台，这些活力社群的分布式已经涉及了网络的多个领域。ASOS 的 Marketplace 频道是一个十分有趣的解决方案，主要有以下原因：它是由一个机构作为长期平台设计的（而不是一个短期平台活动）；它运用机智巧妙的手法，将 ASOS 品牌融入互联网体系中；它还是一个优秀的企业解决方案而非单纯的营销解决方案。

内容明确的品牌将会越来越多地运用分布式和目的性思维的巧妙组合，促使智能化内容战略适应我们的网络世界。

3.4.3　70/20/10 内容规划模型

（1）70/20/10 法则的概念及发展

鲍勃·艾兴格（Bob Eichinger）和麦克·隆巴多（Mike Lombardo）这两个人，在 20 世纪 80 年代，提出了"历练驱动型发展"（experience driven development）的理念，后来发展成为了"70/20/10 法则"。70/20/10 法则是组织领导力发展设计的重要准则，众多大公司多按此法则做组织能力提升的设计。如今 70/20/10 法则被广泛用于各个领域，70/20/10 内容规划模型是 70/20/10 法则的又一进步和延伸。

70/20/10 内容规划模型已经出现在许多不同的场合。在学习和发展过程中，该模型旨在将不同的方法融合为一个整体，以发挥总体优于部分之和的优势。从理论上讲，高效学习主要由以下几个部分构成。

- 大约 70%来自于现实生活以及在工作中解决问题的能力和经验。
- 大约 20%来自反馈信息和角色模型的使用。
- 大约 10%来自正式的训练。

2005 年，艾瑞克·施密特为谷歌提出了一种创新模型，提倡员工们应当：

- 将 70%的时间用于核心业务任务。
- 将 20%的时间用于与核心业务相关的项目上。
- 将 10%的时间用于与核心业务无关的项目上。

当可口可乐宣布他们新战略的重点，将从"创意卓越"（creative excellence）转移到"内容卓越"（content excellence），即从依赖创意打造品牌转移到依靠有黏度的内容引发互动时，提到了运用 70/20/10 法则来创造内容：

- 70%的内容是可以预计到内容营销效果的"低风险内容"。
- 20%的内容是在前一部分内容上的创新和发展，包括和消费者的深入互动以及尝试更多创新的内容讲述方式，或者称为"中风险内容"。
- 最后 10%涉及没有尝试过的高风险创意，而这些创意将成为以后的 70%或者 20%，称为"高风险内容"。

施密特提出谷歌创新方法的同一年，麦肯锡公司发布了一份题为"提高营销投资回报率"的报告。报告建议，面对大众传媒广告影响力和信任度的日益下降，以及媒体的碎片化趋势，企业应该将 80%的预算分配到常规战略和策略中，将剩下的 20%用于通过精心策划的试验实现持续学习的过程中。这是一个相当实用的方法，可以在紧张预算下更好地进行试验。然而，采用 70/20/10 内容规划模型不仅能够更好地进行试验，还能够进一步优化目前进展良好的活动。当然，无论是试验还是优化，都是成功数字营销的基本原则。因此，预算分配和内容策略的 70/20/10 内容规划，天生就与数字媒体相得益彰。

（2）70/20/10 内容规划模型在内容规划的应用

70/20/10 内容规划模型在内容规划上是否也有相应的应用呢？你可能会说，为了表现得像一个出版商，品牌不仅需要按照出版商的方式来思考，还要像出版商一样做出规划。因此，通过类比期刊出版商，我们认为品牌的 70/20/10，可能会是以下"模样"。

- 70%的内容应该是核心内容，品牌定位、品牌价值主张及赢得客户信任的理由等基础内容是品牌的核心。对于一个品牌社群而言，这相当于社群的目标，即人们最初聚集在这里的原因。在所有尝试建立社群的品牌中，太多的品牌并没有明确的目的或计划，品牌不仅需要给出未来几周的社群讨论计划，还需要给出长期的讨论规划。所以，这些品牌很快就发现，长期内他们只能谈论自己，已经没有什么有趣的事情可说。如果我们使用自己的出版商类比，这 70%的内容相当于期刊的主要编辑部分——超扁平主题（Flat Plan）的核心领域，而这是期刊编辑主张的核心，由各个主题的大量分页组成。例如，如果我们的期刊主题是女性时尚或生活方式，那么这些主要编辑部分将与诸如时尚、美食、旅游、健康、美容、名人等核心主题相关。
- 20%的内容应该是对上述 70%中最有效内容的优化和创新。这部分内容正是公共关系、社交媒体、企业软文发挥作用的范畴，可以根据相关事件或季节性，突出核心主题的权重。在期刊中这可能是春秋的时尚潮流、夏季的美食、圣诞狂欢，1 月和 6 月的饮食等。尽管诸如产品发布或产品活动等相关计划内容可能属于 70%的内容，尽可能扩大短期活动高峰所带来的机会则属于 20%的内容。你基本上是被动地将更多的资源投入到特别流行和引人注目的内容当中，因为这 20%的内容往往与 70%相关。
- 10%的内容是全新的、无法提前计划好的内容。但是，它可能会受到利用短期形势

（一个新的事件或浪潮）的被动欲望以及进行试验和测试的主动欲望的双重驱动。无论如何，这10%的新活动与你目前从事的其他活动并没有直接的关系，内容形式可以完全创新，但是，你可以从中挖掘经验。按照内容规划模型，这10%很可能会成为将来的20%或者70%。

· 70/20/10内容规划模型是一个简单但有效的内容规划框架，它立足于完善的出版原则。将该模型和其他一些有用的框架结合起来，会为品牌内容方法创建一个良好的模板。

作为数字社交媒体时代的一个营销新范式，内容营销近年来获得迅猛发展。提前规划有助将内容优化、试验、相互作用、不同形式的管理以及流量和存量内容进行有机组合，进而保证内容营销的传播效果。

3.5 用户媒介矩阵管理

3.5.1 什么是用户媒介矩阵？

在当今信息逐渐碎片化的时代，企业依靠单一的渠道与消费者建立联系变得非常困难。所以，企业需要综合利用广播、电视、报刊等传统媒体及论坛、贴吧、微博、门户网站、微信等新媒体来触达用户，建立一个良好的"媒体矩阵"来实现"1＋1＞2"的效果。

扩展阅读 3.8　印象红安媒体矩阵联盟

从形式视角定义，用户媒介矩阵借用"矩阵"概念，指的是在新媒体和传统媒体环境下，以不同身份在单个媒体平台运营（如服务号、订阅号等），或在多个媒体平台分别运营，并与用户端相链接，从而形成对用户触点的立体覆盖（如图3-8）。从内容视角定义，媒介矩阵是指根据不同人群形成的不同媒介类型所构成的"分渠道媒介集群"，在内容上聚焦于目标用户，既具有独立性，又在一定程度上相互呼应。2020年，"央视财经"搭建了较为完善的用户媒介矩阵，拥有"央视财经"客户端、微信公众号、今日头条等近30个账号，获取用户超过2.1亿，其中8 800万用户来自"央视财经"客户端、微博、微信和合作端。依靠频道的大屏内容和活动做深度的绑定和融合，借助活动促进用户裂变。除此之外，频道的栏目自媒体也是"央视财经"重要的矩阵成员，央视财经频道有20多个栏目自有新媒体账号，其中"交易时间"账号有几十万专业活跃用户，"第一时间"的微博粉丝1 000万＋、微信粉丝100万＋，"魅力中国城"、"回家吃饭"等，也都对媒介矩阵传播起到了正向引流作用，立体化传播扩大了引流渠道。

随着技术的不断发展以及需求的持续升级，信息传播的格局发生了变更，舆论生态也在逐渐被重构，突出表现即为传统媒介处于不断被拓宽的状态中。在此种发展趋势下，各类型企业均争先开拓微信、微博、抖音及客户端等新兴的主阵地，通过建立用户媒介矩阵来形成相应的信息流传播体系，扩大其影响范围与程度。然而，在实践中，很多企业由于对用户媒介矩阵存在着认知偏差，导致无法实现"1＋1＞2"的传播效果，可主要概括为以下 4 个方面。

- **用户媒介矩阵不是媒介简单的"叠加"**

用户媒介矩阵相对于传统营销方式的分立状态而言，最主要的变化是使受众实现了对不同媒介内容的集合式消费，因此，用户媒介矩阵的价值和可行性是建立在受众对于不同的媒体内容的集合式需求，即综合性需求（integrated and convergent needs clusters）上，它表明了消费者对于能够满足一系列相关性需求的单一供给者的偏爱。而从目前的情况看，许多企业的用户媒介矩阵仍然处于简单的"叠加"形态，不考究平台特性，将同样的内容多次、多渠道重复发送。在此情形下，用户无可避免地多次阅读到相同的内容，审美疲劳也就出现了。这样简单"叠加"的做法不仅无法留住用户，反而会将用户推向其他商业品牌。

- **用户媒介矩阵不等同于大流量**

随着新媒体的出现，消费者更加习惯借助移动设备来获取信息，特别是在当前的"眼球时代"，"流量"成为衡量用户媒介矩阵效果的重要标尺，媒介内容达到一定的"流量"，构成一定的社会影响力，才表明媒介矩阵的构建是成功的。企业拥有了用户媒介矩阵，就等于自动拥有了高流量吗？现实情况证明，两者之间不能画等号。例如在矩阵建设上普遍撒网，全面开花，罗列上数十个平台，但是在经营上却顾此失彼，由于内容缺乏吸引力或推荐不力等，导致一些矩阵订户稀少，浏览量寥寥无几。虽然矩阵成员多，可是活跃的、有效传达的屈指可数。这不仅不能为矩阵中的主流产品"争光"，反而对品牌产生了负面的效果。

- **用户媒介矩阵不等同于高吸附**

从本质上来说，流量仍然只是一个"瞬时值"，它代表不同介质平台上某个具体的传播内容在一定时间段内达到的浏览高峰，但用户媒介矩阵的最终目标是拥有自己长期而稳定的用户群。只有在此基础上，矩阵传播才能实现长远的传播效果，形成品牌价值，收获社会效益和经济效益。因此，这就要求用户媒介矩阵不仅能为企业吸引到大量的用户，而且要使用户对媒介平台产生黏性，同时还要让用户认可品牌。由此可见，媒介矩阵的构建只是企业"留客"的初级阶段，离培养出高黏度的用户还有较长距离。

3.5.2 用户媒介矩阵的类型

通常来讲，用户媒介矩阵有横向矩阵和纵向矩阵两种类型。

横向矩阵。横向矩阵是指企业在全媒体平台的布局，包括自有 App、网站和各类新媒体平台，如微信、微博、今日头条、一点资讯、企鹅号等，也可以称为外矩阵，如图 3-9 所示。

纵向矩阵。纵向矩阵主要是指企业在某个媒体平台的生态布局，是其各个产品线的纵深布局，也可以称为内矩阵。这些平台一般都是大平台，例如微信。在微信平台可以布局订阅号、服务号、社群、个人号及小程序，见表 3-4。

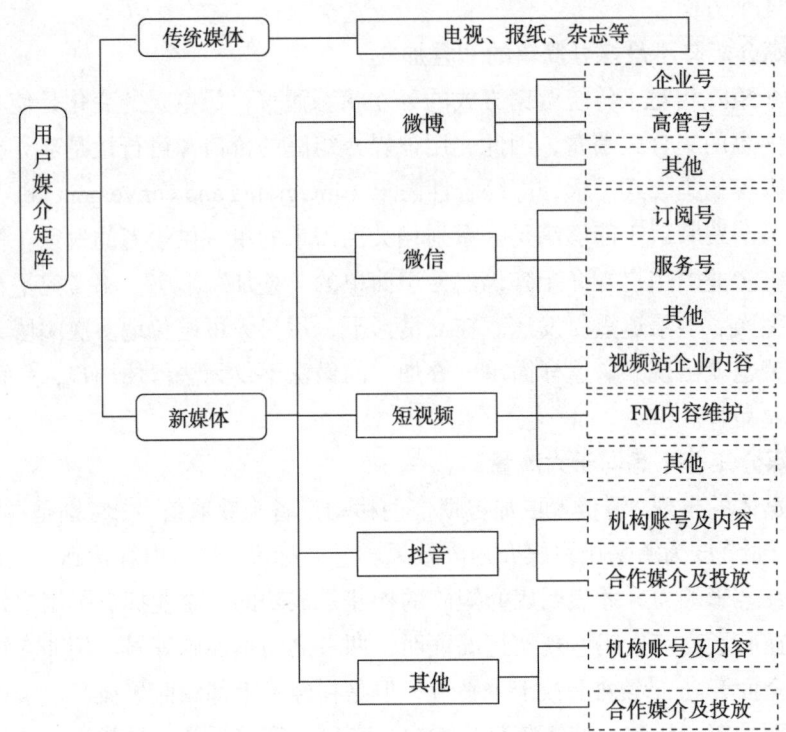

图 3-8　用户媒介矩阵

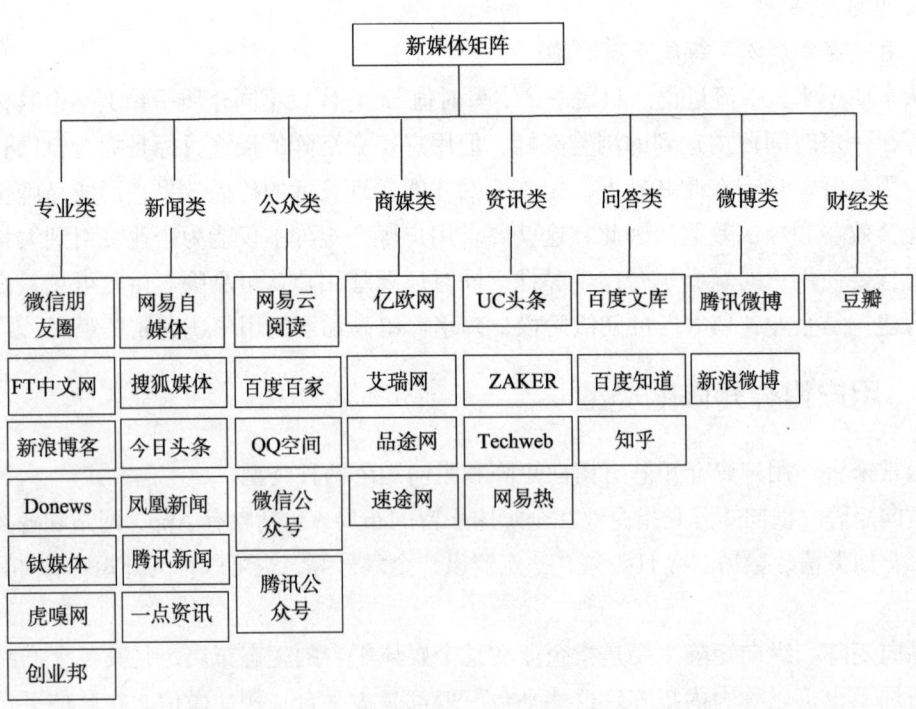

图 3-9　横向矩阵

表 3-4 纵向矩阵

微信	今日头条	微博
订阅号	头条号	状态
服务号	抖音号	新浪看点
个人号	悟空问答	秒拍视频
社群	西瓜视频	一直播
小程序	火山小视频	爱动小视频

3.5.3 用户媒介矩阵的意义

建立用户媒介矩阵对企业来说，有以下几点意义。

- **用户媒介矩阵使得不同的媒介之间进行联动，协同放大连接消费者的效果。**例如，当前比较流行和常见的微博与微信两大渠道之间的联动。具体可以分析为：首先，相对于微信账号的私密性，微博账号一定程度上来说是开放式的，能够更大程度地吸引更多潜在用户，与用户形成一种弱关系；其次，通过微博对广泛用户进行诱导，从而使用户有效地进入微信平台的公众订阅号，而订阅号即是与用户形成一种次强关系；最后，通过微信服务号对精准粉丝及用户进行维护，将其定位为微信账号的忠诚读者、粉丝或用户，提升粉丝的精准度，最终实现强关系的转化。

- **降低内容创作的成本。**同样的信息根据不同媒介平台的特点进行包装或加工，真正实现同一媒介的不同子集之间的互动与整合，对有效信息进行一物多用，从而进一步实现信息创作与传播过程中的成本降低，也在提高信息传播速度的同时，扩大了信息传播市场，为更好地获得收益奠定良好的市场基础，更使得交互媒体的品牌效应在具体地域内得到了最大强化。

- **传播内容与形式可以多元化。**每种传播媒介都有独特的内容风格，例如，视频广告可以是明星代言，微信公众号以图文为主，微博以 140 字内的短状态加照片为主，而抖音以 15 秒到 1 分钟的视频为主。建立用户媒介矩阵可以使企业将传播内容以多元化的方式传递给消费者。

- **分散风险。**建立媒介矩阵是企业在遇到波动和不确定性的情况下一种可靠的分散风险的方法。假设企业只在一种媒介上运营，如果不幸出现"黑天鹅事件"，企业所有的宣传努力都会前功尽弃。例如，2017 年 6 月，包括"毒舌电影""关爱八卦成长协会"在内的微博大号遭到了永久封禁，在此之前"毒舌电影"就做了相关的 App，及时把粉丝引导到新平台，因而降低了被封号的影响。

此外，对于消费者和企业来说，用户媒介矩阵把企业和受众的互动性提升到了新的高度，并且对于传播结果和反馈有了一定量级的数据支撑，如播放量、点赞量和留言量等。在各大新媒体平台发布企业征集相关信息，使经销商与用户为企业的发展提出更多、更全面的建设意见，经过长期积累，用户的网络互动稳步提升，推动企业发展得更好，同时也提升了企业的影响力与口碑。

即测即练

案例讨论

MGM——樊登读书用户关系经营之路

2017年的"双十一"狂欢节，樊登读书会（2018年更名为樊登读书）推出了"买一年送一年"的续费活动。一位书友一次性续费了50年，意味着他一下子拥有了100年的会员资格！这位铁杆粉要和樊登读书会"共存亡"的举动让樊登十分感动。2018年是樊登读书会创立的第5年，11月3日读书会发起了"阅读狂欢"活动，连续三天的会员注册量分别超过了17万名、22万名和29万名，一周的注册量过百万。截至11日，新增用户达到了206万名，总用户量从2017年11月的300万名飙升到了近1 200万名，樊登读书会App也因此登上了应用商店的热搜榜单。"一个品牌只要有1 000名铁杆粉丝，就可以活得很好。"樊登对此深表认同。2013年初创的樊登读书会，经过短短几年时间，截至2019年，用户规模从不足10万名发展到1 600多万名，积累了大批的"铁杆粉"。樊登读书会是如何获得这么多铁杆粉支持的？樊登读书会和其他的读书会有什么不同？樊登读书会是怎样在知识付费行业站稳脚跟的，又是如何快速扩大用户规模的？实现长久经营的"秘诀"是什么？

初创读书会：商业模式1.0

（1）优雅解决社会问题

"优雅地解决一个社会问题"这是樊登从腾讯联合创始人张志东的一堂课上学来的。2011年第九次全国国民阅读调查数据显示，我国国民人均每年阅读图书仅4.58本，家庭藏书量平均为76本。当时报纸阅读率最高，图书阅读率止住了连续下滑的趋势，网络阅读率快速提高，新媒体强劲的增长势头已经显露了出来。"许多人买了书却不去看，有人甚至一年一本都看不完，中国人人均阅读量很低，每人每年平均4本，这正是我们想要解决的问题。"樊登找到了创业的切入点。

2013年，机缘巧合下，樊登和郭俊杰、田君琦相遇了，三人在"用商业的力量来推动读书"的想法下一拍即合，决心携手踏上借助互联网平台来做读书会的道路。

（2）逐步优化讲书渠道

2013年11月，经过前期充分准备，樊登读书会成立了。哪些内容能够吸引用户？

樊登认为，把人们从简单低级的娱乐活动吸引到书本中来，最好的办法就是让他们意识到，读这些书对于生活是有帮助的。初期樊登讲书集中在事业、心灵、家庭三大类，这三方面与人们日常生活息息相关，很容易产生兴趣。"我们想要解读那些能真正为有需求的人带来启发和变化的书。"副总裁孙向利对产品定位充满信心。

樊登读书会的第一批用户是樊登讲授 EMBA 课程上的学员，他们是社会精英，喜欢读书也需要依靠读书解决工作中的问题，却因时间有限，选书缺乏针对性。初期，樊登读书会团队将会员的电子邮箱一一登记，每周将樊登制作的讲书 PPT 按照会员分组，每组 200 人，一组一组地通过邮箱传播。讲书 PPT 发出去了，会员看没看、有没有帮助就不得而知了。很快，通过邮箱分享 PPT 的弊端显露出来，团队很难及时收到会员的阅读反馈，发送邮件不仅效率低而且缺乏双向沟通，甚至出现邮件因疑似垃圾邮件而被退的情况。这说明借助邮箱传播的形式是无法长久的，对于创业初期的读书会来说，无法和用户进行有效交流是一个门槛。

经过不断尝试和调整，樊登讲书的渠道转移到了微信上，将会员拉进微信群，在群中语音授课和交流。课程结束后，整理好的语音片段还会在微信公众号上推送。微信群便捷的交流渠道为会员们提供了与樊登近距离交流的机会，樊登鼓励会员在微信上提问、讨论，团队能够收到及时有效的反馈，深入了解会员需求，进而不断改进内容，提升阅读体验。

樊登读书会一步一步优化，在 2015 年 2 月推出了 App，宣传标语为"帮助三亿国人养成阅读的习惯"，这正是读书会的使命。有了独家平台，樊登讲书更加自如，书籍的讲解音频、视频等有序地上传到 App 内，用户可随时观看聆听，并在评论区留下宝贵意见。

让用户带来用户，商业模式 2.0

（1）二维码 + 代理商，扩展用户群体

知识付费市场前景很广阔，越来越多的人愿意花钱来学习有用的知识，一方面希望提升自己的竞争力；另一方面他们在乎花钱买来的"知识"是否"真"、能不能带来切实帮助。樊登读书会创立初期就没有设置免费模式，就是想让会员珍惜花钱得来的书籍解读，让会员信赖读书会出品的内容质量。市场上能够生产知识的团队层出不穷，内容却良莠不齐，优质的知识资源才应该得到更多的曝光。深思熟虑后，樊登决定坚持 365 元年费模式，不靠"免费"吸引用户，转而注重优化服务体验，完善运营模式，为用户创造更多的价值，让喜爱读书会的用户们去口口相传，让更多人了解樊登读书会。

短时间内增大用户规模仅靠会员口口相传是不够的，怎么能让用户大范围地推介樊登读书会，并让被推介者即刻体验 App，哪怕是先看上一段讲书视频呢？樊登将目光放在了此时兴起的二维码上。伴随着支付宝和微信的新型支付方式出台，二维码正式进入了普通人的生活并被熟知，人们已经习惯了"扫一扫"的生活方式。樊登意识到，可以将精彩的讲书视频等内容放在二维码中，老会员随手发朋友圈，列表好友只需扫一扫就可以观看，如果感兴趣，通过跳转按钮就可以下载，比起去应用商店里主动搜索，用扫码的方式更能增大下载的可能性。樊登确信有了自己的二维码系统，读书会才能发展更多的会员，企业的现金流才会有保障，才能有能力去解决更多的问题。

让用户为产品代言比做广告要划算得多，用户利用他在朋友圈中的形象为产品背书，既满足了用户分享知识，或是带些炫耀成分的成就感，也达到了宣传的目的。为了让用户主动代言，做技术的员工想了二维码分享、图文分享等五六种不同的表达方式。他们还发现，有些用户之所以愿意分享在社交平台上，是因为喜欢App里的精美图片，于是他们为图片直接链接了二维码，用户点击分享按钮，生成二维码推广图，可以保存图片到相册也可直接转发给他人。被分享者扫码进入，可以直接试听3本书的讲解音频，关于沟通的《关键对话》、涉及家庭的《幸福的方法》、面向家长的《如何培养孩子的社会能力》，这3本书都是依据数据总结出来的最容易吸引到新用户的书籍。如果觉得感兴趣，可以通过下方"免费体验"和"付费入会"按钮下载App并加入读书会。樊登读书有一个"体验会员期"机制。凡通过手机进行了注册的用户就能获得7天的会员体验期，体验期内的权益是完全开放对等的。因此用户能在体验期内进行全方位感受，并以此作为体验期结束是否付费成为正式会员的依据。2015年、2016年这段时间，樊登读书会快速发展，得益于二维码系统和代理制度相结合的模式。2016年3月，樊登读书会用户规模突破了10万名，开始步入快速增长阶段。

（2）线上+线下，提升用户体验

随着用户规模的扩大，用户使用情况的数据也在增多，二维码系统总结出的数据变得缺乏"人情味"，一组组干巴巴的数据，难以真实反映用户入会、购买、复购甚至是不再复购的原因以及用户随时变化的需求。App提供了便捷的在线交流平台，但由于用户规模过于庞大，以及时间差、地域等原因而难以实现有效互动。樊登读书会刚刚站稳了脚跟，此时必须为庞大的用户提供更有用的产品或服务才能留住用户，因此，樊登团队需要及时获取用户的反馈、对产品的意见和进一步的需求。团队的一个成员提出线下面对面是最有效的沟通方式，但人力、财力都不支持与用户一一对接。樊登想到之前曾尝试过但收效甚微的代理商，正好可以帮助樊登读书会在全国各地开枝散叶，连接用户。

樊登读书会决定充分利用代理制度，鼓励各代理商在推广的同时积极举办线下活动，用户不仅能在线上听书，还能参与线下面对面的讲座、与书友近距离交流，也方便代理商征集用户反馈，主动向用户提供改进了的产品的信息。"线上找寻目标用户的办法类似漏斗式，层层筛选不够直接有效，樊登读书会是一个需要深度体验的产品，线下渠道的特色是，它很容易建立人际网络，人们会基于信任去分享、传递他们体验过的产品。"孙文涛表示，樊登读书会从一开始对内容付费就有着清晰的理解。穆涛经营着一家广告公司，读书会刚成立时他就成为了会员，"我是读书会的受益者，无论是生活、工作各个方面，我都想把这个好产品推荐给更多有需要的人，想成为其中微小的一分子，参与到这个组织中去。"

线下渠道拓展，商业模式3.0

（1）樊登书店掀新潮，商业创新在路上

2016年，一位泉州的代理商另辟蹊径，把书店做成了线下活动场所，郭俊杰得知后专程赶去泉州考察。互联网与电子商务兴起，从网上选购图书价格低、购买便利，成为了人们买书首选，这种变革给实体书店带来了巨大的冲击，高额的经营成本导致书店经营困难。根据实体书店行业发展报告显示，全国仍有高达51.6%的读者更倾向于纸质阅读，人均阅读量也在翻倍增长，纸质阅读市场仍然非常可观。郭俊杰认为可以借助实体书店转型的契机，开拓读书会线下推广渠道，将书店纳入企业资源。2017年"樊登书店"全面推进，每个加盟书店的经营模式都不完全相同，总部对书店不做过多干涉，每个书店都彰显店主的个人色彩。在全国300多家樊登书店里，有做教育机构的、有做民宿的、旅游的、咖啡馆的，甚至还有卖汽车、卖艺术品的。

樊登书店经过两年多的发展，已经在全国各地开了300多家，书店已经成为樊登读书会的另一个标志。来书店闲逛的书友若是对读书会主推的好书感兴趣，工作人员顺势推广，介绍更多的产品和课程，邀请书友参加线下活动，亲身体验，很容易发展成为会员。书店利用周边社区优势，给同区域的书友们搭建线下交流平台，也能更好地了解到用户需求，及时收集到用户反馈，贴近了居民生活。书店是读书会线下活动的根据地，加盟书店的店主们成为了读书会的"商业伙伴"，老用户们是"业务伙伴"，这为樊登和郭俊杰提供了新的思路：用户通过读书会解决了自己的问题，还能为读书会代言，带来更多用户，进而建立起"伙伴关系"，有了更多的"伙伴"，"帮助3亿国人养成阅读习惯"的理念就能获得更多的社会认同。2017年6月，读书会会员突破200万名，在这个前景一片光明的时间点，樊登读书会不能止步不前，在巨大的用户规模基础上，樊登和郭俊杰开始思考如何找寻更多伙伴，创造更多的用户价值。

（2）脚步不停歇，寻更多伙伴

2017年，读书会与微信公众号"文怡家常菜"进行了一次推广合作，文怡也是读书会的粉丝，经常参与互动。文怡的公众平台有着20多万名的粉丝，爱生活的女性用户居多，和读书会的目标受众有很大相似性，于是团队的小伙伴建议她写一篇推荐樊登读书会的文章发布在她的公众号上，她欣然同意了。很快，一篇《请你务必打开看啊，我坚信，几天以后，你一定会感谢我的》文章推送了，文怡将亲身体会进行了总结，阐述了加入读书会后的变化，引发了粉丝的极大兴趣。后台显示这一合作促成了5 000名新会员加入读书会，文怡也十分欣喜，并表示希望能长期合作。

2018年2月，在樊登书店基础上演化的24小时无人书店——核桃书店全面铺开。核桃书店主要设在商场中，像迷你K歌室一样，几平方米的空间，摆上百十本书，再加上电子屏可供人们随时观看讲书视频。逛街的人们若是感兴趣，可自由进入，选书、看书、借书，无须人工帮助。核桃书店成本不到5万元，每个月就能带来七八千元的收入。未来，樊登读书会计划在各大娱乐场所设立1 000多家核桃书店，将阅读融入日常生活。

在樊登读书的影响力不断扩大时，樊登读书的团队规模也在不断扩大，并且吸引了越来越多有影响力的合作方，包括知名大学教授、资深媒体人、各行业翘楚，同时也与包括中信银行、中信出版社、网易公开课、腾讯新闻、喜马拉雅FM、羊城晚报、科大讯飞、米未传媒等诸多优质品牌完成合作，将樊登读书打造成读书会App的领军旗帜。

樊登读书 App 内设置有"知识超市"和"樊登商城"电商平台板块。知识超市即 App 上线的付费课程，和樊登读书合作的付费课程生产者将与樊登读书共享付费课程收益。

资料来源：曲然，吴子超. MGM：樊登读书用户关系经营之路[J]. 中国管理案例共享中心，2020.

案例分析思路

思考题：

樊登读书在经营用户关系的过程中创造了怎样的顾客价值，每一阶段的顾客价值相同吗？这样的顾客价值对樊登读书有什么好处？

第 4 章

客户关系的维护

本章学习目标

1. 了解流量与留量的区别与联系；
2. 理解客户关系维护的留量池思维；
3. 掌握 AARRR 模型及其在客户关系维护中的应用；
4. 掌握客户互动管理的内容；
5. 掌握客户体验管理的策略。

引导案例

万科——匠心独运维护客户关系

在地产界流传这样一个现象：每逢万科新楼盘开盘，老业主都会前来捧场。万科在深圳、上海、北京、天津、沈阳等开盘的新楼盘中，有 30%～50%的客户是已经入住的业主介绍的。据万科客户俱乐会（简称"万客会"）的调查显示：万客会会员重复购买率达 65.3%，48.5%的会员将向亲朋好友推荐万科地产。这在业主重复购买率一直比较低的房地产行业，不得不说是个奇迹。

（一）万科的第五专业

在设计、工程、营销、物管的基础上，万科经过多年的实践和反思，提出了"房地产第五专业"的理念，即客户关系管理，企业也从原来的项目导向转为客户价值导向。为适应企业对客户关系管理的更高诉求，万科主动建立了客户中心网站和 CRM 等信息系统，从各个工作环节和渠道系统地收集客户意见与建议，并及时研究和响应这些意见和建议，为企业战略战术开发提供指引。万科的第五专业，成为引领企业持续发展，不断创新的重要动力。

（二）关注客户体验

万科素以注重现场包装和展示而闻名，同类项目，每平方米总要比别人贵几百元甚至上千元，有人不理解：我没看出万科楼盘有什么惊人之处，技术也好，材料也好，设计也好，都是和别人差不多的。其实，只要客户仔细到万科的项目上看看，基本上会被那里浓郁、有艺术品位且温馨的居家氛围和细节所打动，就会发现那里才是理想中的家园。万科营造了一个让消费者融入其中、能产生美好想象和审美愉悦的空间环境与人文环境，出售的不仅仅是"商品"和"服务"，还有让消费者享受美好生活的独特客户体验。

（三）万科独有的"6+2"服务法则

万科从客户的角度制定了独有的"6+2"服务法则，具体内容如下。

第一步：温馨牵手。万科要求所有的项目，在销售过程中，要信息透明，阳光售楼，既要宣传有利于客户（销售）的内容，也要公示不利于客户（销售）的内容，其中包括一千米以内的不利因素。

第二步：喜结连理。在合同条款中，要尽量多地告诉业主签约的注意事项，降低业主的无助感，告诉业主跟万科沟通的渠道与方式。

第三步：亲密接触。公司与业主保持亲密接触，从签约结束到拿到住房这一段时间里，万科会定期发出短信、邮件，组织业主参观楼盘，了解楼盘建设进展情况，及时将其进展情况告诉业主。

第四步：乔迁。业主入住时，万科要举行入住仪式，表达对业主的敬意与祝福。

第五步：嘘寒问暖。业主入住以后，公司要建立客户经理制，跟踪到底，通过沟通平台及时发现、研究、解决业主遇到的问题。

第六步：承担责任。当问题出现时，特别是伤及客户利益时，万科不会推卸责任。

随后是"一路同行"。万科建立忠诚度维修基金，所需资金来自公司每年的利润及客户出资。

最后是"4年之约"。每过4年，万科会全面走访一遍客户，发现不足之处并进行改善。

（四）多渠道关注客户问题

万科专门设立了一个职能部门——万科客户关系中心。客户关系部门的主要职责除了处理投诉外，还肩负客户满意度调查、员工满意度调查、各种风险评估、客户回访、投诉信息收集和处理等工作。具体的渠道有以下几个。

1. 协调处理客户投诉：各地客户关系中心得到公司的充分授权，遵循集团投诉处理原则，负责与客户的交流，并对相关决定的结果负责。

2. 监控管理投诉论坛："投诉万科"论坛由集团客户关系中心统一实施监控。规定业主和准业主们在论坛上发表的投诉，必须24小时内给予答复。

3. 组织客户满意度调查：由万科聘请第三方公司进行，旨在通过全方位地了解客户对万科产品服务的评价和需求，为客户提供更符合生活需求的产品和服务。

4. 解答咨询：围绕万科和服务的所有咨询或意见，集团客户关系中心都可以代为解答或为客户指引便捷的沟通渠道。

（五）升级客户互动形式，建立长久关系

随着企业的发展，万科对客户的理解也在不断提升。万科于1988年创立了万客会，

为购房者提供系统性的细致服务，从单向服务到双向互动，万科与万客会会员之间的关系越来越亲密。从最初的开发商与客户、产品提供方与购买方、服务者与使用者，转变为亲人般的相互信任，朋友般的相互关照。

万科没有刻意强调客户关系管理，而是将客户的利益和诉求真正放在心上、捧在手里、落实到行动。

资料来源：网络资料由作者整理改编。

在本书第 3 章中我们讲述了如何与客户建立起关系，成功的客户关系管理的第二步就是维护好与客户的关系。在营销实践中，很多企业只关注吸引新客户，忽视了对客户留存环节的运营，缺乏对现有客户关系的维护和管理，陷入了努力吸引客户、却不断流失客户的怪圈中。企业在成功地与客户建立关系后如何维护与客户的关系，是本章重点阐述的内容。

4.1　将流量变成留量

现实中很多企业通过营销努力如店面活动宣传、公众号、朋友圈、活动群等方式获取了大量的客户资源，这部分客户可以看作是企业的流量。例如，一位带货主播做了 1 次直播，直播间人气已经高达 10 万人，这 10 万人就是流量。但是，在这 10 万人的流量中，真正购买的用户可能只有 1 000 人。所以，吸引流量不是企业客户关系管理的最终目的，如何将流量留下来转化成企业的客户，并培育客户的信任和忠诚，不断创造价值甚至拓展出更多的客户，才是企业客户关系管理的核心。

4.1.1　流量和留量

（1）流量和流量思维

在传统的线下营销中，一段时间内进出店铺的客户数量被称为"客流"。随着互联网营销的兴起和发展，一个平台或者 App 的浏览量被称为流量。流量的概念与电流和水流相似，是某一时点上客户的点击、浏览、注册等行为形成数据流，本质上是客户行为构建的一串数字，通常可以按照日、月、年度来计算。在实际企业应用中，企业 App 的下载量、注册用户量、每日活跃用户数量等都是代表客户流量的重要指标。

移动互联时代，以"流量为王""掌控入口""粉丝经济"为口号的"流量思维"非常盛行。所谓流量思维，是指企业在运营管理的各个环节都以"流量多少"去考虑问题，是企业以产品为主导，运用多渠道、多方法不断吸引新客户的运营思维。例如，抖音在发展初期，主要依靠节奏动感、画面精美、特效酷炫的竖屏短视频，吸引了大城市很多年轻人的关注，猛增了一些流量。随着流量的稳定，陆续有个人或企业尝试通过短视频模式进行电商营销，其流量增长迅猛。在随后的发展中，抖音通过吸引其他平台的 KOL

（Key Opinion Leader，关键意见领袖）加入并吸引众多知名企业入驻，获得了更多的流量。2020年，抖音一跃成为继微信之后的又一超级App，目前已成为很多企业投放拉新广告的首选平台。

在企业初创期，应用流量思维有助于企业获得大量客户，能够带来客户规模的持续扩大，客户的单次交易使企业能在短期内以较低的成本获益，但流量思维的重点在于扩大客户群体，长期来说会忽视对客户的深度运营和维护，难以维持稳定的客户关系，实现长期价值创造。例如，2014年风靡一时的OFO共享单车，在成立初期，用户可以免费或者支付很少的费用使用小黄车。创立几年的时间里，OFO官方宣布已进驻33座城市，每座城市的单车投放量均以万辆为单位，迅速积累了大批流量。但是，OFO在积累了相当规模的客户流量之后，没有及时维护客户关系，将流量转变成能持续带来现金流的长期客户，也没能做到从流量客户身上盈利，这导致了其后期资金链的断裂，最终失败。

（2）留量和留量的特征

所谓留量，就是企业留存下来的客户源，是企业吸引到的流量中经过分类管理、有针对性地营销引导和建议、最终购买并能被企业重复利用的客户。企业通过一系列的客户关系维护活动，将客户与企业紧密联系起来，客户关系维护得越细致，客户对企业越满意、越信任，客户的包容性和忠诚度就越高。当企业能再次为客户提供有价值的产品或者服务时，留量可能再次购买或者进行口碑推荐，帮助企业获益。

一般来说，留量具有三大特征：可控性、低成本、可复用性。

- **可控性**

"流量"是流动的客户源，与企业的关系较为松散，而"留量"则是企业留住的客户。留量的可控性是指客户经历了企业的培育、运营后，对企业更加信任，与企业的关系稳定，只要经过恰当的营销引导，就能实现转化，帮助企业进行营销推广和价值裂变。例如，美食品牌三只松鼠，一直将客户当作产品的主人，从客户下单开始，就一路亲切问候，激发了客户的情感认同。三只松鼠礼盒内附送湿巾等小礼品，让客户体验到贴心服务和超预期体验，成功赢得了客户的认可和信任，培养了大批"鼠粉"。2021年，三只松鼠出品的动画片《三只松鼠之中国行》上线，鼠粉们免费为动画片进行朋友圈营销，充分体现了主人翁意识。

- **低成本**

留量的低成本指的是留量能拉低企业的平均获客成本。企业对客户进行针对性的营销和服务指导，将客户留下来，形成了稳定的客户群体和客户关系，这部分留量反复购买能创造更高的价值，弥补企业的获客成本。留量的口碑推荐还能让企业以更低的成本获得新客户。因此，留量的转化与裂变拉低了企业的平均获客成本。例如，国内某在线一对一教育产品，在项目初期以微信公众号和小程序等方式吸引客户，随后每周为客户提供家庭教育直播视频讲座，经历了两个月的运营后客户黏性显著提升，该平台开始推广在线教育产品，不仅产品获得了很大支持，实现了营销收入，还吸引了很多新客户的关注，降低了企业的整体获客成本。

• 可复用性

留量的可复用性表现为留量可以被盘活与复制。企业通过营销努力吸引到的客户可能是意向客户，但客户处于观察期或者犹豫期还没下单，激活这部分客户的参与或购买被称为盘活客户。企业在客户关系维护中，通过产品介绍、个性化指导、推荐试用等运营手段管理留量，能激发客户的广泛参与与讨论，促成客户交易。"跟谁学"是典型的利用公众号进行客户盘活的 App，累计粉丝 850 多万名。"跟谁学"App 通过以发资料、开直播课、建训练营等为主的群运营活动吸引客户，在客户进群后根据其个性化需求引导客户关注其他付费公众号，进一步引导客户下单购买。这一留量管理策略达到了盘活客户的目的，既满足了客户的差异化需求，还提升了客户关系质量。

复制客户是指留量可以推荐、扩展出更多的客户。企业通过一系列精细营销或售后服务进行客户关系的维护，这能增强客户信任，提升客户关系质量，并且只需经过适当的行为激励，现有留量就会推荐、转发，帮助企业扩展出新的客户。例如，支付宝每年春节的"集五福"活动，本质上就是复制客户。支付宝通过邀请好友，增加抽卡机会，是对留量的培育和激励；留量邀请好友成功后，增加了支付宝的新客下载和注册量，扩大了客户群体规模；好友之间的抽卡、换卡和送卡行为能增加客户的黏性和持续使用意愿，这种留量管理策略成功帮助支付宝实现了流量跃迁。

4.1.2 从流量思维到留量思维

（1）留量思维

留量思维简称将客户留住的思维。与流量思维的差别在于，流量思维以产品为主导，以吸引更多的流量为目的，而留量思维则以客户为中心，以服务客户和维持客户关系为目标。具体来说，留量思维就是在流量思维的基础上，做好产品和服务，为客户提供独特的体验，注重与客户维持良好关系，不断提升客户忠诚度的思维。留量思维是现代企业客户关系维护的系统指导思想。

（2）从流量思维到留量思维

企业客户关系管理的核心是培育与客户的长期关系。因此，企业光有流量是不够的，因为流量与企业的关系比较松散，流失率很高。只有对流量客户进行培育和关系维护，将客户长久地留存下来，才能创造更大的客户价值。

企业的流量和留量是可以互相转化和促进的。流量可以创造新价值但难以持续不断地创造价值，只有经过不断地培育和关系维护，才能转化为留量。留量虽然没办法重复使用，但可以帮助企业扩展新流量，持续价值创造的过程。因此，企业的客户关系管理不仅要有流量思维，努力吸引新客户，还需要具有留量思维，将现有的客户进行培育，转化为长期客户。例如，完美日记荣登 2020 年美妆行业第一的宝座，其成功离不开客户关系维护的留量思维。完美日记通过打造个人号 IP 小丸子吸引客户兴趣→线上购物附赠

扩展阅读 4.1　转转的流量黄昏

红包卡引导添加个人号（或门店消费引导客户添加个人号）→小丸子组建客户活动群→与 KOL 共创输出优质美妆内容→群内互动，培育客户黏性，提升客户关系质量→引导客户打开不同渠道的购物小程序→获增 1~2 元的购物红包→促进客户复购与转化。

客户关系管理的留量思维与传统客户关系管理一脉相承，在注重吸引新客户的同时，还要不断维护与现有客户的关系，提升与客户关系的质量，最大限度地利用客户关系为企业持续创造价值。

4.2　如何扩大留量池

在第 4 章第 1 节中我们了解了流量与留量的相关概念，对企业而言，在成功获取了流量后，如何高效地运营流量、进一步扩大留量池是客户关系维护的工作重点。美国 500Startups 的创始人戴夫·麦克卢尔（Dave McClure）于 2007 年提出了客户关系维护的海盗模型——AARRR 模型，分别对应客户生命周期的 5 个阶段：客户获取（acquisition）、客户促活（activation）、客户留存（retention）、客户转化（revenue）、传播裂变（refer）。AARRR 模型如图 4-1 所示。

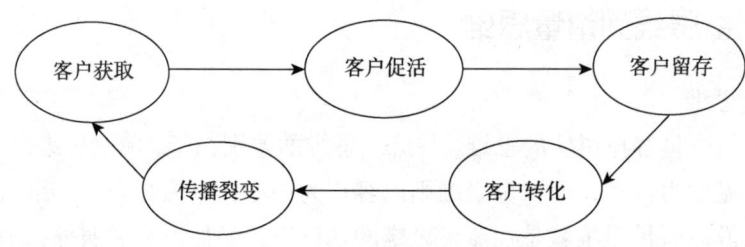

图 4-1　AARRR 模型

AARRR 模型强调企业的客户关系管理应当以客户为核心，重视客户体验，注重与客户发展长期关系，因此，在客户获取、促活、留存、转化和裂变的各个环节都要重视和满足客户需求，以此培育良好的客户关系。在本书的第 2 章我们已详细介绍了客户获取的内容，因此本节将重点对客户关系维护中的促活、留存、转化、裂变的内容进行详细介绍。

扩展阅读 4.2　微信个人号的留量池运营流程

4.2.1　促活

企业通过各种渠道获取的新客户很多处于沉默期或者不活跃状态，这就需要企业利用手段和策略来提升客户的活跃度，这一过程被称为客户促活。客户活跃通常表现为客户经常登录企业网站浏览产品信息、购买产品、评论和转发产品信息等,这些行为特征是衡量企业客户关系管理状态的重要指标。一般情况下,客户活跃度越高,表明客户对企业的产品或服务越感兴趣,越有助于企业及时追踪客户需求,适时促成客户交易。

(1)客户促活的目的

通常来讲,企业促活客户的目的主要有以下三点。

- **减少新客户流失,提高客户留存率**

在移动互联时代,企业通过营销努力获得新客户,如果对新客户缺乏有效的关系运营与管理,那么,新客户与企业的关系就会变得非常松散,很容易流失。当企业为新客户提供有价值的产品或者服务体验时,客户就会变得活跃,并且愿意持续参与企业的各项活动。促活客户能有效降低新客户的流失量和流失速度,提升客户留存率。

- **促进客户下单转化**

如果企业吸引到的客户不活跃,与企业的互动很少,企业就难以了解客户的真实需求,客户也难以对产品和服务有全面的认识,这将阻碍客户购买下单的意愿。企业借助各种营销活动促活客户,为客户提供有价值的内容,能吸引客户好感与信任,促进客户下单购买行为。

- **提升有效客户占比,摊销拉新成本**

有效客户是能给企业带来利益的客户。虽然企业从外部渠道获得了客户,但很多客户与企业互动很少,真正达成交易的很少。企业利用各类促活策略,如活动群、接龙、抢红包、活动预告等方式对客户进行运营,会大大提升客户活跃度,活跃的客户更愿意下单购买产品,这样有效客户的占比得到提升,那部分不活跃客户的获取成本也能被摊销。

(2)客户促活的步骤

客户不活跃的主要原因是对企业产品或服务没兴趣或者是产品体验困难。因此,客户促活的核心是让客户体验到超预期的产品或者服务价值。企业为客户创造的惊喜时刻越多,客户参与过程越便捷,客户就越活跃,留存与转化的概率也就越大。通常情况下,企业促活客户可以遵循以下三个步骤。

- **简化体验流程,激发客户兴趣**

企业可以将产品或者服务体验的流程拆解成若干详细步骤,采用箭头和文案(图片和视频)的形式引导客户逐步完成,客户参与服务体验的过程,可以获得胜任感,能有效提升客户对产品或者服务的兴趣。

- **优化输出内容,及时反馈激励**

客户在与企业接触的任何环节都有可能流失,所以企业需要在客户体验的每一个步骤上都输出有吸引力的内容,提升客户体验价值感知。同时,企业应及时了解客户体验的感受,提供适当的激励机制,如会员升级、发放优惠券等,增强客户对企业的依赖和黏性,提升客户继续使用产品的欲望。

- **满足个性需求,赢得长远关系**

由于客户需求具有差异性,企业在为客户提供优质产品和超预期服务的同时,还需要关注和满足客户的个性化需求,主动关怀客户,为客户提供建议,进一步赢得客户认可与信任,建立起长期关系,促进客户的重购与口碑推荐行为。

例如,芭芭农场是一款助农游戏,用户只要定期"浇水施肥",就能获得水果。首先,用户进入应用程序后,能体验到一系列的领肥料、集肥料、施肥料的任务。每完成一个任务后会获得及时反馈,如肥料剩余量、果树成长速度等,让用户体验到使用这款游戏的乐趣。其次,芭芭农场通过输出一系列的优质内容如助农好货、精选商品、蚂蚁庄园等引导客户持续参与,当客户点击其中链接时,增加肥料数量、赢得红包优惠券等信息不断为客户创造出惊喜、实惠的价值感受,增加了客户对该款 App 的黏性。客户完成体验任务后,芭芭农场还会贴心提醒明日活动信息,吸引用户的持续关注。芭芭农场的客户促活路径,成功提升了客户活跃度,培育了客户忠诚。

(3)客户促活的策略

一般情况下,企业促活客户面临着两种情景:一是在产品推广初期,有很多客户处于沉默观察中,此时激发这部分客户的参与,是提升客户活跃度的核心;二是产品已经有了大量的客户,但随着时间的推移,客户逐步对产品失去兴趣而变得不活跃,此时刺激客户再活跃成为促活的重点。通常情况下,企业可以借鉴以下策略促活客户。

- **利用从众心理,激活沉默用户**

从众是客户的普遍心理,当客户观察到其他客户关注、领券、转发、下单等行为时,能激起客户的参与兴趣,让客户变得活跃。例如淘宝天猫的"双十一"促销活动,就是利用客户从众心理成功促活客户的例子。天猫通过不断提醒客户成交额、产品库存信息等,营造了大众都在购买的氛围,激发了观望客户的从众心理,促进其参与和下单购买。

- **推出新产品或服务时,及时告知客户**

很多客户从活跃变成不活跃的原因是对产品失去了兴趣。当企业推出新产品或者更新产品功能时,可以给客户发送消息,及时告知客户新产品的特征、用法,增加客户与企业的关联,激发尝新动机,让客户再活跃。例如,美团外卖在上线骑手评价功能时,就提醒客户现在可以对外卖小哥进行服务评价,成功引起了客户的兴趣和关注。

- **不断增加新体验,培养客户忠诚**

促活不仅要关注客户的当前体验感受,还需要不断升级产品,让客户感受到新价值,培育客户粘性与忠诚。例如,腾讯推出的"天天爱消除",客户保持活跃度居高不下的关键是"天天爱消除"每月推出新玩法,当客户通关后,还会有更多的关卡等待客户体验,持续为客户创造惊喜。

- **推送有价值的信息,增加客户黏性**

消息推送是目前企业与客户交流最常见的方式,消息推送可以引导客户关注,增加客户的点击、阅读等行为,提高客户活跃度。例如,时尚女性消费品牌"美丽说"就是利用精准恰当的消息推送，增加客户的点击率，赢得客户的认可和忠诚。但值得注意的是，消息推送需要注意时间和频率，过于频繁的推送可能超过客户接受信息的阈值，让客户产生厌烦心理，直接放弃使用产品。

- **建立激励机制，促进客户活跃**

有效的激励机制可以促进客户持续参与互动，增加客户对产品的依赖和忠诚。企业对客户进行激励的形式一般有 3 种：物质激励、精神激励和功能激励。例如，在淘宝每日签到可获得 5 个淘金币，客户下单时，淘金币可以用于抵扣现金，就是典型的物质激励。乐词 App 以教育阶段的名称为头衔对客户进行精神激励，客户在完成规定任务后可以积累经验值，获得如幼儿园、小学生、中学生等头衔，用于彰显客户的独特地位和价值，这是典型的精神激励。某知名论坛的低级用户只有不断的参与、邀请更多的新用户才能升级为高级用户，享有发帖权限。

企业促活客户，不仅是一个让客户广泛参与、增加客户体验的过程，还是一个不断培育客户关系、积累优质客户资源的过程。当客户规模达到一定程度后，对产品满意、对企业信任的客户就可能实现长期留存，为日后的转化和裂变提供基础。

扩展阅读 4.3　唱吧——用微创新促活客户

4.2.2　留存

企业利用客户关系维护策略将客户留下来，让其继续使用产品或者服务的过程就是客户留存。客户留存率可以用留存客户占新增客户的比例来衡量，留存率越高，表明流失的客户越少，客户规模增长也就越快，这有利于后续的客户转化和裂变，实现企业价值。

（1）客户留存的目的

企业将外部链接的新客户引入到企业中，目的是为了留住客户，发展与客户的长期关系，更好地实现价值创造。一般来说，客户留存的目的主要有以下几点。

- **实现客户规模的持续增长**

由于客户在与企业接触的任何环节中都有不同的体验感受，一旦客户出现了不满，就可能流失。企业应用产品、服务和关系等要素对客户进行留存，及时了解客户的需求，能有效缓解客户与产品的矛盾，最大程度地将客户留下来。留下来的客户越多，企业的客户规模就越大。

- **促进客户转化，不断创造价值**

企业运营客户关系维护策略将客户留下来，这部分客户基本形成了对企业的信任和稳定关系。企业再通过提供产品或者服务引导客户进行转化时，就能发挥客户留存的持续效应：客户复购、口碑传播和自发推荐等行为，帮助企业创造价值。

（2）客户留存的步骤

想要将客户留下来，就需要为客户提供超预期的产品价值和服务体验，尽量延长客户使用产品的时间和频率。在企业的客户关系管理实践中，留存客户可以遵循以下步骤。

- **客户分层，进行个性化推荐**

客户分层就是企业将客户按照某一维度划分为不同层次，例如按照客户行为时间、行为频率等参与程度指标，把客户划分为新客户、兴趣客户、付费客户、忠诚客户等，对每层客户群进行标签化管理，努力挖掘各层客户的个性化需求，并根据客户群的独特兴趣持续提供或推荐他们喜欢的内容和产品来留住客户。

- **设计任务体系，促进持续使用**

设计任务体系就是企业将产品使用或者服务体验的过程拆分为多个任务，每当客户完成一个小任务就可以获得积分或者奖励，这样的任务激励机制能促进客户持续参与，延长客户使用和体验产品或者服务的时间，实现客户留存。在利用任务体系留存客户时，一定要注意在每个任务上给客户提供有价值的产品或信息，如此才能真正吸引客户兴趣，留住客户。

- **组建社区，凝聚客户**

当企业借助一系列的产品推荐、任务体系将客户留存下来以后，客户已经对企业有了较高的认可度，将客户发展成为忠诚客户是实现客户留存的关键。此时，企业可以组建社区，让客户大量分享产品体验感受，满足客户关联需求；企业还可以向客户发送专享优惠、成长反馈等满足客户的归属需求；企业要重视客户的反馈意见，切实给予回应，培养客户对企业的深厚情感。另外，邀请客户参与价值共创，如征集活动主题等，培育客户的忠诚度，这些凝聚客户的做法，有助于企业客户长期留存。

例如，小红书是留存客户成功的案例。首先，小红书会根据客户注册阶段的兴趣选择，为客户推出优质内容，吸引客户关注与好感。随后，小红书会根据客户行为设计一系列的浏览时间、关注、点赞、收藏评论等小任务，引导客户不断参与，获得"红薯"宝宝称号，如图 4-2 所示。另外，小红书官方账号还常常提出具象化的话题，引导各类客户生成与分享内容，培育起客户对小红书的黏性。小红书的客户留存管理让更多客户愿意长久地使用小红书 App。

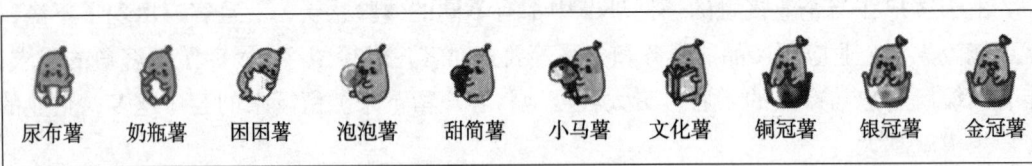

图 4-2　小红书客户成长体系

（3）留存客户的策略

客户留存是客户关系维护中最为关键的一环，企业吸引、促活的客户只有被企业有效留存，才能完成后续的客户转化和裂变。根据哈佛商学院的研究，企业的客户留存率每提升 5%，企业利润就会增加 25%～95%。因此，企业必须重视客户留存，并借助一定的策略来留存客户。企业常见的客户留存策略有以下几点。

- 尽快触达核心价值

客户在开始使用产品之前，已经形成了对产品的预期。客户希望产品能尽快满足这种预期，而不是浪费太多时间。因此，企业的产品设计流程要精简，尽量缩短客户体验路径，尽快满足用户的核心诉求。例如，美图秀秀作为一款修图软件，就是直接将压缩图片、修图、拼图等核心功能展示在应用界面上，让客户可以很直接地使用产品，享受美图的核心价值。

- 持续提升产品价值

任何产品的核心都是它向客户提供的价值，即使客户第一次使用产品时感受到了产品价值，并触达了满足时刻，也并不意味着客户会持续地满足下去。因此，企业需要在现有产品生命周期的基础上，不断升级、更新产品与服务，提升产品价值，才能让客户持续关注和使用产品。例如，天巡网的业务起步于机票查询和比价，后扩展到了酒店、租车等业务。2016年，天巡网业务进行全面升级，不仅为客户提供出行前的准备服务，还为客户提供出行灵感，新增了旅行头条、面签/落地签国家推荐、近期特价机票推荐等模块。天巡网丰富的产品和细致的服务，提升了客户的持续使用意愿，成功帮助企业实现了客户留存。

- 搭建客户激励系统

企业应用有效的客户激励系统可以延长客户参与时间，有效留存客户。常见的客户激励系统有分级管理体系、成长激励体系、积分奖励体系。分级管理体系是企业将不同层次的客户区分开来，给予特色化的产品和服务，使客户感受到产品特色和使用特权，从而提升客户关系，留住客户。成长激励体系就是给客户成长激励，如会员升级等，增加客户黏性，实现客户留存。积分奖励体系就是给客户的使用、消费等行为积分，让客户享受积分兑换优惠等来吸引客户的持续使用。例如，南开大学的BT网站将与南开大学紧密相关的水体"下水道""小引河""新开湖""卫津河""海河"等作为客户成长的等级载体，吸引客户持续参与价值共创，既便于理解记忆又生动有趣，培育了大批的网站忠诚客户。

- 增加客户流失的沉没成本

客户在产品体验或者使用中需要付出时间、精力、金钱和感情等成本。一旦投入了成本，客户想要离开，就要承担很高的沉没成本。因此，增加客户流失的沉没成本也是留存客户的重要策略。例如客户在线下店铺充值后，会因为换店消费的沉没成本增加而持续到店消费；即使是在线上营销中，如开通京东plus会员后，为了享受会员特权，客户也会忠诚京东网站。另外，很多客户对苹果手机超越理性地偏爱，就是受购买习惯和情感忠诚的驱动，不愿意承担转化品牌的沉没成本。

- 设置流失反馈环节

任何企业的客户都存在着流失的风险，客户流失率的增加也意味着客户留存量的减少。因此，企业在面对客户流失时，需要增加流失反馈环节，深入了解客户流失的原因，及时挽留客户。例如一些应用程序在电脑端被卸载时，就会弹出窗口调查客户放弃使用的原因,并提醒客户是否继续使用,这个弹窗不仅能为产品功能升级提供思路,还能利用客户流失前的最后机会留存客户。

• **善用召回策略**

企业的客户流失在所难免,企业可以尝试召回流失客户,将产品更新、活动优惠等信息传递给客户,让客户未实现的需求得以满足。这样的善意召回,能激发客户对新产品的兴趣和对企业的情感联结,有利于召回客户。例如,餐饮企业四季有盐有味,就是将当月上新菜品推送给两个月没来餐厅消费的老客户,并附赠一份经典菜肴——葫芦鸡,这样的召回策略重新激发了客户的兴趣和情感,帮助企业挽回了很多流失客户。

扩展阅读 4.4 网易云音乐与客户的情深义重

对企业而言,留住客户并不是简单、一劳永逸的事情,需要企业不断地与客户沟通,真正地了解客户需求,关心客户,为客户创造出有价值的产品或者服务体验,最终发展与客户的长久稳固的关系。

4.2.3 转化

在经历了客户关系维护中的促活、留存环节以后,留下来的客户成为稳定的客户资源。这些客户对企业和产品有了一定的了解,也建立起了对企业的基本信任。接下来,只有客户购买产品或者为服务付费,才能真正地为企业创造价值。促进客户下单购买,完成交易,这一过程被称为转化。

(1)客户转化的目的

企业对客户关系进行维护与管理,核心阶段是客户转化,这是为企业带来收益的环节,成功实现客户转化对企业来说具有重大意义。

• **变现产品价值,获得利润**

企业将外部获得的流量进行培育后,流量就转化为稳定客户。这些稳定的客户真正购买、使用产品或者服务,能帮助企业的产品实现变现,转化为企业利润,促进企业更好地发展。

• **提升关系质量,促进客户裂变**

客户经历过一次完整的购买历程后,对企业的认知和评价更加完整和清晰,客户转化后对产品和服务满意能让客户更加信任企业,形成对企业的长期忠诚。客户还可能出于回报企业的动机,自愿为其进行口碑宣传,帮助企业拓展更多的新客户。即使客户转化后感到不满意,客户提供的反馈和建议也能加深客户与企业之间的互动,为更好地维持客户关系提供思路。

(2)客户转化的步骤

企业流量多不代表着客户转化率就高,留量才是客户转化的关键。企业只有了解留量客户群体的需求和偏好,才能制订出满足客户需求的体验方案,真正促进客户转化。

按照这一逻辑，客户转化需要经历以下 4 个步骤。

- **明确转化主体**

留存客户和有明确需求的客户是实现转化的主体。留存客户对企业产品和服务更加信任，因此转化难度相对较低，只要企业借助相应的营销手段加以引导，很容易促进转化。有明确需求的客户是潜在的购买者，企业拥有的产品只要能满足客户的需求，促进转化的可能性就很大。但是，由于潜客期客户对企业的信任度总体不高，还需要企业运营人员对客户需求进行深入了解，与客户充分沟通，精心维护客户关系，促进转化。

- **提供良好的体验**

一般来说，客户转化需要经历认知、搜索、考虑、态度、购买和分享等一系列步骤，在促进客户转化的每一阶段，企业都需要进行相应的干预，为客户提供有价值的产品或服务，及时追踪了解客户的体验感受，进行必要的引导和激励，以提升客户满意度，这样才能增加客户对企业的信任，为客户下单、续费等转化提供基础。

- **优化转化路径**

通常情况下，客户转化的路径越简单，客户转化就越容易。在客户搜索阶段，企业可在论坛、官网、电商平台等提供充分的产品信息；在客户考虑阶段，企业可以提供适量真实的客户口碑和体验案例帮助客户决策；在客户购买阶段，直接加购物车、导购帮忙下单、便捷的付款方式能加速客户转化。需要注意的是，在客户体验的各个阶段，企业必须及时与客户沟通，为客户提供指导，建立良好关系来促进客户随时转化。

- **促进增购与重购**

促进客户转化还包括让客户增购和重购两方面的内容，增购与重购代表了留存客户的转化效果。企业促进客户转化时应具备长远思维，运用赠送实用产品、通知促销活动、邀请老客户尝新等策略引导客户持续增购和重购，促进客户转化。

例如，2019 年 2 月，兰蔻在情人节推出了唇膏香水限量礼盒，并在朋友圈进行视频营销。此次营销，兰蔻将目标客户群体定位为都市年轻男女，通过主题突出、别具一格的文案"吻你，闻我"和别出心裁的包装设计，为客户提供了独特的视觉体验；兰蔻巧用"一笔画心解锁惊喜密码"为客户转化提供了最短路径，让客户立即拥有购买产品的冲动；在下单购买页面上还不忘收集客户信息，提醒客户转发分享，为裂变更多的客户，促进复购提供了基础。兰蔻的朋友圈营销，不仅增加了客户观看广告这一话题的趣味性，吸引目标受众参与互动 300 万次，还成功帮助兰蔻实现了客户转化，所有礼盒一次性售罄。

（3）客户转化的策略

客户转化有利于产品价值变现，增加企业利润，但客户转化是一个复杂过程，在促进客户转化的过程中，企业需要借助适当的策略来提高客户转化率。

- **突出产品特色**

客户能不能成功转化，不完全取决于产品的功能，因为产品的功能满足客户需求时，客户还没有体验到惊喜，不足以刺激客户直接下单购买，客户还会继续寻找令他满意、欣喜的产品或者特色服务。在促进客户转化中，企业有必要为客户提供独特的产品或者服务体验，吸引客户关注，促进客户转化。例如，知名餐饮企业海底捞就以其特色的候餐服务打动了很多客户，提升了客户感知附加价值，促进了客户转化。

- 制造紧张感

制造紧张感能有效地引导客户转化，因为客户会有错过购买就是损失的心理预设。但紧张感营销也要运用得当，尤其是留给客户足够但又不过长的决策时间。例如在抖音、快手等社交平台的直播营销中，主播与助播介绍完产品以后，会邀请受众、店家一起倒数"3—2—1"，上链接并实时报告成交量，或者提示优惠倒计时等催促顾客赶快购买，这一系列的话术营造出了紧张抢购的气氛，极大地提高了客户转化率。

- 组合使用优惠形式

企业常用的优惠形式有发放代金券、发红包、满减优惠、打折等。由于各类客户与企业的关系强度有所不同，因此，在促进客户转化中，企业可以按照客户分层结果实施不同的优惠政策。例如，新客户可以专享新人红包、新人1元购、首单免邮等促进客户转化；对于成长期客户，企业可以采取满减优惠、包邮等策略激发客户的转化意愿；对于成熟期客户，企业可以采取更低的折扣优惠+积分兑换方式，让客户体验到独特的身份价值；对于衰退期客户，企业可以利用返场优惠等策略激励老客户再次购买。例如，唯品会购物网站就是根据会员的不同等级给予不同的优惠，新会员可享折上8折，成为了钻石会员、皇冠会员和超级会员后能享有更多的优惠活动和价格折扣，这样的优惠激励形式，使客户愿意持续使用唯品会购物，到2020年年底，唯品会会员累计超过1亿人，实现销售收入约1 000亿元。

- 设置参照物

客户在进行转化中，往往有很强的对比心理。企业可以利用客户的从众和对比心理，展示下单客户数量，让客户感知到想要购买的产品是值得信任的。另外，企业可以给出不同产品的对比价格，让客户参考并选择，促进客户转化。例如，肯德基常常利用产品比价，让客户产生购买肯德基产品就划算的心理，促进客户购买下单。

- 精简选项

希克定律表明，当面对过多选项时，消费者反而不太可能进行转化。企业可以将产品按类别展示或者分块展示，限制其他无关选项的干扰，同时精简客户转化路径，加速客户转化。例如，百度文库VIP会员充值时，就仅提供连续包月、6个月、18个月、24个月会员4个选项，大大降低了客户选择的难度，在客户充值界面上，可供选择的支付方式仅有支付宝、微信、度小满3种，客户转化路径简单、清晰，提高了客户转化率。

扩展阅读 4.5 悦宴自助餐的"四步为营"促转化

- 巧用口碑与例证

口碑是最好的产品宣传，同类客户的体验感受更有助于提升客户信任，帮助客户进行购买决策。企业在促进客户转化时，可以展示客户的真实评论信息或者体验案例，提升客户下单意愿。例如，淘宝手机客户端的"问大家"功能就是真实买家的解答和评论展示，获取了很多客户的信赖，成为促进客户转化的关键依据。

4.2.4 裂变

裂变是指企业的老客户拓展新客户的过程。裂变不仅仅是客户关系维护的最后一个环节，还是下一阶段客户拉新的开始。裂变决定了客户留量池的循环增长，是评估老客户价值的标准之一，同时也是企业客户关系管理的延伸目标。

（1）客户裂变的目的

裂变是最有效的拉新手段，老客户通过口碑传播等方式将体验经历、产品信息传递给新客户，从而帮助企业拓展更多的新客户。一般来讲，企业促进客户裂变的目的主要有以下几点。

- **提升企业与老客户的关系质量**

老客户在体验了产品或服务以后，只有真正地认可企业产品，才愿意帮助企业拓展新客户。老客户将自己的信誉和产品联系在一起，能满足老客户的归属需求和互惠动机，增强客户与企业的情感关联，提升客户关系质量。

- **降低拉新成本，培育新客户信任**

企业促进老客户拓展新客户时，由于新老客户之间本身的信任基础，依靠老客户开发的新客户更容易且成本较低，这有效降低了企业的拉新成本。另外，新客户还会把对老客户的信任转移到老客户推荐的企业产品或服务上，容易建立起对企业和产品的初始信任。

（2）客户裂变的步骤

促进客户裂变最主要的是利用老客户的意见领袖作用或者信用背书扩展新客户。因此，客户裂变的关键在于"老客户"。企业促进客户裂变时一般需要遵从下面三个步骤。

- **培育与老客户的关系质量**

老客户是裂变新客户的源头和核心，老客户与企业的关系质量越高，对企业和产品越信任，就越可能通过口碑传播的方式，为企业拓展更多新客户。因此，在客户裂变中，首先要注重对老客户关系质量的培育。

首先，企业需要与老客户进行大量沟通，尽可能是一对一沟通，例如向老客户咨询服务改进建议、邀请老客户参与服务再设计等，让老客户感受到重视和尊重，满足老客户的关系需求和归属需求。

其次，企业可以为老客户提供一部分免费延时服务等，让老客户体验到额外的服务价值，在促成老客户交易的同时，激发老客户回报企业的动机，引导其主动推荐和口碑宣传。

最后，企业可以举办线下线上的老客户聚会，加深老客户之间的情感交流，建立起老客户与企业之间的情感联结，更大程度地促进老客户发挥裂变价值。

- 扩展裂变路径

企业促进客户裂变还需要提供合适的裂变路径，利用老客户的宣传和推广实现裂变增长。企业可参照如下步骤扩展裂变路径。

第一步是凸显主题，吸引新用户关注。企业选择特定的主题或者产品，发动老客户进行宣传，附加限时限量的促销字眼吸引新客户关注。

第二步是简化路径，提升参与度。想要实现客户裂变，不仅需要老客户的信用背书，还需要设计精简的路径，让客户体验更便捷，提升体验价值，促进裂变。

第三步是裂变传播，推广分享。当客户参与裂变活动后，企业还要提醒新老客户分享给更多人，扩大裂变影响力，实现更好的裂变效果。

- 匹配裂变激励

老客户愿意扩展新客户，可能是出于对产品或者服务的真正认可，也可能受到企业外部奖励计划的激励。企业可以对老客户提供不同形式的激励措施来促进客户裂变，一方面可设置分享排行榜、荣誉会员等称号，满足老客户的成就动机；另外一方面，也可以采取提供奖金、全额优惠、会员升级等举措，满足老客户的求实动机，进一步促进客户裂变。

例如，沈阳的"嘻游记"游泳馆，是一家婴儿游泳连锁经营店，在新店开业时曾面临客户匮乏的困境。老板不断总结经验，推出了鱼饵营销活动："10元办会员，终生享9折；附赠300元消费额，可邀请朋友免费体验5次；所有分店通用，消费有效期30天。"经过店铺宣传和员工朋友圈营销，成功收获了第一批客户。老客户为了不浪费300元的免费消费额，积极邀请朋友前来消费，如果客户办卡成功，新老客户均可获赠50元的现金奖励，新客户还可继续享受活动优惠。经过3个月的尝试，老板发现，在获得邀请的客户中，90%以上的人会在一周内进店体验，只要客户体验3次，基本上都会充值。"嘻游记"这样的客户裂变思路，帮助店铺培育和裂变出了更多客户。

（3）裂变策略

裂变是一种有效的客户关系管理思维，企业利用裂变传播的力量，可以实现客户几何级增长的效果，是成本最低，效价最高的获客方式。通常情况下，企业可以应用的客户裂变策略包含以下几种。

- 口碑裂变

促进客户裂变，应用好客户口碑是关键。当客户体验某种服务或者使用某种产品后感觉非常好时，客户就会产生推荐给亲朋好友使用的想法，在客户的社交圈形成口碑，这无疑是非常好的传播方式，几乎零成本就能获取大量客户。但需要注意的是，口碑传播的前提是企业产品足够好，足够吸引客户。例如，小米手机凭借其高质量的产品和服务获得了品牌声誉，"米粉"们通过在线下和线上社区中口碑传播帮助小米获得很多新客户。

- 拼团裂变

拼团裂变,顾名思义就是两个及两个以上的人一起拼团,客户发起拼团后,通过社交方式分享给好友,好友参与拼团,共同以低于单品的价格购买某种商品或服务。例如,拼多多就是拼团裂变客户的赢家,自 2015 年成立至今,拼多多在几年时间里凭借独特的拼团裂变策略,成功实现了 6 亿名客户的体量。

- 邀请裂变

邀请裂变是通过提供一定的奖励,让老客户利用其资源不断邀请新客户参与、进行客户裂变的一种方式。在邀请客户成功后,新老客户都能获得企业奖励。例如,中国移动发起的老客户邀请新客户下载客户端,双方均可获赠一定流量的活动,其本质上就是邀请裂变,利用这种裂变方式,中国移动获得了大批新客户。

- 助力裂变

助力裂变,顾名思义就是利用好友的助力来使自己获益,具体操作流程为分享好友→邀请助力→完成任务→获得收益。例如:交通出行 App "智行"的抢票功能,需要老客户将抢票页面分享给朋友,邀请好友加速助力,老客户获得了高速抢票特权,新客户也能获得优惠和礼包,这样的裂变方式增加了"智行" App 的客户总量。

- 分享裂变

分享裂变就是客户在分享成功后即可获取企业某种产品或者服务的裂变方式。分享裂变适用于边际成本为 0 或接近于 0 的产品,这种产品或服务是可以复制的,即使多人领取或使用也不会增加企业的额外成本。例如在线教育行业的斑马英语 App 就是激励客户自发进行社区分享,成功分享给好友后,客户和好友都可以免费获取某种课程的资源。多人免费领取课程,无疑扩展了斑马英语 App 的客户规模。

扩展阅读 4.6 拼多多的"社交营销"客户裂变模式

4.3 客户互动管理

客户关系管理是一个持续过程,它需要企业和客户不断互动。通过互动,企业可以更好地发现客户需求、吸引客户融入甚至引领客户潮流,而客户也能在与企业的互动中更深入地了解企业,建立起与企业的长期关系。

4.3.1 客户互动

(1)客户互动的内涵

互动是指两个及以上人或物在一起活动或者相互合作、相互影响的过程。从客户关系管理的视角来看,客户互动是企业利用各类信息和技术为市场上的客户提供优质产品或者服务,并努力与客户发展长期关系的过程。例如,鞋服品牌"天创时尚",于 2014

年推出了一个"亲们，爱吧"的活动，利用知名人士邀请客户定制并上传专属语音卡，向身边的亲友表达爱，成功分享语音卡的客户可以获得现金券，品牌方还会以客户名义捐出部分销售额作为公益基金。此次活动吸引了客户关注，为客户创造了独特且温暖的体验，不仅拓展了品牌知名度，更是带动了实体店的销量，成为2014年微信互动营销的重要典范。

客户互动的概念十分广泛，企业与客户的任何接触，都可以视为客户互动，企业了解客户需求、传播产品理念、宣传服务政策、促成客户交易、提供售后服务、调研客户满意度等都属于客户互动。在移动互联网时代，企业与客户互动的媒介也从直接邮寄、面对面沟通扩展到门户网站、企业App和各类社交平台等，但无论是在线上还是线下互动，客户互动的内涵通常都包括以下几个方面的信息。

- **客户互动的实质是信息沟通，包括客户信息和企业信息沟通两类**

其中，企业信息包括企业文化、经营理念与政策、品牌信息、产品或者服务信息等。客户信息包括客户基本信息、需求信息、体验反馈和改进建议等。通过客户互动，企业能够更深入地了解客户需求，努力为客户提供比竞争对手更有优势、更具吸引力的产品或服务。同时，客户也能在与企业的互动中更深入地了解企业及其产品，为企业产品和服务改进提供建议。

- **客户互动的目的是建立与维护客户关系**

企业与客户进行交流与互动，不仅能让双方更加了解彼此，促成交易，还能拉近双方的关系距离，培育和发展长期稳定的客户关系。

- **客户互动的路径是双向、及时、有效的对话和交流**

企业与客户互动，双方之间循序渐进的交流和及时响应能保证信息传递的效果，避免沟通中信息加工和信息过滤，保障双方更好地了解彼此、达成交易和建立友好关系。

- **客户互动的保障是大数据和人工智能技术的支持**

企业的数据库可以详细记录客户互动的全过程，借助大数据技术和人工智能技术分析客户行为数据，能有效洞悉客户潜在需求，让企业更高效、更精准地实施互动交流，提升互动效果。

（2）客户互动的驱动因素

有效的客户互动不仅能创造独特的客户体验，满足客户个性化需求，还能培育客户与企业的长远关系，是现代企业提升客户关系质量的核心。目前，企业对客户互动越来越重视，主要受到以下驱动因素的影响。

- **营销环境的转变**

在当今激烈的市场竞争环境中，企业只有真正抓住了客户的需求，为客户提供他们真正需要的产品，才能在市场站稳脚跟。从传统的大众消费到如今的个性化消费，每个消费者都变得独一无二，这就要求企业加强客户互动，及时为客户提供满足需求的个性化产品或服务。

- 营销观念的转变

传统的交易营销理念中，消费品市场规模较大，生产者与客户建立长期的互动关系几乎是不可能的。但随着关系营销观念的兴起，企业与客户之间的关系变得越来越重要，企业对客户关系的高度重视促使企业与客户的互动愈加频繁。

- 企业核心价值认知的改变

随着网络经济的发展，企业的核心价值认知正在从"以企业为中心，企业独立创造价值"转向"以客户为中心，实现客户价值最大化"转变。现代企业营销强调的是与客户共同创造价值，甚至是客户独创价值，这种认知的改变也提高了企业对客户互动的重视。

- 营销方式的转变

信息技术的发展带来了自媒体营销、影响者营销和直播营销等新的营销方式，企业可以更加便利地接触客户，从而使企业营销活动更加明确、更有针对性。新的营销互动方式有助于扩展客户互动的内容、提升客户互动的效率和质量。

- 管理方式转变

企业管理软件的引入使得企业管理的方式发生了前所未有的变化。例如，企业资源计划 ERP 和客户关系管理 CRM 等软件的引入，使许多先进的客户关系管理理念迅速转化为管理实践，为企业进行客户互动提供了支持。

（3）客户互动的类型

按照不同的标准，可以将客户互动划分为不同的类型。

- **按照互动的发起者，客户互动可以分为客户发起互动和企业发起互动两种类型**

一般情况下，客户发起互动多是了解情况、咨询信息或者解决问题等；企业发起互动则是宣传信息、挖掘客户、推荐产品、使用指导甚至是调研追踪等。但需要注意的是，不管是谁发起的互动，企业与客户双方之间只有深度交流才能实现有效互动，促进双方关系的建立与发展。

- **按照互动的时空距离，客户互动可分为直接互动、间接互动两种形式**

直接互动是指企业的员工与客户直接进行面对面的互动，就双方的想法、需求等信息进行交流的互动。直接互动能帮助客户深入了解企业或者产品信息，也能让企业员工更充分了解客户的需求和偏好，因此，互动效果良好，但这种互动也存在着耗时费力的问题。间接互动是企业与客户之间通过信息技术进行交流的互动方式，如客户通过网络平台发布产品评价，企业在网站回复客户提问与意见等都是间接互动，间接互动时效性较差，互动层次也不深，效果较一般，但间接互动也有互动成本低的优势。

- **按照互动依赖的渠道不同，客户互动可以分为邮件互动、电话互动、网站互动、虚拟社区互动、企业公众号互动、微信群互动、会议互动等。**

各种互动方式的特征如表 4-1 所示。

表 4-1 客户互动常用渠道

互动方式	成本	速度	传递信息丰富性	互动性
邮件	低	快	较丰富	低
电话	高	很快	不丰富	高
网站	低	较慢	较丰富	低
虚拟社区	低	慢	很丰富	低
企业公众号	低	较快	很丰富	较高
活动群或者朋友圈	低	很快	很丰富	很高
会议互动	较低	很快	较丰富	很高

在移动互联网时代，信息技术使得客户互动克服了时空障碍，社交媒体互动成为低成本、高效率的主要互动模式。在我国，以微博、微信为主的社交媒体是企业客户互动的主要工具，很多企业如京东、小米等都通过官方微博、CEO 个人微博、企业公众号、品牌社群等渠道与客户互动，成功传播了品牌价值。

扩展阅读 4.7 如何与不同类型的客户互动

4.3.2 客户互动的有效管理

随着客户角色的转变和市场竞争的加剧，企业必须与客户进行有效的互动。只有有效的客户互动管理，才能切实改善客户关系，实现更高的价值创造。

客户互动的有效管理是指企业通过整合多种互动渠道，及时准确地为客户提供服务，与客户进行直接、高效、系统沟通的管理过程。在这一过程中，企业资源配置、员工与客户协作是实现客户互动有效管理的关键，客户互动有效管理的概念模型，如图 4-3 所示。

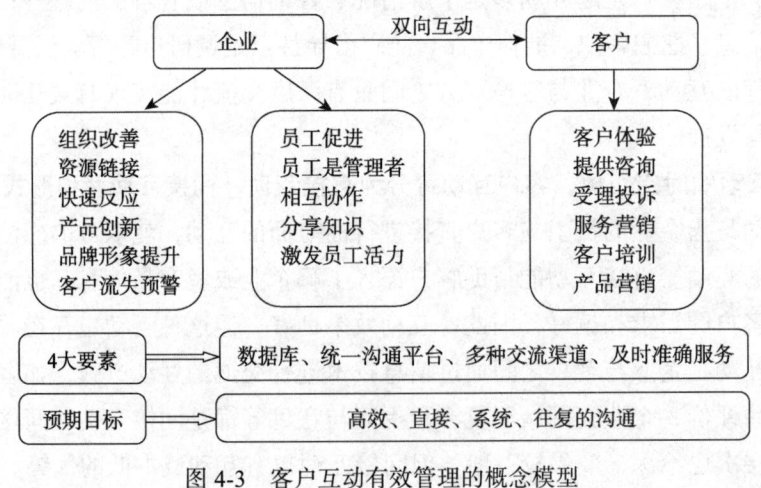

图 4-3 客户互动有效管理的概念模型

资料来源：http://www.ccmw.net/article/62416.

（1）客户互动有效管理的特征

客户互动是整合企业资源、人员、客户和关系 4 要素的综合过程，客户互动有效管理具有以下 4 个典型特征。

- 客户互动有效管理的路径是企业与客户之间的双向互动

与传统的以企业为主导的客户关系管理相比，有效的客户互动管理是一种全新的双向管理，是以产品或者服务为纽带，以客户需求为导向，由企业主导和推进，发生在客企之间循序渐进、反复多次交流互动的过程。

- 客户互动有效管理的核心是客户体验

客户互动有效管理注重客户体验，客户体验是一系列的流程动作和感受，从客户注意到企业的一瞬间，客户体验就开始了。企业提供咨询服务、受理投诉、产品销售、主动服务、培训客户等各个互动环节中都伴随着客户体验，随着企业与客户互动层次的延伸，客户体验也在不断深化。

- 客户互动有效管理的关键是员工促进

员工是连接企业产品（或服务）与客户的关键纽带，员工良好的服务技能、沟通水平决定着产品宣传效果，影响客户的互动质量。客户互动有效管理就是要发挥员工的管理者角色，让员工相互协作、分享知识，提升业务能力和沟通技能，积极发挥其在传递产品与服务信息、凝聚客户关系方面的桥梁作用。

- 客户互动有效管理的保障是组织改善

客户互动有效管理离不开组织资源的支持，组织内部的资源配置，如管理理念、人力资源、产品体系和物流服务为客户互动有效管理提供了坚实基础，组织内部系统快速响应能力和客服回应能力保障了客户互动效率，产品持续创新创造了客户互动源泉，企业品牌形象提升增加了客户品牌情感。另外，客户流失预警机制能为改善客户互动质量、挽回流失客户提供指导。因此，组织内部的资源条件和管理能力为客户互动有效管理提供了保障。

（2）客户互动有效管理的预期目标与关键要素

客户互动有效管理的预期目标是实现客户与企业之间循环且高效、往复的沟通。良好的沟通质量，一方面让企业员工能更精准地洞悉客户需求，了解客户体验感受，更好地指导与服务客户，另一方面也让客户熟悉企业、更加信任企业，建立客户关系，创造价值。

想要实现客户互动有效管理的预期目标，除了组织资源的支持、员工与客户的参与，还需要信息技术与媒介渠道的保障客户互动的落地转化。具体来说，客户互动有效管理，离不开以下 4 大要素的支持。

- 数据库的支持

客户互动有效管理需要大量客户信息，企业数据库中关于客户行为的信息，能为企业更精准地洞悉客户需求、提供个性化服务提供强大支持。例如，抖音平台就是通过系统后台强大的数据库支持来分析客户行为、预测客户需求，并通过算法推荐高质量的产品内容，为客户互动提供支持的。

- 统一沟通平台

企业互动的统一沟通平台一般包括客户服务中心、企业公众号、官方微博、企业高管微博账号等，企业统一沟通平台所发布的信息具有高度可靠性，是客户与企业互动的主要信息来源，也是客户互动有效管理的重要媒介。例如，服务型企业，如各类银行主要依靠客户服务中心、公众号与客户互动，电商企业，如京东等以企业官方网站为核心与客户互动，实现客户互动的有效管理。

- 多渠道沟通系统

信息技术的发展带来越来越丰富的客户互动方式，客户互动有效管理整合了企业网站、官方微博、虚拟社区、短视频平台、及时通信工具（如微博个人号、微信、QQ）等多种渠道，保证了客户互动的效率和质量。鸿星尔克就是整合多渠道进行客户互动的成功例子，2021年鸿星尔克全面整合线下门店、短视频平台和官方微博等多种渠道与客户互动，因其向河南特大洪灾捐款5 000万元的善因营销吸引了全国消费者的关注，一度销售完店内所有产品，成为最受国内消费者信任的服装品牌之一。

- 及时准确的服务

客户互动的本质是为客户提供服务体验，客户互动有效管理离不开准确的服务支持。企业基于强大的数据库支持、多渠道沟通和员工有效促进，为客户提供关于产品信息、购物指导、售后服务等方面的及时准确服务，能提高客户满意度，改善客户关系，提升互动质量。例如，顺丰速运就以超快揽件、高速运输和高效投诉处理等服务水平赢得了客户忠诚，成为2019年客户满意度最高的快递企业之一。

（3）客户互动有效管理的要素整合与评价

客户互动有效管理的目标是高效、直接和循环往复的沟通。在客户关系管理理念和背景下，企业建立和整合多个互动渠道为客户提供产品和服务，不管是传统的面对面互动还是网站、社交媒体互动等，参与互动的人、技术和流程都是保障客户互动有效性的三大关键要素，只有对这三项要素进行整合管理，才能创造出令客户满意的互动体验。

- 员工的有效性

在企业管理中，员工是具有能动性的要素，他们可以在互动中灵活、及时地解决客户问题，是影响客户互动效果的主要因素。员工在了解本企业服务或产品特点的基础上，还要了解其行业中其他产品或服务的特点，这样才能更有效地与客户沟通，及时、准确地掌握和满足客户需求。

衡量客户互动中员工有效性的关键指标有3个：一是企业给员工的授权程度。员工在客户互动中被授权水平越高，越有利于员工灵活地处理客户问题，合理的员工授权节约了企业成本，提高了客户满意度。二是员工的非接触时间。非接触时间指的是员工不和客户接触的时间，非接触时间越长，员工与客户接触的平均时间就会越短，这样会减弱客户互动的效果。三是员工忠诚度。员工对企业忠诚度越高，越不会轻易离开企业，员工与客户之间建立起的关系就越有利于提升客户互动效果。

- 流程的有效性

企业的内部流程直接关系到客户互动的质量，流程的设计和实施应该最有效地利用互动过程中的每个要素，感应客户态度、需求和认知变化并快速响应，不断满足客户需求，最终获得竞争优势。

衡量流程有效性的标准有两个：一是在客户与企业的首次接触环节，企业流程能否对客户需求做出高效反应，保证员工及时、准确地理解客户需求。二是在客户即将流失前，企业流程是否具有弹性，能够及时收集客户意见、灵活地处理客户诉求、提供客户挽回方案等。

- 信息技术的有效性

信息技术为企业带来竞争优势，合理应用信息技术可以让员工与客户的交流更通畅、更充分，提升客户互动质量。衡量信息技术有效性的标准有：①信息技术的复杂性。信息技术复杂性是指信息技术使用和学习的难度，以及能否在客户互动中广泛应用。如果客户对信息技术的接受程度很低，企业利用信息技术进行客户互动可能会降低客户的满意度；反之，信息技术容易使用，能显著提升互动系统的有效性，让客户满意。②以客户为中心合理应用信息技术。合理的信息技术应用能使企业更快地接触客户，缩短客户等待时间，企业利用信息技术与客户接触得越多，越有利于满足客户需求、提升互动质量。③信息技术投资。企业在信息技术上投资越多，投入越大，信息系统的操作性就越便捷、高效，利用信息系统开展客户互动的效率就越高，效果也越好。

（4）客户互动有效管理的流程

为了确保客户互动的有效性，企业开展客户互动管理应当遵循客户互动管理的基本流程，如图 4-4 所示。

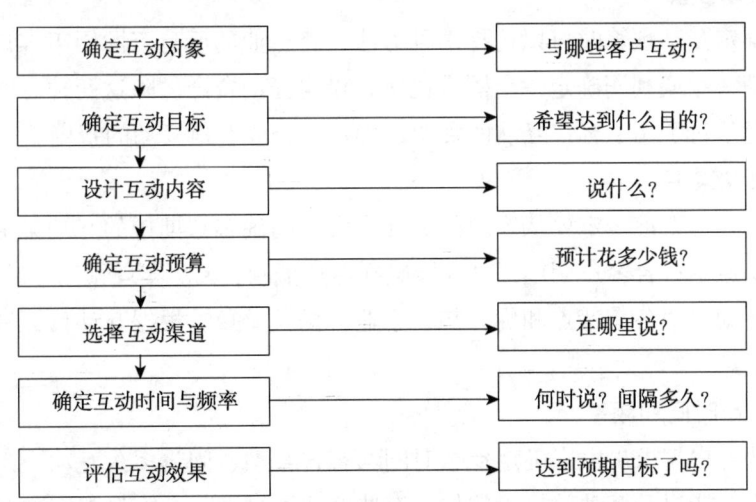

图 4-4　客户互动有效管理的流程

- 确定互动对象

客户是互动的对象，根据客户关系生命周期的不同发展阶段，客户对企业的期望不同。处于潜客期和考察期的客户，其需求是基础服务和产品，期望获得更多的产品信息；处于形成期的客户渴望获得优质的产品和个性化服务，期望企业更加重视自己的需求；处于成熟期和衰退期的客户，希望企业提供超预期服务，也愿意为企业提供建议和反馈。此外，不同行业的客户需求也有所不同，因此，企业需要确定与哪个行业、什么生命周期阶段的客户互动，以此来决定互动的内容和渠道等。

- 确定互动目标

一般来说，企业与客户互动的目标有两个，一是加深与现有客户的联系，二是吸引潜在客户。其中，加深与现有客户的联系包括促进现有客户下单、产品发货、交付使用等经济联系，也包括对客户关怀等情感联系。在吸引潜在客户方面，客户互动主要是吸引同一市场中未来可能的购买者和竞争对手的客户，吸引潜在客户有助于扩大客户群体规模，但相对来说，吸引竞争企业的客户比较困难。

- 设计互动内容

企业与客户之间的互动内容涉及产品信息、服务信息和情感交流等方面，在设计客户互动内容时，需要注意以下3个问题。

一是需要考虑互动目标客户的需求和行为特征，设计相应的互动主题。

二是企业对互动的内容不做结论性评价，让客户自己判断，这样可以增加客户对企业的信任。

三是互动内容及渠道选择应该匹配适宜的形式，如：使用邮件互动时要注意互动内容和背景颜色相协调；使用视频互动时要注重员工的礼仪、态度、语气和内容相契合；在面对面互动中，要注意选择恰当的互动时间和地点等。

- 确定互动预算

企业在确定互动预算时可以选择多种方法，将企业的所有资源用于客户互动，也可以根据企业销售额或利润确定一个固定比例，设定互动资金。除这两种方法以外，企业还可以根据竞争对手用于客户互动的资源，确定本企业客户互动的费用。

- 选择互动渠道

企业选择互动渠道一定要从客户的需要出发，明确客户期望的互动渠道。如果企业选择的互动渠道不符合客户期望，很可能遭到客户抵制，无法实现预期互动目标。同时，不同的客户互动渠道各有特点和优劣势，企业应扬长避短，根据互动目标和客户期望整合应用多种渠道。

- 确定互动时间和频率

企业要从客户需求出发来确定什么时间与客户互动、间隔多久互动一次，适宜的互动时间和频率才能提升互动效果。例如，有些企业通过微信个人号与客户互动，没有考虑客户的期望，只是希望借助频繁的宣传来增加客户对产品的了解，虽然提升了客户对产品或者品牌的熟悉度，但可能会损害客户对品牌的良好印象。

- 评估互动效果

当企业完成一个阶段的客户互动之后，就需要对客户互动效果进行评价，在对互动效果评价时，需要结合互动目标，回答以下 3 个问题。

一是互动效果是否实现了既定目标？

二是互动过程中有哪些问题需要改进？

三是互动过程中发现了哪些新问题和新现象？

（5）客户互动有效管理实现的保障

客户互动有效管理的实现需要互动渠道和互动人员两个方面的保障。

- 多渠道互动管理与整合

由于各类互动渠道具有不同特点，不同客户群体也存在着差异化的需求，对互动渠道的偏好不尽相同，企业可整合运用两个以上的渠道开展互动活动，例如，企业使用邮件互动传递互动内容，借助视频互动及时与客户讨论、解决问题等。多渠道互动能让企业选择更适合客户需求的互动方式，以更低的成本为客户提供满意的服务，提升客户关系质量。

- 客户互动人员能力及技巧

在客户互动过程中，客户服务人员的互动能力与技巧对互动效果有很大的影响，客服人员应当具备一定的互动技巧和能力，如表 4-2 所示。

表 4-2　客户互动技巧

技　巧	内　容
服务理念	与客户建立和发展关系，关注客户期望，培养与客户的合作能力
良好沟通	专业、清晰的沟通能避免信息交流不畅，提升客户信任
及时响应	收到客户请求后，尽快地反馈并告知客户有关的信息和计划
理解客户需求	尽可能多地了解客户信息，以客户为中心提供服务或者建议
洞察客户心理	与客户每次接触充分洞察客户心理，及时建立关系，促进交易
积极倾听	耐心、积极倾听客户的心声，理解客户真实诉求
正直坦诚	不刻意隐瞒必要信息，不跨越界限干扰客户决策
待客有礼	态度良好地进行互动，满足客户期望；对竞争对手表达敬意，赢得客户尊重
宽慰客户	了解客户无法满足的需求，安慰客户，但不要做无法履行的服务承诺
终结关系	当与客户建立起信任关系以后，可以用对双方都没有伤害的方式结束客户关系

▶ 较强的服务理念和及时回应的能力

企业进行客户互动，不仅仅是为了促成交易，更是要与客户发展良好关系。因此，企业必须要有较强的服务理念，了解客户期望，理解客户需求，针对性地做出服务承诺，才能改善和提升客户关系质量。

当客户服务人员收到客户请求后，要全面确认客户需求，以专业的知识、良好的态度、及时的沟通为客户提供解答和回复，并尽可能地提供客户服务计划，以此增强客户信任。

▶ 积极倾听和理解客户的能力

积极倾听客户心声，是客户互动成功的关键。客户服务人员倾听客户，最重要的是要对客户的谈话表现出真正的兴趣，及时点头、发问、讨论来全面认识客户，了解客户需求，及时为客户提供期望的产品。倾听也让客户感觉受到了重视，从而与企业建立起良好关系。

▶ 宽慰客户和终结关系的能力

客户常常会对企业的某些服务感到失望，这种失望可能来源于未被满足的需求或者是企业对客户的误解，而且这种失望有时表现为客户抱怨。这时，客户服务人员应保护客户自尊，关注客户心情，尽可能地安抚客户，让客户心理和情感得到安慰，缓和客户对企业的不满。当企业与客户建立起良好关系的情况下，客户的某些需求仍然难以满足，此时客户服务人员需要保持真诚并说服客户相信：结束关系是让双方都不受损害的最好方式，如果企业与客户能够就关系的终结达成共识，那么很可能在不久的将来，企业能重新与该客户建立起联系。

扩展阅读 4.8 麦考林的客户互动战略

4.4 客户体验管理

在移动互联时代，客户的需求变得越来越复杂多变，客户购买产品不仅仅注重产品的使用价值，还关注购买过程的身心愉悦、社会认同等更高层次的价值追求。因此，企业不仅提供满足客户基本需求的产品和服务，还需要为客户创造独特的体验旅程，才能真正赢得客户忠诚。

4.4.1 客户体验的内涵

对大部分人而言，体验就是感受。约瑟夫·派恩和詹姆斯·吉尔摩在其专著《体验经济》一书中给出了这样的定义："体验事实上是当一个人的情绪、体力、智力甚至是精神达到某一特定水平时，他意识中所产生的美好感觉。没有哪两个人能够获得完全相同的体验经历，这是因为任何一种体验都是个人心智状态与体验事件交互作用的结果。"

（1）客户体验的内涵

从企业角度来说，客户体验是企业以商品为道具、以服务为舞台创造的令客户难忘的活动与事件，其中商品和服务对于客户来说是外在的，而创造的体验是内在的，是存在于客户心目中的，是客户在形体、情绪、知识上参与的所得与所获。也就是说，客户体验是客户根据自己与企业的互动产生的印象和感觉，是一个完整的心理过程。一个理想的客户体验必须要由一连串舒适、欣赏、惊叹、回味等积极的心理过程组成，它给客户带来了已经获得价值的强烈心理感受。例如，原本处于服装行业的依文集团，为了向"90后""00后"新生代消费群体提供我国传统文化的体验，通过将山区绣娘、品牌商、制造商、设计师等多个产业连接，设计出融合了传统文化产品（如刺绣）、传统歌舞表演等在内的"深山集市"的体验化场景，以此带领山区绣娘脱贫致富。

在本书中，我们将客户体验定义为客户接触或者使用了某种产品或服务后，内心形成的精神体会和心理感受。当人们购买一件商品时，他/她购买的是产品的功能和价值；当人们购买一种服务时，他/她购买的是一组按照自己的要求实施的非物质形态的活动；当人们购买一种体验时，相当于在花钱享受一系列值得记忆的事件。例如，咖啡被当成产品材料贩卖时，一磅卖300元；当咖啡被包装成商品时，一杯可以卖上25元；但当咖啡加入服务在星巴克咖啡店售卖时，一杯至少要 35～100 元。其中的缘由是星巴克让客户体验到精致、精英、有格调的生活方式。企业为客户提供的一切东西，无论是产品还是服务，都会涉及客户体验，好的体验能给客户带来独特记忆，影响客户满意，提升客户关系。

客户体验始于客户与企业的第一次接触，从客户搜集产品信息到购买使用产品，进行服务评价与再接触产品，这一系列过程中客户受到的感官刺激、情感享受等都是客户体验。企业为客户创造的体验由一系列附加在产品或服务上的事件组成，鲜明地突出了企业产品或服务的价值，一个企业如果试图向客户创造理想的体验，势必要在产品、服务、人员等方面有上佳的表现，才能让客户感到独特甚至难忘。众所周知，海底捞就因其创造的独特客户体验而广受客户好评，其新鲜的菜品、干净的就餐环境、高效的服务响应、多样的候餐服务、无微不至的关怀，都为客户创造了超预期的体验，帮助海底捞培育了大批忠诚客户。

（2）客户体验的要素

一般来说，无论企业创造什么样的客户体验，都离不开产品、服务、关系等要素的支持。

- **产品**

产品是指企业提供给客户的具有一定使用价值的有形实物，是客户最注重、最关心的基本要素，高质量的产品是客户体验的核心要素。企业提供的产品及其配件能满足客户的需求才能真正获得客户认可，创造独特的客户体验。

- **品牌**

品牌是企业给细分市场和目标客户传递的产品形象和信息，品牌在得到客户的普遍认可后才能帮助企业获得更多的忠诚客户。企业在创造客户体验时，所展示的独特的品牌形象和品牌定位，吸引了客户关注，给客户留下深刻印象。

- **价格**

价格体现了企业产品或者服务的成本与质量，也包含了客户对各类产品的性价比及差别定价等方面的接受范围。企业创造客户体验的过程中，应尽可能增加产品价格与客户期望的匹配度，扩大客户的接受范围。

- **服务**

服务是一种特殊的无形产品，它旨在提升客户的满足感。服务的种类很多：一种是附加在产品之上的其他服务，如航空公司的机票售后咨询，另一种是为客户提供和交付的无形产品，如家装公司提供的装修设计图样。此外，企业为客户创造的体验环境和氛围，如酒店环境等，这也是一种服务，独特的服务能给客户带来良好的体验，也是创造客户体验必须要重视的关键要素。

- **便利性**

便利性是客户与企业交互的便捷程度，主要体现在客户参与体验的时间成本、人力成本及其他机会成本是否合适等方面。随着生活节奏的加快、客户决策过程的缩短，为客户创造简约高效的互动体验也很重要。

- **关系**

关系体现了客户与企业之间的互相理解和共同发展的程度，良好的客户关系能让企业及时跟进客户，发现客户的独特需求并努力满足，也能让客户主动建议、口碑宣传甚至是包容企业服务失败。在创造客户体验的过程中，企业应注重发展与客户的良好关系。

（3）客户体验模式

企业创造客户体验要以产品为主导，借助营销展示和服务引导，调动客户形体、情绪、知识上的参与来为客户传递产品核心价值，为客户带来切实感受。因此，企业创造客户体验需要站在客户的感官、情感、思考、行动、关联角度去重新定义和再设计。

- **感官体验**

感官是连接产品表达内容和客户情感感受的桥梁，企业的产品设计和营销方式越来越多通过感官刺激来激发起人们的愉悦情感。当产品融合了视觉、听觉、味觉、嗅觉和触觉的设计，能为客户带来惊喜和满足时，产品就更有吸引力。例如，日本的无印良品店面装修风格简洁、明亮，物品陈列整齐，在满足客户消费习惯的同时给人带来整齐舒适的感觉。另外，星巴克为了突出咖啡的浓郁香气，禁止工作人员使用香水，让客户充分感受咖啡的香味，它们都是利用感官刺激创造独特客户体验的成功典范。

- **情感体验**

情感体验是客户的需求在满足或者不满足情况下产生的对产品或服务的态度和内心感受。客户接触产品或者服务的过程中，对于符合心意的产品或者服务会产生愉悦、欣喜等积极情感，能强化客户的体验感觉。创造情感体验需要激活客户的情感联系，如亲情、友情、爱情等。例如，德芙巧克力就是利用客户的情感体验创造了经典广告"牛奶香浓，丝般感觉，此刻纵享丝滑"，一个可爱、脸上充满欣喜、幸福的女孩子滑到男友身边，不仅体现了德芙巧克力的浓郁香甜，还突出了令人心动的美好爱情体验。

- **思考体验**

思考体验是企业的产品设计（或营销设计）以独特的方式引起客户关注、好奇、兴趣，引导客户认知、思考与解决问题的体验。通过思考体验，客户可以对产品或者服务有更独特的理解,思考体验在创新类和科技类产品设计与营销中运用较为普遍。例如,1998年,苹果公司就是应用了思考体验来促进iMac系列产品销售的,iMac将"与众不同的思考"作为标语,结合许多"创意天才"如爱因斯坦、甘地、拳王阿里等人的照片进行宣传,这个宣传不仅刺激客户思考iMac电脑的与众不同,还让客户思考如何使用iMac电脑使自己成为创意天才。

- 行动体验

行动体验是指客户的身体体验,可以通过产品代言人(如影视人员、著名运动员)的行为示范来激发。例如,美妆品牌珂拉琪(Colorkey)空气唇釉,就是借助某个知名网红的亲自试色推荐,成功激起了客户的体验行动,促进客户下单购买、使用产品。

- 关联体验

关联体验依托的是客户广泛的联想、对自我改进和融入群体的渴望,是在客户感官、情感、思考和行动体验层次之外的一种更丰富、升华的联想式体验,能让客户和更广泛的社会系统产生关联。企业通过创造关联体验塑造品牌形象,让使用该品牌的客户产生美好联想。例如,美国哈雷机车是一个杰出的关联品牌,哈雷代表着一种生活方式,从机车本身到哈雷相关商品再到哈雷文身,哈雷就是一种身份标识。哈雷网页上展示的关联营销信息如下:"假定时间描绘出了一幅画卷,这幅画代表了你在地球上的全部生活,你需要问问自己想成为什么样的人呢?是一个面色苍白、整天对着电脑在办公室忙忙碌碌的人呢?还是一个身穿酷装骑着哈雷机车的冒险主义者呢?你可以选择,但是决定要迅速,随着时间的流逝每个人的生活画卷都在形成。"

扩展阅读 4.9 兰蔻的概念店

4.4.2 数字化环境中的客户体验

数字化时代赋予客户更多的权限,客户希望企业能提供更多的产品选择、更高的服务水平。客户的每一次点击、互动都能形成体验感受,好的客户体验能帮助企业赢得客户,如果客户体验感很差,企业不仅会失去客户,还可能因此引发负面口碑,损伤企业形象。因此,在数字化时代,客户体验已成为企业竞争的核心。

(1)数字化时代客户体验的特点

对于绝大部分传统企业来说,无论是实体环境下的现场服务,还是通过电话传递的远程服务,本质上都是人与人之间的交互体验。但数字化体验的特征与传统服务体验有明显差别,它更多地体现了人与数字化界面的交互,其中更快的响应速度、更简洁的产品和服务,以及更一致、充满惊喜的体验给客户带来了不一样的感受。总体来说,数字化环境下的客户体验有3个重要特征。

- 数字化环境产生了更多的体验关键时刻

体验关键时刻描述的是服务互动中对客户体验产生重要影响的场景,数字化环境下客户体验的关键时刻有 4 个：信息搜索是客户体验的关键入口时刻；客户购买前第一次接触到产品或者服务的体验对客户购买决策产生重要影响，是客户体验的另一个关键时刻；客户使用产品或者服务后，形成了包括产品与服务感知、客户关系感知的综合感受，是客户体验的又一关键时刻；客户借助社交媒体对产品进行评价、分享和推荐是客户体验的终极关键时刻，这也预示着新一轮的客户体验入口时刻。

- 数字化环境的客户体验可以随时分享

在数字化体验环境中，客户可以随时在社交网络、移动应用、论坛等分享产品体验感受、发布个人评价，关于企业、产品和服务的信息可以在数字化环境中更快地传递，引发客户讨论，帮助客户做出购买决策。

- 数字化应用给客户体验创造了更多可能

进入数字化时代，客户互动信息更丰富，也更便于收集，企业全面收集并利用好这些客户信息，分析客户需求和行为特征，更好地利用企业资源，设计出更具有针对性的、满足客户独特需求的体验场景，提升客户体验效果。

（2）数字化时代客户体验的挑战

进入数字化时代，企业与客户的连接渠道和接触点越来越多，企业利用客户接触点能有效管理客户互动，增强对客户的把控，但接触点多也可能带来风险。研究表明，不一致的体验是数字化时代客户经常抱怨的问题，客户认为企业的产品或者服务表现与他们期望的有很大差距。因此，在数字化环境中，企业面临的最大挑战是为客户创造无缝、一致的体验，造成客户体验不一致的原因主要有 3 个。

- 企业只关心如何宣传产品信息，很少关注服务质量

企业在产品营销中主要宣传产品功能、性价比等产品方面的特征，聚焦于促进产品销售，很少有企业真正关心客户使用产品出现问题后员工的服务态度，很多客户在遇到产品问题时，客户服务人员不那么友好或者不那么负责任，让客户感受到冷漠，从而降低了客户的体验感受。

- 企业承诺以客户为导向但实际为客户创造的体验价值不足

企业强调以满足客户的个性化需求为目标，这提升了客户对企业、品牌的预期。然而，企业实际为客户提供的产品或者服务价值不足，或者太普通，常常让客户感到失望，降低了客户的无缝、一致体验感受。

- 企业管理层重视客户体验，执行层偏离严重

虽然企业的管理层一直强调创造无缝、一致、独特客户体验的重要性，但落实到具体的产品设计、服务响应、各部门协调处理客户问题等方面时，部门间往往互相推诿，服务人员态度怠慢，给客户带来的体验感很差，降低了客户无缝、一致体验感受。

不一致的客户体验不仅给客户带来困惑，降低客户满意度，从长远来看，还会损害企业品牌形象和声誉，因此，企业必须重视为客户创造无缝、一致的客户体验。

（3）创造无缝一致的客户体验的关键

企业为客户创造无缝、一致的体验离不开管理层的目标指引、部门间的协同服务和

员工层的认真实践，还需要结合客户体验旅程，不断与客户沟通。企业创造无缝客户体验的关键在于以下 3 个方面。

- **创造全部体验过程的满意服务**

客户体验过程包括购买前、购买时及购买后的各个阶段与过程环节，任何一个环节的体验不协调都会破坏客户的整体体验感受。例如，客户预定草坪修剪服务后，园丁们按期望将草坪修剪得很整齐，但当客户结算时账单出错，即使客户服务人员主动道歉并出示正确的账单，也不可避免地影响到客户的美好体验。只有客户体验的全部过程都满意，客户才能真正获得无缝、一致的体验感受。

- **创造情感上的一致性体验**

这意味着企业为客户提供的特定产品、服务能获得客户情感上的信任和认可，并且企业持续产品改进、服务互动也能让客户的这种情感认同持续保持下去。例如，在银行业中，客户信任的前 25%的银行都为客户传递了积极的服务理念、提供了满意的服务，与客户充分沟通，获得了客户的持续情感认同和好评，最终赢得了客户忠诚。

- **无缝衔接的互动渠道**

数字化时代企业与客户进行接触的渠道越来越多，电子邮件、电子商务网站、自助服务渠道、社交媒体等成为客户互动体验的主要渠道。研究表明，95%的客户在单个服务体验中使用两个或以上的互动渠道与企业联系，虽然这些渠道能给企业创造客户体验带来机会，但它们也带来了一定的风险。只有客户在各类互动渠道中的体验都满意，才能提高客户的感知价值，否则任何渠道的服务偏差都会影响客户体验。例如客户在淘宝网上购买办公软件时，客户可以通过阿里旺旺、QQ 等与卖家建立联系，这就要求淘宝客服人员用这两种渠道与客户互动时，提供一致的产品、一致的服务，才能让客户体验无缝一致，最终赢得客户认可。

国内知名连锁经济型酒店"如家"就是通过高效、便捷的客户互动接触来提升客户体验价值的，如家酒店在客户与品牌接触的每一个节点上追求细节，努力让客户感受到温馨如家。如家的实体酒店建筑物颜色高亮显眼，让客户在信息搜集阶段中一眼就能识别到如家，即使在酒店预定平台上，酒店的内外部设施、客户真实口碑等信息展示清晰，吸引客户关注。当客户入住后如家后，房间内的插座、台灯、挂衣架设计充分考虑了客户便利性，如果客户遇到问题，如家首创的客户服务中心可以提供及时服务和帮助。当客户离店时，酒店经理诚邀办理会员卡、进行服务评价等让客户感受到被重视，这些贴心的服务互动为客户创造了超预期的体验，帮助如家有效地传播了品牌信息，提高了知名度，积累了大批忠诚客户。

4.4.3 客户体验旅程

在数字化时代，客户需求呈现出多样性、个性化和动态化的特征，与此同时，企业也可以整合各种互动渠道将产品和服务展示给客户，并利用大数据追踪客户行为，精准营销，不断满足客户的独特需求。在整个互动过程中，企业向客户交付的，不再是标准化的产品，而是贯穿整个接触过程的体验。

（1）客户体验旅程的内涵

客户体验是客户在一段时间内与企业交互的感受，贯穿于客户与企业互动的所有接触点。客户体验是一个动态过程，受到过去的体验经历和外部环境因素（如政策、经济形势）的影响，在客户体验的任何阶段，客户的需求、感受都是独特的。这一由客户决策过程、体验需求和感受、关系与情感等要素构成的全面、连续的体验过程就是客户体验旅程。

客户体验旅程包括以下5方面内容：第一，客户体验旅程是一次完整的客户体验经历，是将所有接触点连接起来的完整旅程；第二，客户体验旅程不只是关注单个接触点的体验，而是注重整个旅程的体验，客户体验旅程中每个接触点的满意并不一定等同于整个旅程的满意；第三，对客户体验旅程的描述不是以企业为主导，而是以客户为主导，基于客户视角，例如"我想进行产品换代"等；第四，客户体验旅程涉及的内容广泛，包括线上线下多种渠道的体验；第五，客户体验旅程持续时间较长，同时是可以重复的。

（2）客户体验旅程的特点

客户体验旅程具有以下3个方面的特征。

- **阶段性**

客户体验旅程的阶段性特征体现为客户在购买前、购买中和购买后的各个阶段都在与企业、品牌和环境发生交互。其中，购买前阶段涵盖了从客户需求产生到目标识别再到考虑购买的客户体验；购买阶段涵盖了在诸如选择、订购和付款之类的客户体验；购买后阶段涵盖了使用、消费、购买后的评价、口碑和重复购买等体验。另外，客户在完成了这段体验旅程后，将进入下一轮新的体验旅程。

- **多接触点**

在客户体验旅程中，客户与企业有多个接触点，在这些接触点上客户与企业、品牌交互，形成丰富的体验感受，描绘出独特的客户体验旅程。一般而言，客户体验旅程中主要有4类接触点：企业/品牌自身拥有的、合作伙伴拥有的、客户拥有的、不受企业或者客户影响的外部独立接触点。在客户体验旅程的各个阶段，各类接触点的重要性也有所不同。

企业/品牌拥有的接触点。这些接触点是由企业设计、管理或控制的交互环境，包括企业或品牌形象、产品类别、包装和价格、销售队伍与服务承诺等。

合作伙伴拥有的接触点。这些接触点是由企业及其一个或多个合作伙伴共同设计、管理或控制的交互环境。其中，合作伙伴包括营销代理机构、渠道分销合作伙伴、忠诚度计划合作伙伴及沟通渠道合作伙伴等。例如，联合品牌在细分市场上的产品定价就是典型的合作伙伴拥有的接触点。

客户拥有的接触点。这些接触点是客户行为，不受企业、合作伙伴和其他人员的影响和控制。客户接触点是客户体验旅程中关键的一部分，直接影响了客户的最终购买行为。例如，客户购买前的需求分析、购买中的付款方式选择、购买后的行为与评价都是客户拥有的接触点。

外部接触点。这些接触点包括其他客户、社交媒体、外部环境等。其中，其他客户可能通过角色外行为或近距离行为示范影响客户体验旅程。社交媒体信息也能对客户体验产生影响。另外，外部因素如经济危机、天气状况等也会影响客户体验旅程的总体感受。

- 动态性

客户体验旅程的动态性是指客户体验过程中每个阶段的体验都会对未来的体验产生影响，随着时间的推移，客户使用产品后形成的积极品牌情感有助于培育良好的客户关系，让下一轮的客户体验旅程变得更通畅，客户消费决策的过程更简单和程序化。

（3）客户体验旅程图（customers journey map）

客户体验旅程图是企业以可视化的形式展示客户为达成某一目标所经历的过程及感受的工具和方法。通过创建客户体验旅程图，能够很好地理解目标客户在特定时间里的想法和行为，为企业改进服务流程、提升服务质量提供依据。

- 客户体验旅程图的创建

客户体验旅程图的基本构成要素包括用户画像、客户旅程、客户行为、接触点、关键时刻、客户感受和改进机会等，它不仅包含了客户对企业产品属性和服务质量的评价，还关注客户在各个接触点上的行为目的、表现和情绪变化。绘制客户体验旅程图可以帮助企业找到改进产品和服务的机会点和关键点。

客户体验旅程图没有固定样式，每一张客户体验旅程图都因为客户体验场景和体验感受而有所不同。一般情况下，创建客户体验旅程图的可以遵循以下步骤：选角（用户画像）→设置场景（体验目标）→分析接触点→了解、记录客户行为与感受→挖掘客户痛点和服务漏洞→明确责任，及时改进。

扩展阅读 4.10 M 品牌全渠道客户体验旅程应用案例

接下来本书将通过一个客户体验实例来详细介绍客户体验旅程图的构建过程，如图4-5所示。

①选角。首先要为客户体验旅程故事选"角"，也就是说，体验旅程图是以"谁"的角度出发开始铺设的？举个例子，在学校上课场景中，可以选择学生或是教职工的视角，但这两种不同的角色视角会导向完全不同的体验旅程结果。一般而言，客户体验旅程图中的"角色"和客户画像是一致的。在创建客户体验旅程图时，仅选择一个视角，塑造一个精彩的故事即可。以上述客户体验旅程图为例，该商场经理就是体验主角（客户）。

②设定场景。接下来要为客户体验旅程图设定具体的场景。这个场景可以是已经存在的一段经历（标明其中体验感受好或者不好的时刻），也可以以"即将"但还未发生的体验为场景，为未成型的产品或服务做好规划。客户体验旅程图常见的场景描绘是一连

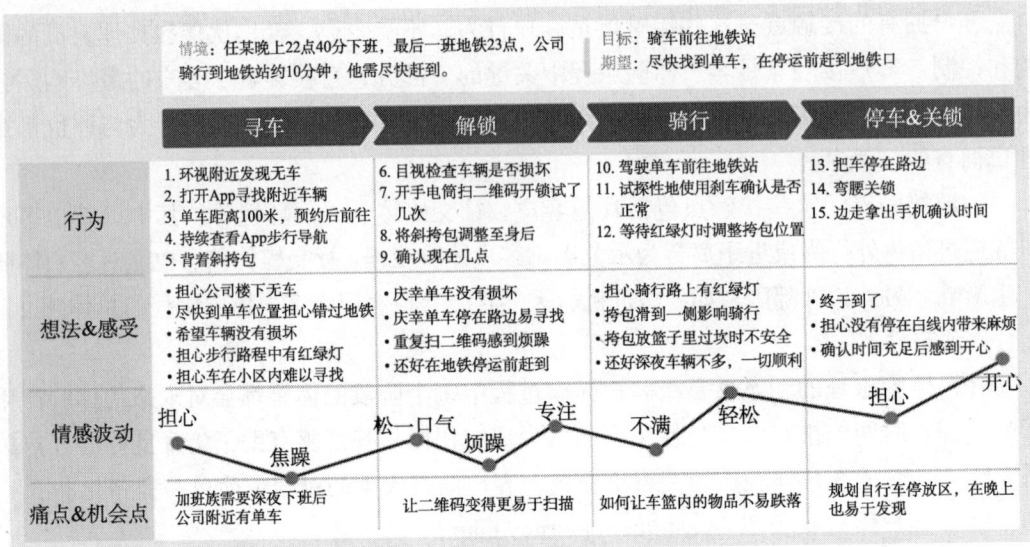

图 4-5 某商场经理下班骑车体验旅程

串的连续体验,如购物或旅行等。在上述客户体验旅程案例中,下班后骑车赶地铁就是具体的体验场景。

③挖掘接触点和渠道。根据客户体验的目标和行为过程,体验旅程图上还应该展现客户与企业之间在各个接触点的接触时间以及接触渠道(如通过网站、实体店进行接触等)。这些元素在旅程图上尤为重要,因为它们可以体现企业品牌打造的差异,在客户体验中断后,找到客户痛点,为企业服务改进提供依据。在上述的客户体验旅程中,接触渠道是线下实体接触。

④记录客户行为、感受。客户体验旅程图中,核心部分是客户的所为、所思和所感。这部分的内容应基于定性研究,例如田野调查、情景调研或日记研究,内容呈现的详细程度随旅程图绘制的具体目标有所不同。在上述客户体验旅程中,客户的寻车、解锁、骑车和停车是主要行为,行为感受和心理活动过程包含各个行为中的担心、焦虑、不满、轻松和开心等。

⑤分析客户痛点,洞悉改进机会。客户的消极体验情绪和感受代表了客户痛点,寻找、分析客户痛点能为企业或者品牌后续服务或产品改进提供方向。在上述体验旅程图中,客户在各个行为上的不满、担心、焦躁等感受,都是客户痛点,为企业未来的服务改进与提升指明了方向,例如,客户开车中的烦躁可能与二维码扫码效率有关,企业以后应注重提高开锁效率,才能减少客户不满。

⑥明确责任,及时调整改进。客户体验旅程图的创建是为了发现客户体验中的痛点和缺漏,以采取必要的行动优化客户体验。客户体验旅程图上应尽可能地列出企业对客户的所有洞察,并在条件允许下,明确体验旅程图中不同区块的主导权和负责人。在上述客户体验旅程中,其中一个客户痛点是客户夜间在办公楼下找不到单车,企业可以将

这部分责任落实到单车投放管理部分上，要求增加办公室楼下夜间单车的投放数量来解决客户痛点。另外，二维码扫码解锁的便捷性可以让线上 App 管理部门负责，优化车筐的承重和稳定可以和自行车生产、供给企业进一步沟通、改进。

（4）绘制客户体验旅程图的意义

第一，促进企业转化关注视角，改进客户体验。客户体验旅程图可以将企业的关注视角从"以企业为导向"转换至"以客户为导向"，帮助企业重新从客户的行为、思考和情感角度出发，了解客户体验的真实感受，为企业更好地改进产品或者服务，提升客户满意度提供思路和方向。

第二，助力企业细分客户群体，提升关系质量。客户体验旅程图可以使企业更加关注特定的客户群体，对比分析不同的客户画像和行为特点，挖掘出更高价值的客户群，并有针对性地为客户群提供产品、服务和建议，赢得客户好感和信任，提升客户关系。

扩展阅读 4.11　汇丰银行的独特客户体验

即测即练

案例讨论

真心企业基于微信公众号平台的消费者关系管理之路

安徽真心食品有限公司创建于 2000 年 9 月，经过 20 多年的发展，已经成为一家以健康绿色休闲食品制造为支柱，以餐饮服务、金融投资、电子商务等多板块产业为支持的大型现代化民营集团企业，总资产数十亿元，年缴税额千万元，对地方经济发展做出了重要贡献。

目前，真心旗下有"真心"传统炒货、"逍遥嗑"江湖风高端瓜子及"悠小娴"潮流休闲食品 3 个品牌。其中，公司主导产品"真心"系列瓜子自上市以来，一直受到消费者的青睐。2015 年真心创新推出的高端品牌"逍遥嗑"，也以独特的江湖风概念赢得了行业及消费者的认同。近年来，真心的产品品类逐步拓展到其他休闲品类，形成了包括豆制品系列、盐焗味肉蛋、台湾风味米饼等系列产品在内的"悠小娴"品牌，满足了不同消费者的需求，收获了很多忠诚客户。

1. 问题浮现，深入剖析

第十届中国坚果炒货节，真心推出江湖风高端瓜子品牌"逍遥嗑"及潮流休闲食品品牌"悠小娴"，各种口味的系列产品一经推出，就受到消费者的广泛关注和喜爱。然而事业部经理曹义祥并没有表现得很兴奋,因为他发现恰逢春节的二月份,瓜子炒货是大家的必备年货,但真心二月份的业绩报告并没有期望的那么高。究其原因,是因为真心生产商没能和消费者建立直接联系,传统的靠分销商传达信息会导致信息偏差问题,同时,消费者的体验反馈也难及时有效传递给企业。曹义祥提出的问题引发了孙董的思考,孙董要求所有管理层要认真思考这个问题,提出相应的解决方案。

2. 紧跟潮流,改革创新

经过反复思考,客户经理洪伟提出了一个大胆的想法:通过扫码领红包的方式邀请消费者关注真心企业公众号,这样既可以省去消费者办会员卡的麻烦,还能掌握联系消费者的主动权。洪伟的提议得到了孙董及其他管理层的赞成。

2016年5月开始,真心将原来的纸质抽奖卡换成微信红包,消费者只要用微信"扫一扫"功能扫出微信红包,领取红包时就会自动关注真心微信公众号,消费者领取的红包累计满1元还可以申请提现。

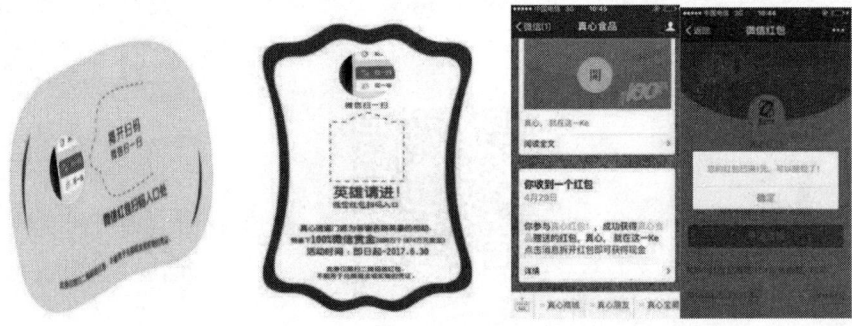

图 4-6　扫码活动入口与扫码结果

为了吸引更多消费者,真心借力国庆节、"双十一"等进行营销,发起了"扫多少送多少""扫码3次砸金蛋""iPhone7抽奖机会一次""免费领取瓜子礼包一份"的活动,一系列的活动成功吸引了消费者的关注与参与。

图 4-7　扫码新活动

3. 多样互动,积累粉丝

真心联合黑龙江省龙脉影视、广东省广告集团公司拍摄"真心大冒险"网络大电影,报名参加真心大电影的消费者需要通过微信投票进行角逐。另外,真心还在微信公众平台中进行真心英雄粉丝有奖互助活动,吸引消费者的参与和互动。

真心微信公众号在元旦、春节等重要的节日和每天上班的时间节点,向消费者推送即时消息,包括社会热点话题及相关促销活动,引导消费者关注、讨论与购买。

真心还在公众号平台上抽取幸运消费者,邀请幸运消费者体验各种口味的新品瓜子,然后根据消费者的体验反馈,有针对性地改进产品口味、调整产品上市的区域和时间,为消费者提供更满意的产品和服务。

4. 惊喜之时,忧愁又增

扫码送红包活动开展半年后,真心微信公众号平台粉丝人数达 400 多万,在喜迎国庆、活动多样的 10 月份,消费者月扫码次数达到近 162 万次的高峰。

洪伟对消费者扫码情况进行初步分析后,发现大多数消费者在半年时间里仅扫码单次或者两次,扫码超过 30 次以上的人很少,那些消费者基本是企业的忠诚客户,对公司的销售情况影响不大,而恰恰是扫码 3 次以内的那 26 万消费者才是企业接下来要关注的重点,将这部分消费者盘活,引导成为忠诚客户,促进其多次转化,才能真正提高企业绩效。

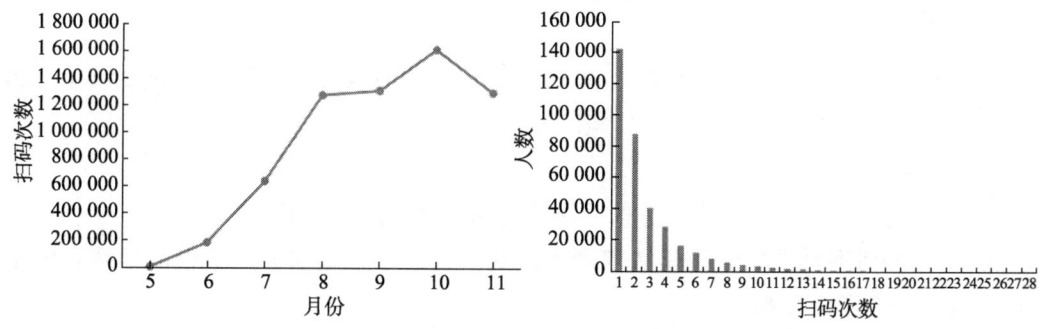

图 4-8　月扫码次数和累计扫码情况

5. 真知灼见,激起讨论

在一次消费者关系管理会议上,曹义祥提出了"真心 city+"的想法,其中,city 翻译为"城","+"号代表了无限可能。"真心 city+",就是要建立真心微商城,邀请零售商免费入驻,与消费者直接联系;各层经销商、分销商可直接在微商城下单订货,价格公开透明,有助于分销商建立起对真心的信任;消费者可以通过多渠道购买产品、利用积分兑换产品,便捷且高效;真心则获得了关于分销商、消费者的行为数据,可以更好地管理与分销商、消费者的关系。

孙董和区域经理们都觉得这是一个不错的想法,但如何将现有资源和分销商聚合到微商城上?即使成功搭建了"真心 city+"微商城,又能有多大的经济效益呢?但是如果真心仍然延续传统生产商的经销模式,不加紧推进消费者关系管理,在大数据背景下,消费者很容易流失。孙董思索了良久,决定再试一把。

6. "真心 city+"助力，再创佳绩

有了孙董的支持，曹义祥和洪伟开始准备"真心 city+"微商城的搭建工作。2016年11月28日，"真心 city+"微商城正式上线，包括"真心 city+""积分夺宝"和"真心有礼"三大模块。在"真心 city+"模块，消费者可以便捷地下单购买产品，在朋友圈转发所生成的消费者海报等。在"真心有礼"模块，消费者可以报名参加消费者互动活动，获得积分。在"积分夺宝"模块，消费者可以使用积分参加小游戏进行夺宝，这个过程不但有趣还可能有礼物赠送。

"真心 city+"微商城上线仅一个月，其灵动的风格、独特的产品、有力的促销成功吸引了广大线上消费者的目光，实现浏览人数65万，下单18 218笔，销售额突破42万元的良好业绩。

结束语：孙董表示，真心微信公众号已经积累了400多万粉丝，成绩喜人，真心搭建"真心 city+"微商城，与消费者联系，实现对消费者关系的管理，这些都是真心的财富！虽然短期来看耗费了很多人力、物力、财力，但长远来看则是成功的。接下来，真心将借助微信公众平台和"真心 city+"微商城收集更为细致的消费者信息，将消费者分层，进行个性化推荐，将消费者关系管理效果切实反映到销售业绩中来。

案例分析题思路

案例来源：余玉刚，程丽红，郭晓龙. 基于微信公众平台的真心企业客户关系管理之路[J]. 中国管理案例共享中心，2018.

思考题：

1. 安徽真心有限公司在什么背景下开始选择搭建微信公众平台的？

2. 真心微信平台是如何积累消费者粉丝的？真心基于微信公众平台的消费者关系管理的具体操作形式有哪些？

3. 基于微信公众平台的消费者关系管理和传统的消费者关系管理之间有什么区别和优点？

4. 在移动互联网时代，真心基于微信公众平台的消费者关系管理能否解决传统坚果炒货行业生产商与消费者联系难的问题？真心如何更好地利用社交媒体和网络技术进行营销？

第 5 章

客户关系的发展

本章学习目标

1. 掌握客户忠诚的内涵、意义、如何管理客户忠诚;
2. 掌握客户忠诚计划的含义、价值目标;
3. 熟悉和掌握客户向上购买和交叉购买、如何进行基于客户生命周期的客户运营;
4. 熟悉和掌握社群营销的含义、如何进行社群营销;
5. 了解用户圈层的定义、如何进行社群化运营。

引导案例

懂球更懂你——懂球帝如何通过内容营销培育顾客忠诚

懂球帝的创始人陈聪是个不折不扣的球迷,他深知球迷的需求和市场痛点,于是他抓住智能手机刚刚普及、足球 App 市场空白的时机,在 2013 年 11 月,集结了一群"懂球帝"——一个年轻富有激情的创业团队,创办了懂球帝,从此开启了足球时代崭新的篇章。懂球帝的出现为球迷提供了一个全方位了解足球资讯的渠道和球迷间相互交流的平台,深得球迷的喜爱。上线后,懂球帝以新浪微博、百度贴吧、微信、今日头条及知乎为渠道,通过其他知名微博号的商业合作、开展李毅专访等形式,极大地提高懂球帝在微博上的知名度,成功地吸引了大量用户的关注。

为了进一步发展与用户的关系,2014 年 7 月,趁着巴西世界杯开幕带来的足球热度,懂球帝在其应用中开放了"圈子"这一功能。"圈子"是懂球帝的一个社交平台,用户可在"圈子"这个平台上发帖与其他用户互动。"圈子"从上线初,就取得了非常大的成功。在圈子上线的短短数天时间里,"世界杯圈"和"足彩圈"的参与者的人数就分别突破了 110 万名和 250 万名,"圈子"内的帖子数量也随即破万。世界杯之后,趁着世界杯的热度,懂球帝又趁热打铁推出了其他五花八门的"圈子",例如与各个俱乐部球队、著名球员相关"圈子"等。各式各样的"圈子"的推出彻底激活并释放了懂球帝用户的社交能量。懂球帝的"圈子"是用户自我生产内容的典型,圈子中的话题讨论也是"懂球帝"

内容生产的重要部分。

此外，为了提高用户的参与度，进一步培育用户忠诚，每逢大赛，懂球帝都会在线上针对赛前、赛时、赛后开展各种各样的活动，进行多种形式的互动。赛前，懂球帝会举办包括阵容预测、赛况预测、足彩、有奖转发等多种活动。2022年世界杯，懂球帝发起了世界杯冠军预测活动，用户扫描二维码就可以生成自己预测的冠军之路。在对比赛进行直播时，懂球帝会邀请足球界的明星来解说，例如在役或退役球员，解说、评论员，以及热爱足球的演艺明星等。这些明星往往自带粉丝和传播势能，面对这些足球界的明星，用户的参与热情会极大提高。赛后，懂球帝也会通过各式各样的活动来拉动用户的互动参与的积极性。线下专访并反馈专访内容是懂球帝开展最多的合作形式。

经过多年客户管理，懂球帝通过内容营销，实现了用户数从无到有的突破，迅速攻占我国球迷群体。懂球帝以优质内容为基础，在线上线下开展贴心的活动，用心培育着用户忠诚……

5年的时间，懂球帝通过内容营销，实现了用户数从无到有的突破，App累计下载数量达到97 266 455次。懂球帝以优质内容为基础，在线上线下开展贴心的活动，用心培育着用户忠诚……

资料来源：马向阳，王晓宇，宋霏霏. 懂球更懂你——懂球帝如何通过内容营销培育顾客忠诚[J]. 中国管理案例共享中心，2019.

5.1 客户忠诚管理

数字经济时代，顾客与企业的关系不再是简单的"一锤子买卖"关系，在企业想尽办法向客户提供商品/服务的同时，也在千方百计地与客户产生更多维度的联系，努力使每一个消费者成为长期客户，保持企业与客户之间的长期良好关系，最终实现企业长期稳定的获利。在上述背景下，客户忠诚管理成为市场营销领域，尤其是客户关系管理的重要课题。在"互联网+"时代，客户获取信息的能力加强，转移成本随之降低，这也使得客户的品牌转换更加频繁、客户流失现象日益严重。因此，培养客户忠诚、加强客户忠诚管理变得更加重要。

5.1.1 客户忠诚的内涵与意义

（1）客户忠诚的内涵

从概念上来说，客户忠诚是指客户高度承诺在未来，一贯地重复购买偏好的产品或服务，并因此产生对同一品牌或同一品牌系列产品或服务的重复购买行为，而且不会因为（市场）态势的变化和（竞争性产品）营销努力的吸引而产生转移行为。例如，苹果手机的"果粉"就是其忠诚的客户，苹果社区内存在众多的

微课 5.1 数字化时代忠诚客户的特征

"果粉",他们从第一次购买苹果手机后,因长期与苹果手机的接触而产生情感,又把这种对苹果手机热爱的感情传递到了苹果公司的其他产品上,就像iPad、Apple Watch等,每次出新产品"果粉"都会购买或者置换。虽然近几年苹果手机在全球的份额呈现下滑趋势,但"果粉"对苹果产品的热爱并没有出现下滑迹象,依然偏好苹果的系列产品。

从分类上来说,目前比较通用的是将客户忠诚划分为认知忠诚、情感忠诚、意向忠诚和行为忠诚4个关键维度(如图5-1)。其中,认知忠诚是客户忠诚的第一个阶段,其建立在客户先前对某个品牌的认知或者最近购买所获信息的基础之上。情感忠诚是客户在累积性满意(而非交易性满意)的消费体验基础上形成的、对特定品牌的偏好。意向忠诚产生于客户对特定品牌产生持续的良好印象之后,是客户对某个特定品牌的产品或服务的购买意向。行为忠诚反映的是客户的实际消费行为,会反复购买某个品牌的产品或服务,进而形成的一种习惯性消费。对于企业来说,如果只有认知忠诚、情感忠诚、意向忠诚,却没有行为忠诚,那么就不存在直接意义,企业从中所获取的利益也就存在不确定性。因此,企业不会排斥虽然认知不忠诚、意识不忠诚、情感不忠诚,却行为忠诚的客户——因为这种客户可以实实在在、持续不断购买企业的产品和服务,帮助企业实现利润转化。但是,从持续性来说,认知不忠诚、意识不忠诚、情感不忠诚的客户是难以做到长期的行为忠诚的。理想的客户忠诚应该是认知忠诚、意识忠诚、情感忠诚和行为忠诚四者合一。例如,海底捞火锅因其独特、细致、周到的服务组合吸引和培养了众多的忠诚客户。当顾客在海底捞吃过一次火锅后,会对海底捞实际的服务组合以及套餐制度有了更清楚的了解与认知,建立了对海底捞的认知忠诚;而海底捞独特而完善的服务体系及超出客户预期的服务组合,大大增加了客户的体验感和满意程度。通过体验积累,客户对海底捞火锅的偏好与喜爱会不断增加,建立客户对海底捞的情感忠诚;而随着客户对海底捞认知和情感的偏好,客户在选择就餐或者火锅店时会优先考虑海底捞,并随之产生更多的消费行为,也就是建立对海底捞的意向忠诚和行为忠诚。因此,客户忠诚的4种类型是紧密相关而又层层递进的,如图5-1所示。

客户忠诚于某企业/品牌说明客户在购买同类产品或服务时更偏好该企业/品牌,也说

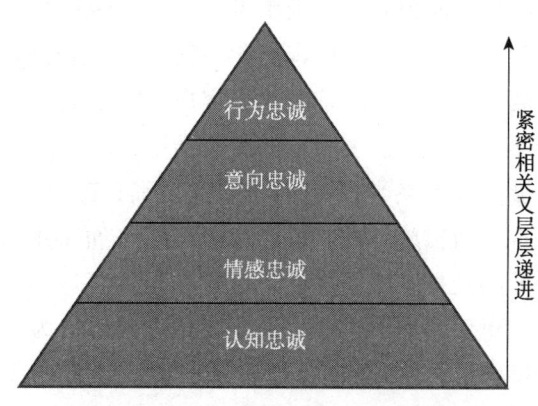

图 5-1 客户忠诚的 4 个维度

明了该忠诚客户具有较高的潜在价值。因此，从**测量**上来说，可以通过 RFM 模型（recency，frequency，monetary）来衡量忠诚客户的价值。RFM 模型是衡量客户价值和客户创利能力的重要工具和手段。该模型通过一个客户的近期购买行为、购买的总体频率及消费金额 3 项指标来描述该客户的价值状况。

R（recency）是指最近一次消费，表示用户最近一次消费距离现在的时间。理论上，R 值越小，客户的价值越高，即对店铺的回购刺激最有可能产生回应。F（frequency）是指消费频率，是客户在固定时间内（一般是一年）的购买次数。但是在实际操作中因品类宽度的原因，例如 3C 产品、耐用品等，即使是忠实粉丝用户也很难在一年内购买多次。所以，一般店铺在使用 RFM 模型时，会把 F 值的时间范围去掉，替换成累计购买次数。M（monetary）是指消费金额，消费金额是指用户在统计周期内消费的总金额，体现了消费者为企业创利的多少，消费金额越大说明用户价值越大。基于概念和衡量指标上的差异，3 个维度在影响因素和实际应用场景上也存在差异，具体如图 5-2 所示。

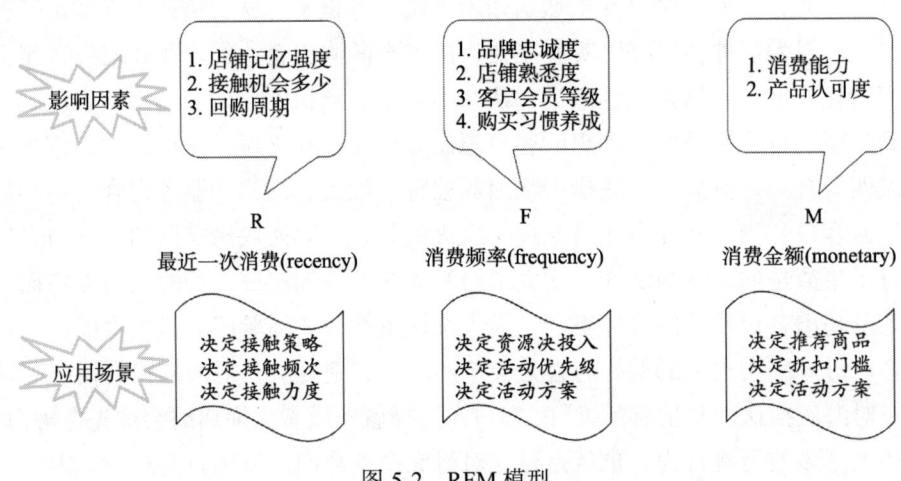

图 5-2　RFM 模型

根据 RFM 模型，我们可以将忠诚客户划分为如表 5-1 所示的 8 种类型。一般来说，M 值是 RFM 模型中相对于 R 值和 F 值最难使用，但最具有价值的指标。因此，以 M 值的高低为节点，客户类型可以划分为重要客户和一般客户。在重要客户中，R、F、M 三个维度均高的客户为重要价值客户，他们是优质客户，需要重点关注；R、M 值高但 F 值低的客户为重要发展客户，他们需要企业的重点维持；F、M 值高但 R 值低的客户为重要保持客户，他们需要企业的唤醒和召回；而 M 值高，R、F 值低的客户为重要挽留客户，他们需要企业采取挽留措施。在一般客户中，R、F 值高但 M 值低的客户为一般价值客户，他们需要企业的挖掘；R 值高但 F、M 值低的客户为一般发展客户，他们是企业的新用户，具有推广价值；而 F 值高，R、M 值低的客户为一般保持用户，他们的贡献不大，具有一般维持价值；而 R、F、M 值均低的客户为一般挽留客户，他们是即将流失的客户，客户的价值也最低。

表 5-1　RFM 模型与客户类型

客户分类	R	F	M	备注
重要价值客户	高	高	高	优质客户，需重点关注
重要发展客户	高	低	高	需重点维持
重要保持客户	低	高	高	需唤醒召回
重要挽留客户	低	低	高	需挽留
一般价值用户	高	高	低	需挖掘
一般发展用户	高	低	低	新用户，有推广价值
一般保持用户	低	高	低	贡献不大，一般维持
一般挽留用户	低	低	低	即将流失

（2）客户忠诚的意义

培育客户忠诚对企业的重要性不言而喻。在数字化时代，培育数智时代的客户忠诚能够帮助企业增强对市场环境的敏感性，迅速适应并抓住移动数字时代的客户机遇，促进企业长期的经营和发展。可以说，忠诚的客户群体是企业拥有的核心财富和战略资产。培育客户忠诚对企业具有重要意义。

- **帮助企业创造更多价值**。一般来说，忠诚的客户通常会有以下的行为表现：①忠诚客户比普通客户的重复购买次数更多。②忠诚的客户会表现出对企业超强的信任关系，更能接受企业新开发的产品，即便没有体验过新产品，也会优先选择相信该企业。③对其忠诚企业的竞争对手的排斥行为，当客户忠于某一个企业或品牌时，忠诚度高的客户会自行排斥竞争对手的产品或服务。④充当"传教士"的角色，忠诚客户是企业产品或服务的有力倡导者和宣传者，他们会向周边的亲朋好友推荐、传播企业产品或服务，间接帮助企业开发新客户。通过这 4 个方面的行为表现，忠诚客户能够帮助企业实现更多的利润，进而创造更多价值。

- **降低企业成本**。首先，忠诚客户的维系成本较低。企业不需要耗费过多的宣传费用以及时间和精力来挖掘新客户，只需要一些简便措施（如定期回访、引导客户参与）就可以维持住企业的忠诚用户；其次，忠诚客户与企业之间的信任会促进双边合作伙伴关系的形成，进而帮助企业降低谈判成本和交易成本；最后，基于忠诚客户较高的认知度和体验度，他们对企业的服务更容易了解和适应，从侧面上帮助企业提升服务效率，并降低员工培训成本。

- **降低企业的经营风险并提高效率**。相对固定的客户群体和稳定的客户关系，可使企业不再疲于应对因客户不断改变而造成需求的变化，有利于企业排除一些不确定因素的干扰，集中资源去为这些固定的客户提高产品质量和完善服务体系，降低企业经营风险。同时，企业能够为老客户提供熟练的服务，也意味着更高的效率和更低的失误率。

- **帮助企业获取市场潜在优势**。一方面，忠诚客户不太容易产生品牌转换行为。忠诚客户数量越多，企业的客户流失率越低。相对稳定的客户流量能够帮助企业稳定并获取相对的市场份额。另一方面,忠诚客户是企业及其产品或者服务的有力倡导者和宣传者。通过忠诚客户的推荐,企业的品牌资产会逐渐渗透到潜在的人际关系网络中,帮助企业获取大量的潜在客户,推动企业产品市场份额的提升,确立企业的市场竞争优势。

5.1.2 客户忠诚形成的动态过程

客户忠诚的形成是一个动态过程,从阶段上来说,客户忠诚可分为认知过程、认可过程、产生偏好及最终建立忠诚4个阶段,如图5-3所示。以方便速食品牌自嗨锅为例,首先,自嗨锅通过电视剧中的植入宣传激发了电视观众对自嗨锅食品的认知与了解,这是客户对自嗨锅食品的认知过程。其次,客户会基于自嗨锅食品的便捷性、口味丰富、低价格等因素初次购买自嗨锅食品,这是客户对自嗨锅食品的认可过程。在购后阶段,客户会根据自身的购买体验(如口感、便携性)对自嗨锅食品进行评估。如果表示满意,客户会形成对自嗨锅食品的依恋与偏好。当客户再次具有购买方便食品的需求时,会将对自嗨锅食品的偏好转化为重复性购买行为,此时,客户忠诚也随之建立。值得注意的是,购买后价值评估、决定重复购买及产生重复购买行为之间是循环往复的过程,这种循环也构成了重复曲线购买图。

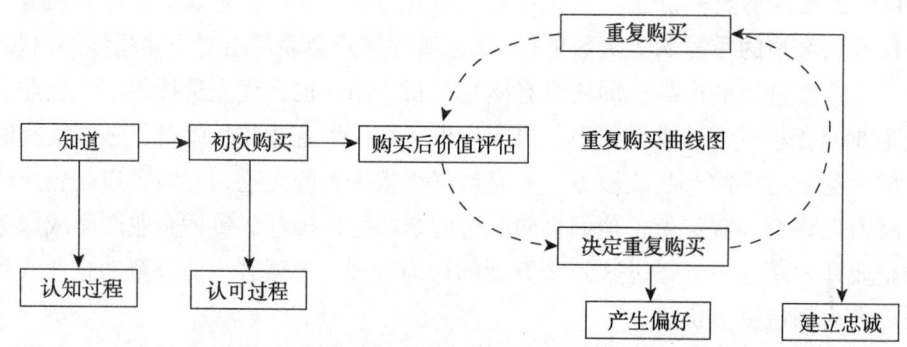

图5-3 客户忠诚形成的动态过程

资料来源:格里芬.抓住客户的新:如何培养、维系忠诚的客户[M].
王秀华,译.广州:中山大学出版社,1999.

5.1.3 如何管理客户忠诚

(1)客户忠诚管理的内涵

客户忠诚管理是指企业为了确保客户满意和忠诚及鼓励客户更多地购买公司产品或服务而实施一个或者一组方案,它是一个持续的过程。在某些情况下,公司提供具有质量保证的产品就可以培育客户忠诚。当然,客户忠诚也可以通过其他多种途径获得,如优惠券、低利率、高价实物换购、延长保修期、打折或者其他回馈。在数字化时代,客户忠诚管理的方式也有了新的变化和载体,社群营销、粉丝管理等新的客户管理手段已经演变成管理忠诚客户的主要途径。例如,支付宝的蚂蚁金服,通过创造蚂蚁森林收集绿色能力的方式,以及植入游戏化元素来引导顾客参与,积累可以种树的能量,引领全民公益,也体现了企业的社会责任感。此外,蚂蚁金服还着重引导顾客向价值共创者进行转变,如通过支付宝、招财宝、"维他命"等理财和金融平台,与客户直接对话;通过"财富号"的问答社区促进了蚂蚁金服与顾客互动,引导客户进行理财组合设计,提升客户的体验感;通过年度支付宝账单、集五福的活动引导客户之间进行交流和相互转发,形成价值共创。蚂蚁金服以这样"润物细无声"的方式,逐渐融入我们的日常,成为我们生活中不可或缺的部分,促使用户对支付宝产生依恋,最终提高用户的忠诚度。

优质的客户服务是企业培养客户忠诚的关键要素。如果客户在产品使用过程中遇到问题,企业应该立即采取必要措施,并提供相应服务。客户忠诚管理支持系统的可用性及其对客户的关注程度对企业的实际运营十分重要。企业可以建立标准的售后服务程序,该程序应该具有一定的灵活性,以便更好地处理每个客户不同的情况。

(2)客户忠诚管理的阶段

在管理客户忠诚的过程中,需要了解和考虑客户关系的 3 个主要阶段,分别是**客户满意**、**重复购买**以及**推荐**,如图 5-4 所示,三者之间是层层递进的关系。

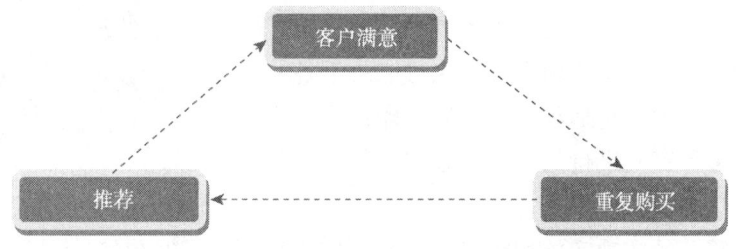

图 5-4　客户关系 3 个阶段之间的关系

- **客户满意**:取决于产品或者服务质量、售后服务及对产品价值的认知。产品或服务的高质量有助于客户更好地认识产品价值。
- **重复购买**:如果客户对购买的产品或者服务感到满意,或者市场上其他企业不能提供具有更高价值的产品或服务,那么他会重复购买这类产品或者继续享受服务。
- **推荐**:客户不仅会重复购买产品,而且会成为老主顾甚至推荐者。这种情况大多出现在产品能持续产生牢固的情感纽带时。持续的价值实现和互惠互利是一个客户向他人推荐产品的先决条件。

企业要想有效管理客户忠诚,就必须通过优质的产品及售后服务来确保客户满意。但并不是每一个满意的客户都会重复购买,不购买的原因可能是缺少购买动机,也可能是对竞争对手的产品和活动更感兴趣。客户忠诚管理关注的是如何吸引这类客户进行重复购买。客户忠诚管理的目标在于将这些满意客户转变为产品或者服务的拥护者,如图 5-5 所示。

图 5-5　客户关系三阶段的先决条件

（3）建立客户忠诚管理体系

客户忠诚管理是一个综合过程，企业应充分利用客户在客户生命周期各个阶段与组织多个接触点的互动，优化客户体验并向客户传递更好的价值主张。客户忠诚管理要求企业必须了解客户在客户生命周期各个阶段的不同期望。但是，不同类型客户的期望也会不同。因此，需要根据恰当的参数定义客户特性，这些参数可以是客户产生的利润、所用产品的类型、人口统计特征、消费心理、个性特点等，如图 5-6 所示。企业必须为目标客户群体合理制定相应的回馈策略。

扩展阅读 5.1　青岛银行泰安分行的客户忠诚管理实践

客户忠诚管理的体系要求公司从每一个互动接触点获取客户信息，并以此为基础对客户特性进行划分。目标客户群体的选择应该基于忠诚度计划的目标。忠诚度计划会用于改善客户体验并增加所提供的价值。忠诚度计划的有效执行取决于各种线上和线下的促销活动，包括利用互联网、印刷品、户外媒体、手机等多种媒介进行的广告、公共宣传、公共关系和促销等。

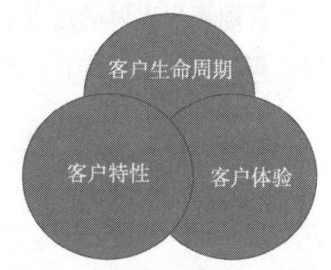

图 5-6　客户忠诚管理的意识体系

客户忠诚管理的成功实施取决于接触点、客户数据库、客户特性划分及 CRM 系统等所有要素的整合程度，如图 5-7 所示。首先，客户忠诚管理是以客户为核心，通过互动来获取客户的接触点，即帮助企业在何时、何地、采取何种方式与客户进行接触并达成企业目标，这些数据的获取帮助企业建立客户的数据库，为企业进行忠诚管理提供可依据的计量基础。其次，企业可以根据客户数据库，基于大数据抓取、建模等方式对客户特性进行划分，并基于企业目标及筛选出来的客户特性来选择企业的目标客户，而对

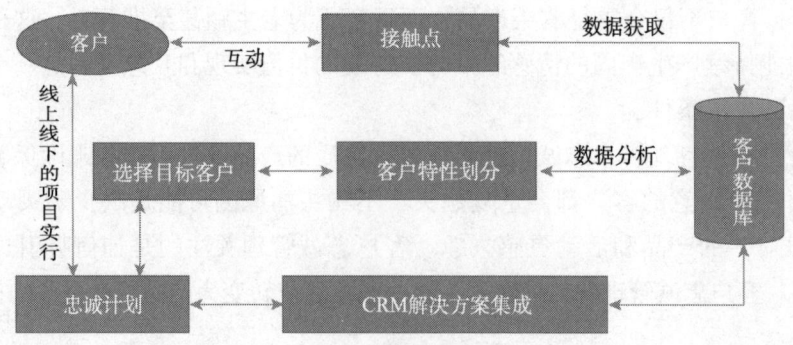

图 5-7　客户忠诚管理的框架体系

目标客户的获取、关注是客户忠诚计划的基础，帮助客户忠诚计划的实现。最后，客户数据库的分析与建立能够帮助企业对客户关系管理的解决方案进行集成和整合，帮助企业采取切实可行的管理策略，进一步实现企业的客户忠诚计划。而客户忠诚计划是客户忠诚管理的重要组成部分，其主要是以客户为核心，通过线上线下的项目执行，最终帮助企业实现市场目标，并实现完整的客户忠诚管理体系。值得注意的是，客户忠诚管理体系的每个节点和环节之间不是单向联系而是相互作用的，这种环环相扣的联系最终促成客户忠诚管理体系的运转与实现。

（4）管理忠诚客户的具体策略

企业在管理忠诚客户时，除了要建立客户忠诚管理的框架体系外，相对应的具体管理策略也必不可少。

努力实现客户满意最大化。满意的服务是一个综合的概念和完整的过程。在数字化时代，通过数据追踪或者采集画像等方式细分用户或分组管理，提供更独立、细致的服务/功能，进而实现客户满意。例如，专业医学知识分享社区丁香园将客户业务发展为To D（面向医生）、To H（面向医院）、To E（面向药企）以及 To C（面向用户）等多种形式，并根据不同的客户类型提供不同的医疗服务方式。

奖励客户的忠诚行为。企业要想赢得客户忠诚，就要对忠诚客户进行奖励，使客户在利益驱动下继续保持忠诚。例如，支付宝的蚂蚁金服会根据用户在各个平台的使用数据，通过模型算法，依据客户的历史信用、行为偏好、履约能力、身份特质和人脉关系等 5 个方面对个人的信用情况进行评分，并根据积分来对用户进行免费服务奖励，如免押金的共享单车、分期申请线上急速贷款等。

增强客户的信任与感情。在移动数字时代，企业要更加注重社交平台的搭建，提升网页的设计，特别是利用网站与用户站点之间的互动关系，建立起用户与用户之间、用户与网站之间的感情纽带，在这方面，充分利用互动性和即时性并体现情感因素的社区、粉丝群是最佳选择。现在较为成功的社交媒体社区有小米手机的"小米"社区，海尔的"HOPE"之家等。

建立客户组织。建立客户组织可使企业与客户的关系更加正式化、稳固化，使客户感受到自身的价值，从而产生归属感，并帮助企业与客户建立超出交易关系之外的情感关系。在互联网背景下，通过论坛社区单列板块的形式，引导顾客参与价值共创，推动用户间的信息生成与体验共享。例如，穷游网将客户生成的攻略和客户间的问答互动一起放入论坛板块。注册网友在穷游网上免费得到其他网友提供的旅游信息，然后在自身的体验之后又来回报网站，分享自身的旅游经历，如此循环往复，吸引了众多忠诚客户对穷游网的关注。

提高客户的转换成本。一般来说，客户在更换品牌时感到转换成本太高，或者会面临新的风险和负担，可以促进客户的认知锁定，加强客户的忠诚。例如，亚马逊书店具有基于历史交易数据的客户需求推荐系统和积分系统，客户可以从中获益，如果客户转向另一个网上书店，就会损失其在亚马逊书店中的累积交易和大量交互点击的投入，失去本应获得的利益，迫使客户选择留下。

5.2 忠诚计划

5.2.1 什么是忠诚计划

忠诚计划是企业和组织为了促进长期经营目标的实现鼓励客户持续购买和长期互动而构建的一系列市场营销策略和服务计划。这是一种关系营销手段，其目的是通过为优质客户提供更好的客户价值和满意来建立更高水平的客户保持状态。忠诚计划在我国的航空业、电信业、金融业及零售业均有广泛的应用，其表现形式包括俱乐部、会员积分制等，如中国国际航空公司为会员客户提供基于里程积累回报计划的俱乐部知音卡、携程网根据会员累积积分提供相应价值奖励的"积分奖励计划"、大部分零售超市为客户提供的"会员积分卡"等。

扩展阅读 5.2　国航的凤凰知音

5.2.2 忠诚计划的价值创造过程

顾客忠诚计划的价值创造过程是企业与顾客实现价值交换的过程。作为关系营销的重要工具，忠诚计划只有使顾客与企业达到双赢的情形下才能在培育顾客忠诚方面发挥长效持久的作用。因此，忠诚计划的价值创造过程主要体现在两个方面。一方面是顾客所获价值；另一方面是企业所获利益。

1. 顾客所获价值

顾客在忠诚计划中所获价值包括增加收益、降低成本两个方面。

（1）忠诚计划增加顾客收益

顾客忠诚计划的核心在于它能为顾客带来利益。这些利益体现在顾客购买、使用产品或服务的过程中，包括情感利益、社会利益、服务利益和产品利益。

产品利益是由产品的功能、特性、品质、品种与式样等所产生的价值，它是顾客需要的中心内容，也是顾客选购产品的首要因素。企业忠诚计划的实施无疑能为顾客带来更多的产品价值，例如，金山文档旗下的 WPS 推出的超级会员计划。顾客可以通过包月、包季或者包年的形式升级成超级会员。即可享受 365 G 超大云空间、免费下载海量模板，以及一系列的基础特权，如文档修复、PDF 转 Word、数据恢复、输出长图、全文翻译、免费查重等。对于许多文字编辑工作的顾客来说，这种产品利益极大程度上提升了工作效率和便利感，无疑会让顾客对企业更加忠诚。

社会利益涉及了顾客与企业及企业员工间的相互认知、亲密关系及友谊的建立等。通过给特定的客户群提供专门的促销、电子邮件和信件，企业员工容易与顾客建立更加良好的友谊，主动关心顾客的需求，并给顾客带来社会利益。例如，爱奇艺推出的会员福利计划。会员可100%领取2～20杯香飘飘奶茶，而且根据不同的等级领取不同的奖品，最低等级的是v1等级，可以免费领取2～20杯香飘飘奶茶，能达到v7等级可以免费双人海岛游度假，而且每天都可以免费进行一次抽奖。这种根据会员等级进行礼品设置的方法，能够让顾客感受到自己的与众不同，更容易与企业建立长期友好的亲密关系。

服务利益是构成顾客总价值的重要因素之一，随着消费者收入水平的提高和产品同质化日趋显现，消费者在选购产品时，不仅注意产品本身价值的高低，而且更加重视产品附加价值的大小。企业向顾客提供的附加服务越完备，产品的附加价值越大，顾客从中获得的实际利益就越大，从而购买的总价值也越大。例如，厦门航空专门针对支援武汉的医护人员推出了白鹭驰援卡，成为民航首家为驰援湖北医护人员提供贵宾礼遇待遇的航企。白鹭驰援卡会员将享受厦航白鹭金卡的核心权益，包括免费升商务舱机会、贵宾休息室候机、优先值机、优先登机、免费变更及退票等服务权益。

情感利益处于增加顾客价值的最高层次上，其主要取决于顾客的消费经历及感受等，顾客若是觉得自己受到了企业的尊重、重视和有礼貌的接待，会很容易在情感上对企业产生好感和再消费的想法。因此，顾客加入企业的忠诚计划后，除了能够享受到价格、产品、服务等方面的优惠，还能够在感情上与企业产生依赖和信任感。例如北京的万圣书店，会员购书不但可获得价格优惠，还可以参加每周一次的文化学术讲座，书店专门邀请了文化名人或图书作者同会员进行面对面的交流。在会员眼里，书店已超越了书商的范畴，成为知识、感情、信息交流的场所，在这种文化氛围中找到了志趣相投的人，找到了精神的家园，感到自己归属于这个群体，从而拉近了会员与书店的距离，进而使会员成为长期在书店买书的忠诚顾客。

（2）忠诚计划降低顾客成本

顾客成本指的是顾客在购买商品和服务过程中所耗费的货币、时间、精力和心理成本等。企业在实施忠诚计划以后，能够在这些方面为顾客减少成本，从而增加顾客价值。

就货币成本而言，顾客在成为企业会员以后不仅可以享受到会员价的折扣，还可以凭借积分获得更大的优惠和其他形式的赠送。例如，对于拥有北京西单商场"亲情积分卡"的顾客，除了可以享受商城活动期间的优惠，还可以得到积分，在会员活动中再次享受优惠，这大大减少了参加忠诚计划顾客的货币成本。

忠诚计划同样可以帮助顾客减少时间成本。最初由加拿大航空、德国汉莎航空、北欧航空、泰国国际航空和美国联合航空等5家航空公司组成的星空联盟俱乐部将降低顾客的时间成本作为星空联盟成立的重要目的之一。其中，星空联盟在伦敦希思罗机场的成员公司分布于1号、3号航站楼，为了使旅客换乘更方便，联盟决定投资5 000万美元，用以建立衔接性客户服务团队并与机场一起进行基础设施建设，来帮助航班衔接时间紧的旅客加速他们及其行李的中转，实现了45分钟的最少换乘时间，从而在最大程度节约顾客时间的基础上使旅客能通行全球。

精力成本重点指的是顾客购买产品或服务时体力等方面的消耗。如果顾客加入了企业的忠诚计划，很多企业都会有送货上门的服务。如顺丰速运的上门取件服务、德邦物流的送货上楼服务、美团外卖的配送服务等，均是以不同方式节约了顾客的精力成本。

心理成本是指顾客购买产品时，在精神方面的耗费与支出等。顾客在加入企业的忠诚计划以后，企业会给予顾客更高的产品及服务保障从而降低顾客的心理成本。例如，宜家家居保证在运输过程中顾客购买的家具有任何损坏，会立刻无条件地为顾客退换。宜家这项服务为顾客的购买提供了强有力的保证，减少了顾客精神、心理等方面的压力。

2. 企业所获利益

在忠诚计划的价值创造过程中，企业可以获得两方面的利益，一是顾客生命周期价值，二是顾客资产。

（1）获取顾客生命周期价值

一般来说，忠诚计划的实施可以帮助企业提高顾客的维系率或者提高顾客忠诚度，而二者均属于顾客生命周期价值的概念范畴。顾客生命周期价值是协同生产价值、完善的顾客购买和顾客保留策略以及有效的渠道管理过程综合产出的结果，其描述了基于顾客生命周期价值所预期的由未来利润产生的价值。因此，企业可以通过顾客生命周期价值的计算从预期收入中减去用来吸引和服务顾客以及销售所花费的预期成本。一方面，企业可以明确现有和潜在顾客的获利能力会随着不同顾客细分市场的变化产生怎样的变化；另一方面掌握顾客持续购买、顾客保留及顾客交叉购买、向上销售的能力，并且要建立充分的顾客价值主张。

（2）获取较高的顾客资产

作为关系营销的一种工具及手段，忠诚计划的目标也同样是产生高的顾客资产。根据第2章的内容，顾客资产由3个部分组成：价值资产、品牌资产和关系资产。价值资产是指通过从顾客价值感知获得的顾客资产，其更多是一种认识、客观的评价或理性的判断；品牌资产是指通过对品牌的主观评价而获得的顾客资产，其更多是一种情感、主观的评价或非理性的判断，它受顾客的消费体验和顾客与品牌之间关系的影响；关系资产是通过维系活动和关系培养活动而获得的顾客资产，对于重复购买的顾客而言，维系活动和关系培养活动能提高这些顾客再次与企业做生意的机会。当企业明确了顾客资产的组成内容后，根据自身及其所处行业的特点，确定哪种顾客资产对企业最具影响力，以便把管理重心放置其上。此外，顾客保留率代表了价值创造的重要部分，通过对不同细分市场的顾客生命周期价值进行计算，可以使得企业将忠诚计划的重点放在能给企业带来巨大利润的顾客身上。价值创造过程是顾客忠诚计划管理过程中至关重要的构成要素之一，因为它可以将企业层面的战略和顾客层面的战略转化成特定的价值主张，这种价值主张能够明晰企业传递给顾客的价值，同时，它也解释了顾客获得了什么利益，包括与企业进行价值共创的潜力。

5.2.3 顾客忠诚计划目标

概括来讲，顾客忠诚计划的目标包括主要目标和次要目标。

1. 主要目标

顾客忠诚计划的终极目标是增加利润或市场份额，从而使企业得以生存和发展。但这些目标通常是长期目标，只有先达到其他主要中间目标后，这些终极目标才能实现。顾客忠诚计划的5个主要目标如图5-8所示。

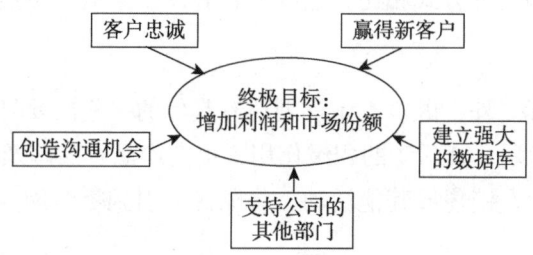

图5-8 客户忠诚计划的主要目标与终极目标关系

（1）客户忠诚

顾客忠诚计划的首要目标是与顾客建立长期关系，将普通顾客转变为长期忠诚顾客，这些长期忠诚顾客可以通过企业发起的忠诚计划所提供的特定产品或服务满足他们的需要。然而，企业的忠诚计划不可能面面俱到，满足所有顾客的需求。因此，对于某些需求较小的顾客来说，将他们变成忠诚顾客所付出的成本和精力与从他们那里获得的收入不成比例。

（2）赢得新客户

忠诚计划的第二个主要目标是通过忠诚计划吸引新的顾客，企业可以通过两个方面进行努力。一方面是对忠诚计划活动满意的会员会为忠诚计划做口碑宣传。忠诚计划的利益会成为顾客的谈资，而且对忠诚计划的沟通会使顾客与企业接触的次数增多，并进一步增加会员提到此产品/服务或向身边好友推荐该产品/服务的次数。另一方面，企业忠诚计划利益本身的价值就非常有吸引力，能够吸引人们加入忠诚计划。

（3）建立强大的数据库

忠诚计划的第三个目标是创建顾客数据库。一个维护良好、可以持续记载最新顾客信息的数据库是一个企业所能拥有的最强有力的营销工具，可以被广泛用于各种营销活动中。通常情况下，只有在顾客成为会员时，他们所提供的个人基本资料（如姓名、年龄、住址等）以及购买行为（如喜爱的品牌、购买频率、购买数量、购买时间、购买时有无促销活动等）才会更加真实、可靠。通过收集会员交易和行为数据，企业基于数据分析可以进一步洞察客户需求。

（4）支持公司的其他部门

忠诚计划的第四个重要目标是顾客数据库搜集到的数据可以帮助其他的部门，如研发部、产品营销部或市场部。顾客忠诚计划为这些部门与顾客间的沟通提供了宝贵的机会。与在商场里随机拦截的被调查者相比，会员顾客更愿意与企业分享他们的信息和意见。与这些顾客的对话能帮助企业找出现有产品存在的问题、可能被改进的领域，以及顾客对新产品的想法等许多其他的问题。

（5）创造沟通机会

忠诚计划的第五个目标是创造与会员沟通的机会，以加强与会员间的接触。这不仅可以使企业与会员更加频繁地联系，而且还可以形成直接的、个性化的沟通。与借助广告及电子邮件的大众沟通等方式相比，这种方式有助于会员对会员组织产生归属感。

2. 次要目标

除了这些主要目标之外，顾客忠诚计划还有其他的一些次要目标，如以下几点。

- 通过顾客忠诚计划及其活动的积极作用，提高产品、品牌及企业的形象。
- 通过特别的促销、销售或其他活动，将顾客吸引到零售网点，从而增加他们光顾的次数。
- 通过让顾客将产品及服务铭记在心来增加顾客使用产品的频率。
- 针对顾客提出的问题，形成解决问题的方案。
- 通过在媒体上报道忠诚计划组织的活动来支持企业的公关活动。
- 增加顾客支持能力，这种能力从质量上说要优于顾客从经销商那里得到的支持（特别是针对那些复杂的或需要更多说明的产品，如高科技产品）。
- 通过协助当地的广告活动及举办特别的展示会，来支持经销商的营销网络（如果顾客忠诚计划是由生产商发起的）。
- 其他特殊的目标。

由于企业所在的行业及自身情况的差异，企业实行忠诚计划的目标和重要性可能会有所不同，但在大多数情况下，它们与产品状况、产品线及企业状况有着直接的关系。例如，一个新的购物网站的主要目标是赢得新的顾客并增加其知名度，而对于一个成立已久的零售连锁超市而言，它的主要目标是提高客户忠诚度。

5.2.4 忠诚计划联盟

在传统独立的忠诚计划中，顾客往往需要累积足够的计划货币（如积分、累计里程等），才能获得相应的回报，并且这种忠诚计划对产品和服务类型的局限性较强。此外，由于各个公司之间都采取了类似的方式，因此，单纯的积累计划货币的独立忠诚计划不能有效地吸引更多的顾客。为了弥补上述缺陷，许多公司开始探索新的忠诚计划经营模式。其中，以美国联合航空公司的做法最为成功，该公司突破了单一的送免费里程的模式，建立了包括酒店、超市、健身房、餐馆、咖啡店等1 000多家联盟企业在内的计划联盟，美联航的顾客乘机旅行所获得的积分可以随时在这1 000多家联盟企业中消费。由于成功地建立了庞大的计划联盟网络，为顾客提供了多样化的选择机会，使美联航的客户忠诚度大为提高，并吸引了大批的新顾客，有效地提高了企业的经营业绩。同时，各联盟企业也从中获得了很大好处。

忠诚计划联盟，也叫积分联盟或多商家忠诚计划联盟，是指两家或两家以上的企业通过一定的合作方式或实施共同的忠诚计划，形成计划货币（如积分、累计里程等）互换机制，达到共享顾客、共享利益而形成的一种独特的关系营销手段，其最终目的是希望实现"1+1>2"的效应。忠诚计划联盟是以企业联盟和顾客加盟为基础，以计划货币互换、累计和兑换作为顾客利益驱动的一种营销模式。在我国，忠诚计划联盟也已在许多行业出现，由最初的航空业、电信业、金融业及零售业逐渐延伸到各行各业，其中最具代表性的有中国国际航空公司所参与的累积里程互认的"星空联盟"。在酒店业，较为著名的是近期实施的凯悦集团和全球奢华精品酒店（SLH联盟）共同建立的忠诚旅客计划战略联盟。凯悦天地会员在通过凯悦官方渠道预定参与的SLH旗下酒店，在入住时即可获得和兑换凯悦天地会员积分。

在忠诚计划联盟中，往往存在一个或多个发起企业，即联盟主体企业，联盟主体企业为了吸引更多的顾客，往往会不断扩大加盟企业的数量，同更多的企业签订合作协议，使之成为联盟中的长期伙伴，逐渐形成一个跨地区、跨行业的营销网络，这一网络的形成又吸引更多的顾客加入忠诚计划联盟。因此，在某些方面，忠诚计划联盟与传统的独立忠诚计划相比具有一定的优势。

由于忠诚计划联盟相对于独立的忠诚计划更具有吸引力，有助于鼓励已有会员顾客的进一步参与，因此，已成为广受欢迎的关系营销手段。同时，由于其在某些层面还具备企业联盟的特性，因此，也成为众多企业参与行业竞争的一种战略工具。此外，由于忠诚计划将会充分应用智能卡、无线识别等新技术在企业间相互渗透并普遍存在，这也给忠诚计划联盟带来了较好的发展空间和前景。

5.2.5 忠诚计划的发展阶段

忠诚计划的发展跨越了3个基本阶段，即奖励驱动阶段、数据驱动阶段和互动驱动阶段，如图5-9所示。

图5-9 忠诚计划发展的三个阶段

（1）第一阶段忠诚计划：奖励驱动的常客忠诚（1980—1995年）

第一代阶段忠诚计划的核心定位是识别忠诚客户并提供基于奖励的差异化服务，以这种转移支付的方式避免他们因无差别化的产品价格吸引而转到竞争对手那里。奖励驱动的忠诚计划一般具有5个主要特征：①以积分作为主要的激励形式。②以会员卡作为身份识别标志。③大多采用服务驱动的被动式客户管理模式。④通过在积分规则中设置障碍控制积分成本。⑤只有满足一定条件的客户才可以申请加入积分计划。

中国国际航空公司的常旅客计划是奖励驱动的忠诚计划代表之一。国航会员体系共分5个层级：普卡、银卡、金卡、白金、终身白金。注册会员即为普卡；后4个级别为精英会员，需要通过飞行累积航段或定级里程获得升级。根据不同的会员等级，国航会设置不同的奖励权益。如奖励额外里程、额外托运行李额度、贵宾休息室使用权、优先保证奖励机票/奖励升舱座位、超值里程票兑换等。这种会员忠诚计划带来了极佳的客户响应率，使得中国国际航空公司，在航空客运、货运及相关服务诸方面，处于国内领先地位。

（2）第二阶段忠诚计划：数据驱动的主动关系型忠诚（1990—2010年）

随着数据库技术的成熟和客户关系管理系统的应用，基于数据收集和数据应用的关系营销成为可能。忠诚营销从此进入了数据驱动的发展阶段，数据逐渐成为商业的核心资源。越来越多的企业需要主动管理客户关系，企业意识到与客户建立基于关系的互动不再是一种选择，而是竞争的需要。在这一阶段，企业旨在通过会员忠诚计划与客户建立更长久的关系，并在此过程中通过持续的营销沟通来研究和影响客户的交易行为，不断延伸产品线并向客户提供更全面的服务，从而提升客户的生命周期贡献。这类客户的忠诚计划具有以下特征：①客户关系管理系统。②主动累积交易数据。③主动发起营销沟通。④客户交互连接能力。⑤衡量客户钱包份额。⑥联盟忠诚计划的出现。

中国本土超市连锁经营商华联超市是典型的案例之一。与其他超市集团不同的是，世纪华联坚持运用现代信息技术，创建了独一无二的世纪华联模式。世纪华联以现代化信息化的管理为核心，以开拓全球市场为目标的经营理念。华联超市引入会员管理系统纳客软件，提供储值消费、刷卡消费、消费积分，而这些数据能在后台看到，然后配合一些硬件设备完成各项储值、刷卡消费、积分、打印小票、消费后自动发送短信、统计会员消费、分析会员消费情况，让华联集团的管理真正现代化、人性化、服务周到化。

（3）第三阶段忠诚计划：互动驱动的数字化忠诚（2005—2020年）

随着社交网络和移动智能应用的发展，信息网络也逐渐进入到移动互联网时代。数字化带来数据的迅速丰富，数据量以指数级的速度增长，同时平均数据质量也有所下降。忠诚计划的重心已经不再是获取数据，而是如何提升数据质量并应用数据洞察来支持更有效的决策。因此，互动驱动的忠诚计划目标是在与客户建立持续连接的基础上，与客户保持更持久的服务关系，向客户提供更丰富的利益。在数字化时代，顾客忠诚计划具有以下特征：①识别注册化。②内容数字化。③服务订阅化。④参与体验化。⑤记录自动化。⑥服务自动化。⑦场景移动化。⑧规则游戏化。⑨互动实时化。因此，连接关系建立起的卓越体验成为数字化客户忠诚计划成功至关重要的因素。忠诚计划也形成以会员账户为基础，基于会员账户提供数字化内容服务和付费订阅服务的模式。连接客户的互联网服务平台是数字化时代的产物。同时，忠诚计划的发展也受到平台化的影响，以往需要通过联盟才能形成连接庞大客户网络和服务资源的平台。

作为中国最富创意的零售商之一,盒马鲜生在其忠诚度产品上反映了力图改变游戏规则的心态,以独一无二的"任务式"游戏化元素将食品零售领域内的购物体验提升到前所未有的新高度。通过网上购物或访问盒马鲜生在上海或北京的实体店,客户将自动在盒马鲜生 App 中获得相应积分。这些积分在 App 中以"宝盒"或宝箱的形式呈现。在电影《狮子王》热映期间,受《狮子王》中荣耀之地和场景的启发,盒马鲜生推出《狮子王》的多款独家周边商品,消费者可消耗购物积分,通过游戏免费领取。因此,在 App 中选择商品的同时,购物者可踏上穿越大自然之旅。目前,盒马鲜生凭借科技层面的创新、数据驱动的运营方式和线上线下一体的经营思路,已实现用户月购买次数达到 4~5 次。

5.3 客户交叉购买和向上购买

5.3.1 客户交叉购买

在服务与关系营销领域中,交叉购买的重要性不断凸显。交叉购买是相对于交叉销售而言的。对企业而言,交叉销售就是要在充分了解客户的基础上,借助各种分析技术和经验判断,发现现有客户的多种需求,通过满足其需求而销售多种产品或服务。交叉购买是指消费者在企业购买了产品或者服务后再次购买这家企业其他的产品或者服务。例如,现在家电市场上存在的"套购"政策,将电视、洗衣机、冰箱等家电以不同形式的组合,通过提供组合优惠进行销售。而顾客通过套购满足了多种家电需求,即形成交叉购买。一般而言,根据产品维度和时间维度的不同划分标准,交叉购买也可以具体细化为多种类型,具体如表 5-2 所示。

扩展阅读 5.3 信用卡行业的交叉销售与客户交叉购买

表 5-2 基于不同维度的交叉购买的类型划分

划分维度	划 分 标 准			交叉购买类型
产品维度	同类产品	相同品牌	相同型号、样式、颜色等	非交叉购买
			不同型号、样式、颜色等	
		不同品牌	相同型号、样式、颜色等	线内交叉购买
			不同型号、样式、颜色等	
	异类产品	相同品牌	相同型号、样式、颜色等	线外交叉购买
			不同型号、样式、颜色等	
		不同品牌	相同型号、样式、颜色等	
			不同型号、样式、颜色等	
时间维度	一次购物			即时交叉购买
	多次购买			跨期交叉购买

交叉购买可以被视为关系深化、关系发展、关系延伸和关系广度的表征。然而,让顾客交叉购买并非易事,因为并不是所有的顾客都愿意与企业建立关系并拓展这些关系。

顾客可能会拒绝企业交叉销售的产品,因为他们不想长期只与一家企业保持关系。即使有些顾客想与某家企业保持联系,他们可能也未必希望只由这家企业为他们提供所有的产品。因此,客户交叉购买受到多个层面的影响。从广义上来说,客户交叉购买的驱动因素可从顾客视角、企业视角、关系视角和跨层面视角 4 个方面进行体现。具体如表 5-3 所示。

表 5-3 客户交叉购买的驱动因素

研究视角	主要驱动因素
客户视角	人口统计因素(年龄、教育、性别、月收入、家庭领导者(户主)年龄)、房屋所有权归属、消费者的感知价值、购买体验、已经购买产品的数量、转换成本、客户对产品的信任、产品商店的形象以及顾客自身的需求情况、口碑传播、活动涉入和场所依恋
企业视角	一站式购物、直邮、关系营销工具(忠诚计划)、企业声誉、企业专长、便利性、形象冲突、服务质量、跨类别直邮、交易特征(购买时间间隔)、产品特征(首次购买类型)、营销努力、公司特征、网页设计、企业社会责任
关系视角	关系构念(满意、信任、情感性、算计性承诺)、关系水平和关系质量、商品相似性、长期关系、交易特征、顾客与企业的关系、关系情感策略、感知关系投资、支付公平、服务互动(顾客与店铺环境之间的互动、顾客与服务人员之间的互动、顾客与其他顾客之间的互动)
跨层面视角	将顾客视角、企业视角和关系视角进行结合,对不同驱动因素的相对重要性进行评价和加权

客户交叉购买关系到企业交叉销售及诸多利益的实现。交叉购买的客户生命周期更长,交叉购买对客户生命价值的这种正向影响表明,交叉购买影响购买频率,并最终影响客户生命周期价值。交叉购买能够减少企业获取新客户的费用,从而形成企业的价格竞争优势。由于已经获得了客户信息,所以企业面临的风险和责任较低,而且客户购买的产品和服务越多,他们与企业保持的关系可能越持久。在客户交叉购买过程中,随着与客户互动满意度的提高,企业能够更好地了解客户的需要和欲望,增强发展客户忠诚和抵御竞争者的能力,并最终提高盈利能力。

5.3.2 客户向上购买

扩展阅读 5.4 海信:小乡镇里的高端转化

向上购买是指消费者在一家企业购买更高等级的产品或者服务,是企业挖掘消费者更深层次消费潜力的结果。例如,客户购买了一部某品牌的手机后,又购买了这一品牌里更高性能、高配置的手机,客户的这种消费行为就是向上购买。例如,客户的原本购买期望是一部 iPhone12,但是在 iPhone13 上线之后,基于性价比、手机性能等因素,客户选择购买了品质更高的 iPhone13,这就是向上购买。与交叉购买不同的是,交叉购买是客户对同级产品或服务横向的增加,而向上购买是客户对产品或服务纵向的深入。因此,企业必须以客户的需求为导向深入挖掘客户购买潜力。因此,企业可通过向上销售等形式的增量销售来最大化客户资产。与客户向上购买相对应的,向上销售是指根据既有客户过去的消费喜好,提供更高价值的产品或服务,刺激客户进行更多的消费。如向客户销售某一特定产品或服务的升级品、附加品、或者其他用以加强其原有功能或者用途的产品或服务,向上销售也称为增量销售。这里的特定产品或者服务必须具有可延展性,追加的销售标的与原产品或者服务相关甚至相同,有补充、加强或者升级的作用。例如,汽车销售公司向老客户销售新款车型,促使老客户对汽车更新换代。

无论是交叉销售还是向上销售,其均是企业创造规模化营收、提高单个用户的平均订单价值,并促进销售业绩的主要方法。由于交叉购买与向上购买在产品纵横方向上的不同,交叉销售和向上销售在目标产品类别上也存在一定差异。具体如表 5-4 所示。

表 5-4 交叉销售与向上销售区别

销售方式	产品类型	举例
向上销售	购买其同类产品或者服务的升级品,性价比更高,用户感知价值更高	①6 688 元的 64 G 的 iPhone12→7 988 元的 256 G 的 iPhone12 ②半年 VIP 会员 1 999 元→全年 VIP 会员 2 999 元
交叉销售	满足客户多种同期购买需求,销售多种相关服务和产品:如互补性产品、同品牌产品、配件产品、同期多需求类产品等	①互补性产品:钟表→钟表 + 电池 ②同品牌产品:小米手机→小米手机 + 小米充电宝 ③配件类产品:相机→相机 + 相机镜头 ④同期多需求类产品:啤酒 + 纸尿裤

目前,向上销售的好处主要体现在两个方面。一方面,增加客户留存率。抛开冲动购买行为,客户会购买产品或者相关服务来解决问题,客户会较为全面地掌握自身的问题和需求所在,但是很难在众多备选方案中找到最佳的解决方案。2006 年,贝恩的一项研究表明,降低复杂性并缩小选择范围可以将收入提升 5%~40%,并将成本降低 10%~35%。因为选择数量的增加,客户做出决定的能力会降低,因此,需要通过简化客户的决策流程,通过缩小选择来提升向上销售。向上销售往往可以正确地帮助客户找到比他们预期要高的价值。另一方面,客户向上销售可以增加平均订单价值和客户终生价值。研究报告指出,向现有客户销售的可能性为 60%~70%,而出售给新的潜在客户的可能性为 5%~20%。通过对客户的向上销售,可以增加客户的平均订单价值,提升用户感知价值的同时,进一步提升客户终身价值。

由于向上销售和交叉销售均是提升单个用户的平均订单价值的重要方法,因此,在选择具体销售方式时,要根据实际情境选择合适的销售方式。根据 Predictive Intent 的研究显示,向上销售技巧,如向客户展示目前他/她在看的商品相似但却更高价格的产品能够提升 4%的销售额,相当于在大部分电商网站的推荐产品区域所卖出产品的 20 倍。而单纯的交叉销售,如展示购买过某种产品的用户也购买了其他商品仅能够提升 0.2%的销售份额。但在结账环节,交叉销售能够提升销售收入的 3%,但在此过程中要确保客户清晰知道他们的订单总成本,因为如果客户结账时不清楚,那么他们就会为订单中突然出现的交叉销售感到不适。因此,在进行向上销售时,要注意推荐的商品能够更好地满足客户的同一需求,而不是推荐种类差别较大的产品。例如,客户需要一部手机,却给他/她推荐一部电脑。同样在结账页面，也可以根据用户对商品的选择来使用不同的交叉销售技巧，为用户推荐相关需求类的产品，例如隐形眼镜的眼药水、手机的耳机等。

5.3.3 交叉购买和向上购买与客户资产的关系

无论是客户的交叉购买还是向上购买，其本质都产生超出自身预期的额外购买。因此，企业在每一个客户身上所获取的利润都会随之增加，即增加了客户的边际收益。而根据客户资产的计算公式，客户边际收益增加会推动客户资产的提升。由此可见，交叉购买和向上购买均是通过促进客户边际收益的增加进而推动企业客户资产的提升。因此，交叉销售和向上销售都是实现客户关系管理的最终目标——客户资产最大化的有效途径。

5.3.4 基于客户生命周期的客户运营

在第 2 章中，客户生命周期可以划分为潜客期、考察期、形成期、成熟期和衰退期 5 个阶段。而不同客户生命周期，企业的客户运营策略也存在差异。

▶ 在潜客期，企业首先要投入足够的时间和精力来研究潜在客户的兴趣点。对于不同层级的潜在客户，企业要设定相应的跟踪目的和跟踪频率。另外，要努力拉近与潜在客户的距离，将潜在客户进行转化，例如，针对消费意愿不强的潜在客户，采取开通会员可以免费领取口罩；再如鼓励老用户将产品推荐给新用户，或者利用促销本身就让有意愿的客户转化为真实用户等。

▶ 在考察期，客户需要从了解到转化为企业忠诚用户。此阶段的用户对企业产生的价值较少，可挖掘之处在于潜力很大，因为所有成熟度高的用户都是从考察期升级的。在此阶段，企业需要着重解决新用户的留存难题，一般从 4 个方面进行着手：①设计激励机制。②缩短用户购买时间间隔。③对每个具体品类设计新客户特权。④提升用户的交易次数。例如，美团上的许多电商在店铺里设置了新客户特权：收藏店铺之后指定商品可以获得首单免费或者超低折扣（0.01 折）等。

▶ 在形成期，用户的复购率和留存率均有大幅度提升。在此阶段，用户对于一个平台的认知存在刻板效应，因此，提升用户的复购的优先选择是尽量实现用户在单一品类的复购，在用户成长起来以后，再逐渐向其他品类进行导流。此外，也可以适时通过一些刺激复购的方法，促进新用户的复购。如定向品类补贴、定向发放红包、关联推荐、任务引导等。例如，拼多多发出的"百亿补贴"，对不同类型的商品种类设置不同的补贴力度，保证"大牌正品全网低价、让消费者提前嗨购'6·18'"。

▶ 在成熟期，企业要从 7 个方面对客户进行运营和管理。①建立用户成长体系和激励机制，及时搭建激励和连接用户的通道。②提升用户活跃，增加用户访问频次。企业需要打造高频次的产品功能或高频次交易型业务，提升用户主动活跃度，加强 App 触达用户的手段。③深挖用户需求，打造强大的供给能力，以供给驱动增长。④跨品类交叉购买。建立跨品类导流的手段和机制，引导用户跨品类购买，如通过关联推荐或者交叉发红包的形式。⑤增加购买频次。设计丰富的购买场景，做好关联推荐，此外要进行不定期的促销活动。⑥提高用户客单价。⑦活动固定化和常态化，搭建活动体系。针对节日营销以及用户购买欲望强烈的时间点开展重点营销活动。例如，大部分的品牌奶茶店（CoCo、茶百道等）均推出饮品满减活动或者指定饮品第二杯半价的活动，其本质上是提升顾客的单次购买价格。再例如，淘宝和天猫等电商每年"6·18"及"双十一"的大型折扣活动，就是一种常态化时间的活动体系。

▶ 在衰退期，企业要遵循3个主要原则：①建立流失用户预警机制。根据用户的购买时间间隔、金额、次数等对用户进行细分。当出现购买时间间隔过长、购买频次降低、购买金额减少的情况时，要针对这部分用户做出预警，详细分析其原因，并采取针对性挽留措施。②预警分析过程。对满足预警条件的企业启动预警机制，对用户进行分类，根据用户的价值高低进行优先级排序，高价值用户优先挽留。最后根据反馈结果建立用户档案，以便于后续持续跟踪。③潜在流失用户挽回策略。企业要分析清楚造成预警的真正原因，再采取相应的对策，制定适合本公司的挽留措施。常见的策略包括4种：①服务策略（电话回访、上门走访、赠送纪念品）。②产品策略（用户提供差异化、个性化的不同种类业务）。③价格策略（针对用户消费偏好提供具有竞争力的产品、针对潜在的流失用户提供有针对性的补贴价格）。④组合营销策略（多业务、多资源的整合）。例如，中国移动在经历了大规模的用户流失之后，在优化服务、改善用户体验的同时，也为老用户推出了三大特权：根据用户等级进行不同类型的套餐和服务升级活动、合理优化套餐（8元语音卡和流量卡、移动最稳卡等）、办理套餐送宽带送话费。

5.4 社群营销

5.4.1 什么是社群

（1）社群的概念

社群（community），广义而言是指在某些边界线、地区或领域内发生作用的一切社会关系。伴随着互联网和大众媒体的崛起，社群的含义也逐渐外延化，那些拥有共同利益或者认同同一事物的人组成的群体，亦可称为社群。从狭义上来说，社群是一群有共同爱好和需求的人通过有内容、有互动的多种活动形式组成。随着移动互联网技术的快速发展，基于社交关系的群连接和推广

扩展阅读 5.5 罗辑思维：教你玩转社群经济

成为新的媒介方式，以移动App为载体，细分社群逐渐大量涌现。如以知乎为代表的知识社群、以黑马社群为代表的创业社群、以拼多多补贴团为代表的商业社群、以宝妈社群为代表的亲子社群、各大学校的校友群等。

（2）社群的构成要素

总体而言，社群有 5 大构成要素，分别是同好（interest）、结构（structure）、输出（output）、运营（operate）、复制（copy），简称"ISOOC 原则"，以小米手机为例，我们对这五大构成要素进行详细阐述。

同好。所谓同好，是指人们对某种事物的共同认可或行为。例如小米在还没有推出手机之前，小米先做的是 MIUI 手机系统，运管团队把用户定位于发烧友极客的圈子，根据产品特点，锁定一个小圈子，吸引铁杆粉丝，然后逐步积累并扩大粉丝群体。

结构。一般而言，社群生命的持续性取决于社群结构的 4 个方面：①组成成员。最初的一批成员会对以后的社群产生巨大影响。②交流平台。这是同好日常交流的大本营和聚集地，如 QQ、微信等。③加入原则。对外部成员的进入设定一定的筛选机制，一方面保证质量，另一方面使得加入者更加珍惜社群。④管理规范。随着社群成员不断增多，需要加强对社区环境的管理，设立社群管理员，并不断完善群规，对大量的广告和灌水活动进行屏蔽。例如，小米成立初期，发烧友的主聚集地是论坛，在论坛上米粉参与调研、产品开发、测试、传播、营销、公关等。但论坛的缺陷是太封闭，人群扩展起来太难，因此他们又逐步通过"微博、微信、QQ"平台，组合扩散知名度。微博的强传播性，适合在大范围人群中做快速感染、传播，以及获取新的用户。在推出红米手机的时候，又选择了 QQ 空间作为合作平台，进行产品发布，因为 QQ 空间在三四线城市，有着广大的年轻用户人群，刚好跟红米的用户重合度很高。

输出。所有的社群在成立之初都具有一定的活跃度，但如果不能持续提供价值，活跃度会逐渐下降导致社群沦为广告群，或者面临解散的情况。因此，持续输出有价值的内容是考验社群生命力的重要指标之一。例如，小米能够拥有更好用的手机操作系统与硬件配置、电视、支付、路由器等外围基础设施扩展，不断布局小米生态圈的原因，是小米社群不断输出有价值的内容。小米产品 1/3 的改进意见来自社群的"米粉"，这些改建意见对于小米产品的改进和优化也贡献了很大的力量。

运营。在社群运营中，要着重建立"四感"，即仪式感、参与感、组织感和归属感。①仪式感。例如，加群要通过申请、入群要接受群规等，以此保证社群规范。②参与感。如有组织的讨论、分享等，以此保证群内信息的获取质量。例如，小米社区中最典型的"参与感"，小米系统的开发都是米粉提出要求，由工程师改进 MIUI 系统。③组织感。如通过对某主题事物的分工、协作、执行等，以此保证社群战斗力。④归属感。如通过线上线下的互助、活动等，以此保证社群的凝聚力。我们再看看小米的例子，小米会设置很多互动形式，为米粉打造归属感。如粉丝与媒体云集的"米粉"节、众多"米粉"交流互动的"爆米花"交流会以及根据城市地域举办的同城会等。

复制。复制决定了社群的规模。每个社群都有一定的成长周期，不同的阶段要用不同的节奏进行控制。另外，复制并不是一蹴而就的事情，而是综合人力、财力、物力、精力等多角度综合考量之后的结果，社群规模的扩大要于自身的实力进行匹配。例如，小米"硬件+内容"来建立生态圈的路线是借鉴苹果的做法，而现在，小米正在探索通过"小米之家"旗舰店服务,建立新的社群模式。

5.4.2 解读社群营销

社群具有强大的凝聚力和裂变能力,其情感价值的传播和自组织的沟通与合作催生并扩大了"社群经济",从而彻底改变了生产、营销和消费。社群营销是指在网络社区营销及社会化媒体营销基础上发展起来的用户连接及交流更为紧密的网络营销方式。也就是说,社群营销主要通过连接、沟通等方式实现用户价值,发展企业与用户之间的关系。

扩展阅读 5.6 知味葡萄酒杂志的社群营销

(1)社群营销的特点和优势

一般而言,社群营销具有以下 5 个特点。

• **弱中心化**。在社群中,人们可以一对多、多对多地实现互动与传播,并不是只有一个组织人和一个富有话语权人的单向交流,而是每个社群成员都能双向甚至多向沟通。例如,以知乎、豆瓣为代表的知识社群,人们可以就某一话题发表观点、意见和看法并进行交互,而没有身份和权力的限制。

• **多向互动性**。社群成员之间的互动交流,社群内的信息和数据时刻进行着平等互换,使每一个成员成为信息的发起者、传播者和分享者。例如,以创业者为主体的黑马社群,其主体内容更加强调社群组织内部的人群的互动交流,而交流的内容不仅包括业务上的干货分享,也包括作为一个创业者内心经历的分享。此外,黑马社群还有过引入辩论的形式,引导社群成员就一些具体问题进行讨论。

• **情感优势**。社群成员都是基于共同的爱好、兴趣而聚集在一起的。因此,彼此间更容易建立起情感关联。例如,苹果手机的果粉社区就是基于对苹果产品的喜好聚集在一起的,果粉之间对苹果产品的功能和价值评估上更容易产生认同,因而更容易建立起情感联系。

• **执行运转**。社群营销在一定程度上可以自我运作、创造、分享,甚至是进行各种产品和价值的生产与再生产。例如,拼多多补贴群、淘宝产品的秒杀群等,在群内收到秒杀或者补贴的消费者,他们会再拉有着相同需求的好友进群。通过不断的拉新、成交,从而促进社群的裂变和运转。

• **碎片化**。社群的资源性和多样性特点,使得社群在产品设计、内容、服务上呈现碎片化的趋势。例如,幻方秋叶 PPT 主打商务软件社群式学习,倡导"每天三分钟,碎片化学习"的高效学习方式,制定一周课程表:周一周三周四 PPT 教程,周二 Excel 教程,周五一起来拆书,周六秋叶随笔。一方面让用户充分利用碎片化时间;另一方面也体现社群资源的多样性。

而社群营销的优势主要体现在以下方面。

与传统的营销方式相比,**社群营销成本更低**。在社群中,每一个群员既是购买者,也是传播者。只要企业的产品过硬,运营得当,社群裂变所产生的营销效果巨大。

社群营销用户精准。社群营销是基于圈子、人脉而产生的营销模式。社群里面聚集的都是有着共同需求的用户,他们有共同的兴趣爱好、行动目的,甚至是思维方式都高度一致。

社群营销可以通过社交工具高效率的传播。社群的本质是链接,由手机端和电脑端构建的新媒体环境彻底突破了空间和时间的限制,将人与人之间联系在了一起,而且这种联系通常是一种基于熟人的联系。出于对于熟人的了解和信任,人们在咨询信息、购买产品等方面也更倾向于相信熟人。如果能获得一个用户的信任,那么熟人传播的力量往往会超乎想象。

通过社群能够发展与客户的关系,将用户粉丝沉淀下来。采用社群营销,把用过产品的客户的联系方式都沉淀到微信群里或其他的社交工具中,当有新的产品推出后,这些客户都有可能购买。因此,在如今企业运营成本、获客成本居高不下的环境下,企业在社群营销上寻求突破不失为一条有效的营销路径。

(2)社群营销的突破点

想要做好社群营销,企业需要找准社群营销的突破点。一般而言,社群营销的突破点体现在以下5个方面。

• **选好意见领袖**。每个社群都需要意见领袖。意见领袖是在团队中构成信息和影响的重要来源,并能左右多数人态度倾向的少数人。这个领袖必须是某一领域的专家或权威人士,他/她的作用是推动群内成员之间的互动和交流,树立起群成员对企业的信任感。例如,新兴母婴电商大V店,通过内容活动发现V友会中的意见领袖,并将她们培养成"班委",负责V友会的日常管理工作。大V店开启了"妈妈加油站",选出有影响力的妈妈作为站长组织线下活动。这些"大V"妈妈在满足个人社交需求,实现自我价值的同时,也分担了一部分运营工作。

• **受社群成员欢迎的产品**。所有营销的关键点是产品,如果没有一个有创意、有卖点的产品,再好的营销也得不到消费者青睐。所以,社群营销另一个有效的突破点是创造受社群成员欢迎的产品。例如,酣客公社是一个白酒粉丝社群。其将产品定位为匠心、情怀和温度感;仅售199元的可以PK茅台的极致白酒。通过社群卖酒,3个月销售2亿元,成为白酒销售业的传奇。酣客公社已成为首屈一指的中年粉丝社群和中年企业家粉丝社群。

• **向社群成员提供优质的额外服务**。企业通过社群营销可以提供实体产品或某种服务,满足社群个体的需求。比较常见的是:进入群可得到资料或者专家的咨询服务;成为会员可以享受群专属会员福利等。例如,罗辑思维在淘宝发售限量会员制,包括普通会员与铁杆会员。其中普通会员每年的会员费为200元,首批独享两年服务。铁杆会员的会员费为1 200元每年,除了独享两年服务之外,还会获得罗振宇每月送上的一本亲选好书。

• **宣传到位**。有了好的产品,再通过社群进行有效的宣传,这也是做好社群营销的关键。社群成员之间的口碑传播更容易获得客户的信任,而且也容易扩散。例如,知味葡萄酒会根据结构化的分析数据对用户进行分组，然后精准定向地向用户发送他们感兴趣的内容信息和产品营销内容。同时，基于对庞大的粉丝数据系统进行挖掘，知味可以据此为其粉丝发送完全个性化的促销信息。

- **选对社群活动的开展方式**。一般而言，企业社群活动的开展方式包括：企业自己建立社群，做线上、线下的交流活动；与目标客户合作，支持或赞助社群进行活动；与部分社群领袖合作开展活动等。例如，霸蛮社最初定位于在京湖南人米粉爱好者群。随着霸蛮社发展壮大，玩的形式已经不限于吃饭了，包括青年公益、观影会、读书会、北马等形式。现在，霸蛮社已经成为在京湖南人的乐活空间，成为湖南的一个文化品牌。

（3）如何进行社群营销

除了要抓住社群营销的突破点之外，企业还需要通过一些具体策略进行社群营销。

- **以社群用户为核心**。社群营销需要了解自身的对象客户，发展核心人群。例如，现在某些针对婚恋相亲网站所创建的相亲社群，就是聚焦于具有交友需求的单身男女，并且利用社交网络打破固有的交际范围，既方便又高效地为单身男女解决问题。
- **定位清晰，防止失焦**。在建群之初，组织者就需要对群的主题、定位、分享机制有通盘考虑，并在吸纳成员入群之时就做好普及工作，防止让社群偏离建群的初衷，避免因定位不清降低成员的向心力并引发用户的抵触心理。例如，拼多多在社群营销时始终坚持"拼团""补贴"和"优惠"的原则，保证消费者能够以最低价格购买到需求的产品。
- **正确把握"去中心化"**。所谓"去中心化"是指内容、信息不再是由专人或特定人群所产生，而是由全体成员共同参与、共同创造的行为。这样的营销管理模式能够极大调动群成员的积极性，增加了群沟通的畅通度，丰富了群内交流形式的多元性。但企业要把握好去中心化的程度，群主与管理员要适当制定社群规则，由管理者和成员一起维持秩序，才能更好地建设社群。例如，海尔社群 LOFTER 社群，目的是为顾客提供售后交流、用户反馈及提出改进建议提供的平台，在 LOFTER 社群中，消费者之间可以畅所欲言，共同交流。但海尔社群内也制定了相关的社区规则，对社群发帖积分、奖励制定了明确规定，并且设置专门的管理员对灌水用户进行清理等。
- **善用强大品牌的影响力**。强大的品牌影响力能够增强社群成员之间的黏性，加强品牌社群的凝聚力。例如，达尔文英语有其专属的教学App——流利说英语。在商业模式上，主要以创建学习社群和"每日 AI 课程打卡 + 微信群互动"为主，所有的教学都在社会化媒体平台中进行。流利说英语打着母品牌达尔文英语的"旗号"，吸引了众多的英语学习爱好者加入了社群。

5.4.3 用户圈层和社群化运营

（1）用户圈层和圈层营销

- **用户圈层**

在移动互联网传播过程中，受众更青睐于与自己影响力层级相似的人产生互动，因此，受众得到的信息也多来自于与自己影响力势能相似的圈子，形成"圈层传播"。圈层传播最重要的是圈层文化，它将一群有着共同兴趣爱好的人通过互联网聚集起来，并赋予其强烈的文化认同，产生对其所在圈子、对自我和对圈子成员的认同，进行信息的分析和交流。从单个用户圈层的特点和分类上来说，用户圈层可划分为"外圈层"和"内圈层"，内圈层的用户即是真正能对产品产生决定性影响的、在产品设计中最需要考虑的群体，他们是企业的核心用户。与"内圈层"用户相对应的是"外圈层"用户或者外围用户，这些用户可能会偶尔使用产品。

总体而言，圈层具有两个方面的特点：一是要有专业的文化标准，有共同的目标，保证传播的可持续性。此外，还需要核心的意见领袖进行引导。二是圈层的传播力，圈层文化是相对稳定的群体，但是会不断地扩大"涟漪"，影响周围的群体加入到圈层中。例如，爱奇艺推出的网络综艺《中国有嘻哈》就是小众文化利用用户圈层进行传播的成功案例。首先，节目的海选、录制、开播就在说唱这个特定的圈层中引爆。然后，由于说唱歌手们因其个性鲜明、追求潮流而在自身生活圈中备受瞩目，通过社交媒体等开始从圈层"内圈"极速向外扩散，加上节目效应的口碑传播，继而让说唱文化被大众市场所知晓。

- **圈层营销**

圈层营销是指在制定营销方案时有针对性地去筛选客户，通过分层的方法把客户划分为不同的圈层，然后有目标有计划地进行广告投放、互动设计、营销活动、服务体系设计等系列营销活动。例如，深圳的"星河丹堤"通过将楼盘定位在"CEO官邸"向商务人士进行圈层营销，CEO们在互相的敬仰中举杯共饮，在这场圈层运动中，成就了"星河丹堤"的畅销之势。一般而言，圈层营销有以下几个特点：①自我扩容。圈层营销的目的就是通过原有的客户来吸引更多的消费者加入这个圈层，也就是说，这种营销方式其实就是为了实现圈层的自我扩容。②永续经营。对于一个圈层，可以采用重复使用的营销策略，这样既可以保证效率，也可以降低成本。③精准互动。这是圈层营销的本质，通过圈层的精准划分，能够与圈层中的个体进行互动，通过服务维持已有的关系，让他们产生一种归属感和荣耀感，从而加强已有客户对于品牌的依赖。同时让潜在的客户产生对品牌的兴趣，扩大消费群体。

圈层营销一般按照以下步骤展开：①精准划分圈层。在进行圈层划分时，一定了解不同圈层中消费人群的心理需求和生活模式。针对不同的圈层，做出不同的营销方案，有针对性地开展营销活动。②把握关键人物。每一个圈层中都有关键人物，关键人物一般是在行业内有良好的口碑，或者说在顾客中具有一定的影响力和知名度。关键人物起着"领头羊"的作用，影响着圈层客户群的消费选择和心理。③挖掘专属渠道。每一个目标圈层获取信息都有特定的渠道，所以，在开展营销活动前找到他们获得信息的必要渠道，并通过这一渠道进行营销推广和传播，可以避免资源的浪费并且提高吸引客户的效率。④注重对于圈层的维护。要维系圈层，企业必然要不断付出，让圈层感受到企业的诚意和关怀，通过持续性的活动来加强企业和圈层的互动及圈层内的关系往来，而不是仅仅为了销售产品。

CP 文化就是圈层经济和圈层营销的案例之一。最早的 CP 文化来自于日本文学和动漫，例如《名侦探柯南》中的新兰 CP、柯哀 CP 等。随着 QQ、微博的兴起以及日韩文娱的流入，CP 圈层声量价值不断提升。尤其是在移动社交时代，随着内娱选秀的成熟和网剧的发展，催生出不少 CP 剧作，CP 圈层推动了相关产业的发展。从定位上，各大品牌根据群体特征、基础画像以及消费领域等进行深度解析，将这些 CP 圈层的消费人群定位于"90 后"或者"95 后"、一二线城市、消费自由度高的女性群体中。同时企业对营销合作内容及相应 CP 文化进行深入了解。从渠道上来说，圈层营销传播几乎集中在线上，且多为社交内容传播，如通过微博、豆瓣、B 站、粉丝平台等。从模式上，众多品牌已经开始运作 CP 的营销模式，如品牌与品牌组 CP、品牌与自己代言人组 CP、品牌与 IP 组 CP、品牌借力热门 CP，以及品牌自己产品内部组 CP 等。从"汉堡王×麦当劳"的"碰瓷"营销玩法，到"六神×RIO"的共创流量营销法，品牌与品牌强强联合，在"1＋1＞2"的声量影响下，不仅对用户心智和消费双向收割，同时也为品牌的"IP 化"打下基础。

（2）社群化运营

社群化运营是指将群体成员以一定纽带联系起来，使成员之间有共同目标和持续的相互交往，让群体成员有共同的群体意识和规范。因此，社群化运营主要是为了更好地发展与社群成员之间的关系。企业在社群化运营过程当中需要始终以社群成员为中心，充分调动社群成员间的交互与参与热情，通过社群的加法减法，不断地去优化社群成员的体验，从而打造出有生命力的社群。具体来说，企业的社群化运营可以从以下两个方面入手。

• **用户为王，以人为中心，为用户创造价值**。企业的社群运营绝对不是简单的社群营销，特别是在移动互联网时代，人的中心地位更加凸显，企业的经营中心需要从以往的产品转向人本身。企业需要突出自身的核心价值理念和产品优势，以吸引和黏住用户。同时通过有效的运营不断地为用户创造出意料之外的价值体验，从而保证用户的社群忠诚度。例如，美妆社群完美日记打造了"小丸子"人设，摸索出一套 IP 化的用户运营模式。形象上，小丸子不是高高在上的女神形象，而是邻家女孩，以闺蜜的角色与消费者产生联系和共情；功能上，则定位于"私人美妆助理"，为消费者提供美妆专业服务。如果消费者不愿意进群，就不会被强拉进社群内；进群后如觉得被打扰，也可自由退出。在社群内，小丸子会紧跟潮流，根据消费者的兴趣点和关注点，以高质量图文和视频等形式，推送美妆知识分享、直播和抽奖活动，引发消费者的持续关注和讨论。导购则以专业性影响消费者的购买决策，并引发消费者自发性地传播裂变。这种自然的聆听和交流，也激发了消费者去自主分享。

• **信任背书，建立信任关系，实现高效的互动连接**。社群是将同质化兴趣和需求的消费者连接聚合起来形成的，消费者是社区的核心，因此，群成员间的互相沟通是社群成长发展的关键。企业的一方面要在社群运营中展现自身独特的价值理念和个人魅力，以吸引和黏住更多的用户，建立起与社群成员的信任，从而实现基于信任关系的有效连接。此外，要细分用户需求，及时地为用户提供最佳的痛点解决方案，实现社群的场景落地。企业还可以通过多种途径，包括线上线下的活动、礼品奖励、主题竞赛等，为用户创造更多的价值体验，从而调动社群成员的参与热情，保证社群用户的高频互动。例如，依据城市而产生的车友会依据车型不同，可以划分为宝马、奥迪、奔驰等不同的社群。由于基于同一地区建立，车友会内成员彼此间的信任度高、合作和社交需大，相对应地，社群的价值也会更高。这种车友群通常具有名人背书，组织者可能为当地的企业家，这更增加了对群的信任感。除了对车相关问题咨询、投资和资源对接外，社群也会组织如自驾游等方式的聚会来实现群成员的互动连接。因此，这些社群能够实现高效的互动连接，社群的活跃率以及盈利转化率也比较高。

即测即练

案例讨论

数字化时代一汽-大众公司的客户忠诚策略

一汽-大众公司秉承实事求是的原则，利用大数据等技术精准把握客户的期望，针对汽车的主要特色和性能进行个性化定制化管理与服务，让客户在与车的进一步的接触中感受意外的惊喜，从而提高客户对一汽的满意度，进而提高客户的忠诚感知。一汽-大众公司通过产品、服务、奖励忠诚、提高转换成本等方式来提升客户忠诚度。

一、产品

自成立以来，一汽-大众公司始终把产品质量放在中心工作的位置上，使其真正成为产品生产过程中的灵魂。1996年，一汽-大众公司率先在中国汽车领域竖起了"质量至上"的旗帜。直到今天，一汽-大众公司从产销规模到市场占有率，从生产技术、产品技术到管理，都已经发生了深刻的变化。在产品款式上，一汽-大众公司始终以独特的设计理念和新颖的设计来打动消费者——通过对中国消费者心理需求独特的把握，设计出给客户带来耳目一新感觉的产品。

二、服务

1. 人性化服务

人性化服务主要体现在以下5个方面。

（1）保证电话畅通率。客服热线保持了24小时畅通，给客户带来良好的体验。

（2）规范接听电话态度。服务热线接听人员对客户来电接待用语的规范与标准程度，尤其是最初问候用语。

（3）客户的指导。对首次进服务站的客户提供全面的指导。

（4）客服人员能够给顾客提供保养中的注意事项、保养政策等。

（5）客服人员对客户的投诉的问题要给予及时的解释和帮助，并给出相应的顾客指引和处理意见。

2. 管理软件拉动服务

在一汽-大众公司，数字技术的应用与提升在管理服务软件方面也有很重要的体现。一汽-大众公司的售后核心流程和配套的教材，在全国的服务站全面推广，这进一步提升了一汽-大众公司的售后服务质量。一汽-大众公司不是仅仅停留在手工订单和手工操作方面，而是每家服务站都装上了这套软件，并要求加以贯彻实施。一汽-大众公司标准化、定制化的服务核心流程再加上先进的服务站内部的管理软件，不仅提高了服务站的服务质量和服务效率，而且为服务站省去了不少麻烦。

3. 数字化体验中心

一汽-大众公司的数字化品牌零售中心，让客户的体验方式实现了"数字化"。一汽-大众公司的数字化品牌零售中心突破了"店"的概念，是一个沉浸式的数字化交互空间，并以空间和圈层理念来塑造社区化的轻松氛围，把有趣好玩的3D打印咖啡/巧克力、儿童互动等功能区融为一体。在这里，客户能够充分体验娱乐、餐饮、亲子互动等服务，在舒适、放松的温馨环境中享受着轻松看车、购车等服务。

4. 超级App

一汽-大众公司还推出了超级App，这是一款基于全新大众汽车品牌设计的全球首个超级App。超级App是量产汽车品牌中理念最先进、流量最大、用户体验最佳、覆盖旅程最完整、迭代最敏捷的品牌App之一，目标是为用户提供极致体验的一站式车生活平台。

三、奖励忠诚

1. 奖励车友

积分兑奖超值回馈活动：一汽-大众公司每年都举办积分兑奖超值回馈活动。活动礼品包括工时费、电器、日用品、车饰和维修项目等，可以根据积分情况选择兑换相应礼品。

2. 奖励大客户

对大客户制定适当的奖励政策。生产企业对客户采取适当的激励措施，如各种折扣、合作促销让利、销售竞赛、返利等。

四、提高转换成本

一汽-大众公司通过各种免费活动"拴"住客户、增加客户的依赖性，同时减少客户流失。一汽-大众公司的会员、部分地区的客户在一汽-大众公司的4S店可以享受以下会员待遇：

（1）全年免费洗车（车身外表）、充气。

（2）免收换机油、机滤、空滤的工时费。

（3）全年免费4次全车打蜡。

（4）全年6次36项全车免费检查、电脑检测。

（5）正常维修保养工时费7折（事故车除外），部分配件9折。

（6）免费全程代办肇事车辆理赔业务（第三者除外）。

（7）免费提供保险咨询、续保业务。

（8）定期组织联谊试驾自驾游活动，费用AA制，并免费提供救援车辆。

（9）免费参加汽车知识方面讲座，培训活动与会员生活相关专业知识咨询。

五、增加客户对企业的信任和情感依赖

一汽-大众公司承诺"严谨就是关爱"的售后服务品牌的核心内容，为车主提供专业、周到和可信赖的服务。一汽-大众公司承诺，面向全国的上百万辆车主提供一年365天、每天24小时的全天候服务，并保证一般业务即刻回复，复杂业务24小时回复、疑难投诉72小时回复、紧急救援实时处理、每半小时跟踪处理情况的服务保障等。如果接到消费者对不遵守规定的经销商的投诉，经销商将被取消销售资格。

案例分析题思路

资料来源：王永贵，马双. 客户关系管理："ABCDE新时代"动态竞争制胜之道[M]. 2版. 北京：清华大学出版社，2021.

思考题：

一汽-大众公司是从哪几个方面管理客户忠诚的？

第6章

客户流失与赢回管理

◆ **本章学习目标**

1. 掌握如何识别流失客户、客户流失的原因；
2. 熟悉和掌握如何看待客户流失、区别对待流失客户、防范客户流失；
3. 熟悉和掌握客户赢回的内涵与意义、客户赢回的策略。

◆ **引导案例**

SY之惑：为何满意的客户在离开？

贵州SY汽车销售服务有限公司1998年6月创办，最初是一汽在贵州成立的仓储式汽车交易中心，从事汽车整车销售、汽车运输、汽车仓储、汽车配件销售、售后服务等。旗下拥有多家4S门店。日常设6个部门：销售部、售后服务部、客户关爱部、财务部、行政部、技术部。销售部主要负责了解汽车市场动态，控制销售流程并确保企业制定的销售目标能够实现。售后服务部主要负责策划、执行SY的售后服务策略，保证SY售后服务标准和服务核心流程的实现；客户关爱部工作职责是客户维修后3天内完成电话回访，维修保养到期提醒，流失客户回访和劝导。多年的经营与发展，SY公司的汽车维修与保养售后服务获得了当地客户的认可，建立了良好的口碑。

2019年，按照客户关爱部调查的结果，企业不同月份的客户满意度呈现稳中有升的趋势，2019年的客户满意度达到了97.9%。然而，售后服务部的调查报告却反映在过去一年里客户流失率明显上升，一年未到店的客户完全流失率自2019年初的19.20%增加到了2019年12月份的29.20%。客户满意度数据与客户流失率数据"跑到了一起"，从不断提高的客户满意度数据来看，说明客户对SY的汽车维修与保养流程及质量应该是认可的，但是客户流失率始终在提高，为什么满意的客户在离开呢？

SY公司分析了出现上述状况的可能原因，发现其客户满意度是通过电话调查获得的，时间是客户保养维修结束后的大约3天，只能够反映客户此时的看法，这个满意度距离客户下次消费时间太长，和客户之后的行为忠诚存在不一致。因此，不可以只通过客户满意度来评估维修及保养情况,而是应该强化客户忠诚度,才能留住客户。另外,目前 SY 企业客户流失现象存在以下特点:新车至 2 万千米的流失客户占比 47.2%,许多客户来到 4S 店体验服务后,没有建立信任关系便离开了。企业与新车客户的关系信任有待提高。行驶超过 2 万千米后,客户流失率却逐渐减少,也就是说客户享受超过 4 次服务后,对 SY 较为认可,初步产生了信任。SY 现在的质保期是 3 年 10 万千米,超过质保期的客户总体流失率不高,流失的客户中质保期未结束就离开的占比 56.7%,说明这部分客户感知价值没有得到很好地满足。SY 流失客户的主要流向是快修店,应当进一步探究宏观环境及竞争对手的特征,进而发现优劣势并采取相应的对策。

根据对已有情况的分析,SY 总经理夏总似乎觉得问题越来越清晰了,但又好像越来越复杂了。随着经济的发展,汽车售后市场容量越来越大,可是竞争也越来越大,经营了 20 年的 SY 如何降低客户流失?如何让客户不仅满意还忠诚呢?看着会议室里陈列的各种荣誉证书,夏总下定决心誓要"拨开疑云见太阳"。

资料来源:刘宁,聂帅. SY 之惑:为何满意的客户在离开?[J]. 中国管理案例共享中心,2020.

6.1 客户多生命周期阶段

在本书第 2 章第 2 节中,我们了解了客户生命周期的概念。在互联网被广泛运用的现代社会,客户获取信息能力大幅度加强且转移成本降低,客户在供应商之间的转移变得更加容易,这使得客户流失现象更加普遍。在此背景下,如何才能让企业耗费大量资源获取和维系客户的努力不付诸东流?越来越多的企业逐渐意识到赢回流失客户的重要性,纷纷面对流失的客户或"睡眠"的客户推出赢回策略(如现金红包、服务升级等),像淘宝上的店铺、美团上的商家都会定期地向流失客户的账户中放入一些现金红包,通过价格让利的方式激活这些客户。再如,Doubleday Direct 公司是一家有 70 多年历史的购书俱乐部,店面遍及全球。公司管理着 30 个图书俱乐部,开发新会员是其业务支出中最大的成本。由于获取新会员成本高昂,Doubleday Direct 公司经常开展"拯救会员"计划,来重新激活那些已经离开的会员重新返回俱乐部,"拯救会员"计划取得了非常好的效果。这些赢回策略的目的都是为了让流失的客户重新与企业建立关系,开始下一段生命周期。在客户流失与赢回的背景下,客户就具有了多生命周期,如图 6-1 所示。

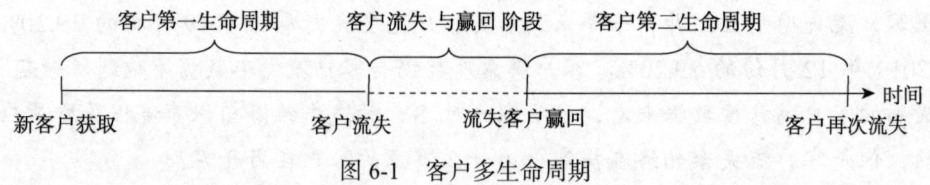

图 6-1 客户多生命周期

根据客户生命周期理论,在企业最开始获取新客户之后,会逐渐经历潜客期、考察期、形成期、成熟期和衰退期等阶段,最后企业的客户会逐渐流失,这就是客户的第一生命周期。而在客户流失之后，企业通过采取措施恢复和重建已流失客户之间的关系，可以赢回部分流失客户。而这些被赢回客户会再次经历新一轮客户生命周期，即进入到客户第二生命周期，并以此类推。因此，在客户流失与赢回的背景下，我们可以将客户看作具有多个生命周期。

在客户多生命周期的视角下，客户终身价值就转变为多个生命周期价值的总和。相对应地，为了提高企业的客户资产，除了尽可能延长客户生命周期外，还要尽可能地使流失掉的客户进入下一个生命周期，继续为企业贡献价值。

6.2 客户流失原因分析

客户流失是指企业原来的客户中止继续购买该企业的产品和服务，转而接受竞争对手的商品或服务。由于在"互联网+"时代，客户获取信息的能力大幅度加强且转移成本降低，这也使得客户在供应商之间的转移变得更加容易和普遍。事实上，在流失的老客户身上仍然蕴含着相当可观的利润，并且重新获取流失客户往往要比寻找新客户更节省成本。这是因为老客户对企业的产品或服务已经有了一定程度的了解，也已经建立起了一定的信任感。而获取新客户需要企业耗费大量的营销成本、管理成本等。同时，基于企业后台数据库中所包含流失客户的相关信息，企业可以更加精准、有效地赢回流失客户。要赢回流失客户，首先需要对流失客户进行识别，并对客户流失的原因进行分析。

6.2.1 识别流失客户

流失客户的识别可以根据客户购买周期来确定。如果客户在正常的生命周期中没有购买产品，这名客户就很有可能陷入了"休眠"状态，超过2~3个平均购买周期没有购买企业的产品，那么，这名客户很有可能已经流失。例如，客户平均两个月购买一次某品牌牙膏，如果客户在第3~4个月还没有购买企业的牙膏，那可以判定这名客户陷入了"休眠"状态，超过5~6个月还没有购买企业的牙膏，那么可以判断这名客户已经流失。

6.2.2 客户流失原因

客户流失原因是多种多样的，就一般情况而言，客户流失的原因主要体现在企业本身、客户以及市场竞争3个方面。

企业造成的客户流失的原因有以下几个方面。

- 产品/服务缺陷导致客户流失。包括产品设计缺陷、产品质量不稳定、交货不及时、缺少服务网点、售后服务滞后、投诉处理效率低、服务态度恶劣等。
- 企业诚信问题导致客户流失。例如，企业人员为了获得销售机会随意向客户承诺，

扩展阅读 6.1 泽越电子的客户流失原因分析

最后却无法兑现这些承诺。
- 客户管理疏忽导致客户流失。有的企业过分关注大客户，对中小客户冷漠怠慢，这让中小客户产生心理失衡而导致客户流失。
- 企业形象问题导致客户流失。客户对企业形象、服务形象、员工形象、企业精神、企业文化、企业社会责任等的不满也会导致流失。
- 企业人员流动导致客户流失。企业人员特别是高级营销管理人员的变动会带来相应客户群的流失。

客户导致的客户流失的原因有以下几个方面。
- 竞争者的吸引导致客户流失。竞争者通过产品创新和服务创新吸引客户，或者向客户提供特殊利益引诱客户，导致客户流失。
- 社会因素导致客户流失。社会因素包括社会政治、经济、法律、科技、教育、文化等方面的政策，对客户购买心理与购买行为的影响都可能导致客户流失。
- 客观原因导致的客户流失。这种流失是一些客户和企业都无法控制的因素所造成。这些因素有很多，如客户的搬迁、去世、企业客户的破产等，还有战争、季节、时令、自然灾害等因素都可能造成客户流失。

市场竞争导致的客户流失的原因有以下几个方面。
- 市场竞争出现新的替代品对企业客户的吸引。
- 市场竞争带来的价格与感知价值竞争吸引走企业的一部分客户。
- 市场竞争带来的员工流失，造成员工带走一部分老客户。

6.3 正确认识客户流失

客户流失有些是企业的服务质量等原因造成的，此外也包括客户自身的习惯改变、客户成长等原因。对企业而言，正确地看待客户流失，意识到有些客户流失不可避免，但重视客户挽回的机会是客户关系管理的重要原则。

6.3.1 如何看待客户流失

（1）客户流失具有不可避免性

新陈代谢是自然界的规律。企业的客户也具有一个新陈代谢的过程，特别是在互联网和数字技术迅猛发展的今天，客户流动的风险和代价越来越小，因而客户流动的可能性越来越大。客户关系在任何一阶段，任一时点都可能出现倒退，无论是新客户还是老客户，都可能会流失。此外，由于客户自身原因造成的流失，企业很难避免，既无能为力，也无可奈何。因此，企业幻想留住所有客户是不现实的，就算能做到，也需要付出高额的挽留成本。企业应当客观地看待客户流失问题，将客户流失率控制到很低的水平即可。

（2）客户流失给企业带来了负面影响

客户流失意味着客户不再忠诚企业服务和产品，而是转移到其他企业的产品和服务中去，因此，会给企业带来很大的负面影响。一般而言，客户流失的负面影响主要体现在以下4个方面。

- **直接影响企业收入和利润**。流失一位重复购买的客户，企业从该客户身上因推荐产品而获取的有效收入明显下降。如果企业没有及时采取挽留措施，客户永久流失后会造成企业难以弥补因开发和维系客户关系而产生的前期成本，并最终导致利润下降。
- **影响企业信誉，造成开发新客户受阻**。企业失去一位客户不单单是损失从其身上获利的可能，还可能损失与受其影响的客户的交易机会，因为客户可能散布不利于企业的言论，对企业的信誉造成影响，甚至会动摇和瓦解"客心"，客户流失不仅阻断了老客户的裂变，还对企业开发新客户带来了困扰。
- **为竞争对手输送"弹药"**。客户资源在企业自己手里的时候，企业往往不珍惜，但是当企业与客户关系破裂、客户流失成为事实的时候，企业如果不能尽快、及时地恢复客户关系，就会造成客户的永久性流失。而这些客户很可能成为企业竞争对手的客户，壮大竞争对手的客户队伍和规模。当客户向竞争对手抱怨企业产品或者服务难以满足需求时，竞争对手会了解离开客户的需求，从而帮助竞争对手做得更好。而随着竞争对手客户增多，生产服务规模扩大，其成本随之下降，就会对自身企业产生威胁。
- **打击员工士气**。员工吸引流量、获得客户、促成交易、引导销售和支撑客户关系管理，都是需要付出努力的。员工确实看重薪资，但是能够让员工在工作中感到自豪同样重要。如果一家公司的客户不断流失，那么员工也会不断流失，尤其是高层员工。在一个被持续不断的消极气氛所包围的地方去维持一种积极的文化是很难的。在一个高客户流失率的公司，想要维持"以客户为中心"的文化更是难上加难。

（3）流失客户有被挽回的可能性

有一种看法认为客户一旦流失，便会一去不复返，再也没有挽回的可能，这是片面的。研究显示，向流失客户进行销售，每4个中会有1个可能成功，向潜在客户和目标客户销售、每16个才有1个成功。这主要是因为：一方面，企业拥有流失客户的信息，流失客户的购买记录会指导企业如何下功夫将其挽回。而面对潜在客户和目标客户，企业对他们的了解要少得多，往往会不知所措。另一方面，流失客户对企业存在一定的了解和认知，只要企业及时纠正引起他们流失的错误，那么流失客户还是有被挽回的可能。可见，争取流失客户的回归比争取新客户容易得多。此外，当流失客户挽回之后，他们就会继续为企业介绍新客户。最后，对客户而言，转化到其他企业或者品牌也需要承担一定的风险，如产品是否真的符合自己的需求，价格风险等，因此客户流失可能只是暂时的。只要企业做好挽留措施，加上客户对企业的关系和承诺，客户有很大的可能会被挽回。

（4）挽回流失客户的重要性

假设公司有10 000位客户，每年的客户忠诚度是80%。第二年还留下来的客户就是

8 000 名，第三年就是 6 400 名，第四年就是 5 120 名。由此看出，仅需要 4 年的时间，企业的忠诚客户仅留存 50%。另外，根据美国市场营销协会（American Marketing Association，AMA）客户满意度手册显示：每收到一个客户投诉，还意味着有 20 名有同感的客户；争取一个新客户比维护一个老客户多 6~10 倍工作量；同时客户水平若提高两成，营业额将提升 40%。因此，在客户流失前，企业要防范客户的流失，极力维护客户的忠诚，而当客户关系发生裂、客户流失成为事实的时候，企业不应该坐视不管、轻易放弃，而应当重视并积极对待，"亡羊补牢"，尽力争取挽回流失客户并尽快恢复与流失客户的关系，从促使流失客户重新购买企业的产品或服务，与企业继续建立稳固的合作关系。

6.3.2　区别对待不同的流失客户

由于不是每一位流失客户都是企业的重要客户，所以，如果企业花费了大量时间、精力和费用，留住的只是使企业无法盈利的客户，那就不值得了。此外，在资源有限的情况下，企业应该根据客户的重要性，来分配用于挽回客户的各种资源，挽回的重点应该是那些最能使企业盈利的流失客户，这样才能实现挽回效益的最大化。

针对下列不同级别的流失客户，企业应当采取如下基本态度。

（1）对关键客户的流失要极力挽回

一般来说，能够给企业创造较大价值的客户被称为关键客户，关键客户是企业产品和服务的重要购买者或者忠诚客户。如银行业中的金卡 VIP，或者企业的至尊会员、超级会员等。根据企业客户管理的二八原则，这部分客户占客户群体的总体比重不大，但能为企业创造很高的价值，是企业客户群体的基石，失去他们，轻则会给企业造成重大的损失，重则伤及企业的元气。如果企业的这部分关键客户流失，能被企业很好地挽回，将给企业带来较大的价值。所以，企业不仅要重视对关键客户的关系维护，当关键客户发生流失时，企业也要不遗余力地在第一时间将"关键客户"挽回，而不能任其流向竞争对手，这也是企业必须要做和不得不做的事情。

（2）对"普通客户"的流失要尽力挽回

普通客户是企业客户群体中最大多数的人群。普通用户单个创造价值有限，但普通客户数量众多，包括如一般会员或者非会员等，普通会员总体创造的价值很高，因此普通客户的重要性仅次于关键客户。企业在客户关系管理中不可忽视这部分主体客户，当企业面临普通客户流失时，企业应尽量地了解流失的原因，努力提出挽回建议和措施，尽力挽回流失的普通客户，使其继续为企业创造价值。

（3）对小客户的流失要见机行事

小客户是指那一部分对企业价值贡献很低的客户，这部分客户或者购买频次低或者购买价值很小。小客户也由于缺乏和企业的关系融合，常常对企业提出苛刻要求，这些要求数量多且较为零散。企业针对这类客户的流失，需要采取冷处理的态度，顺其自然，让客户自行选择去留。当然如果挽回这类型的客户不需耗费太多成本或精力，那么可以尝试将其挽回。

（4）彻底放弃根本不值得挽留的劣质客户

企业客户群体中存在着一部分信誉很差、吹毛求疵、阻碍员工正常工作的客户。这些客户常常被称为是劣质客户。对于这部分客户，企业应该果断放弃挽留，将这样的劣质客户早日从客户管理系统中排除。一般来说，劣质客户包括以下几种类型。

①不可能再带来利润的客户。

②无法履行合同规定的客户。

③无理取闹、损害员工士气的客户。

④需要超过了合理的限度、妨碍企业对其他客户服务的客户。

⑤名声太差，与之建立业务关系会损害企业形象和声誉的客户。

总之，对有价值的流失客户，企业应当竭尽全力、再三挽回，最大限度地争取与他们"破镜重圆""重归于好"。对其中不再回头的客户也要态度积极，尽量安抚好，使其无可挑剔、无闲话可说，从而有效地阻止他们散布负面评价而造成不良影响。而对没有价值甚至是负价值的流失客户，则抱着放弃的态度，及时止损。

6.3.3 防范客户流失

企业都明白，丢掉一个老客户将会带来巨大的损失，也许企业再开发10个新客户也难以弥补，但是老客户流失现象却时有发生，而且让很多企业不知所措。一般而言，客户的需求不能得到切实有效的满足往往是导致企业客户流失的最关键因素。因此，企业应从以下几个方面入手来堵住客户流失的缺口。

（1）实施全面质量营销

• 提供高质量的产品和服务是前提

顾客追求的是较高质量的产品和服务，如果企业不能给客户提供优质的产品和服务，终端顾客就不会对上游供应者满意，更不会建立较高的顾客忠诚度。因此，企业应实施全面质量营销，在产品质量、服务质量、客户满意和企业利润方面形成密切关系。企业一线员工是与客户最直接的接触者，员工的态度和服务质量直接影响着客户对企业印象一级客户的满意。例如海底捞为客户提供的不仅仅是火锅，更是极致的用餐体验。

• 让渡更多的顾客感知价值是关键

企业在竞争中为防止竞争对手挖走自己的客户，战胜对手，吸引更多的客户，就必须向客户提供比竞争对手具有更多"顾客让渡价值"的产品，这样，才能提高客户满意度并加大双方深入合作的可能性。为此，企业可以从两个方面改进自己的工作：一是通过改进产品、服务、人员和形象，提高产品的总价值；二是通过改善服务和促销网络系统，减少客户购买产品时时间、体力和精力的消耗，从而降低货币和非货币成本。

例如，著名的生鲜超市"钱大妈"在各大重点城市建设配送中心，成百吨的蔬菜、水果等新鲜食材都在在这里进行检验、分拣、打包等一站式物流配送服务，每日及时就近发送到各个门店。同时，为了让消费者能在第一时间吃到最新鲜食材，钱大妈在广东省的广州、深圳、东莞、中山等多个地区，以及武汉、上海、长沙、成都、重庆、苏州等重点城市搭建专业化、标准化的产品检验及仓储配送系统，所有食材全部经过精细化、系统化的检验、分拣、包装，在食材符合出仓标准以后才输送至门店，并且最大程度地保障每份食材的新鲜。这在保障消费者的食用体验的同时，极大降低了顾客购买产品的成本，受到了众多顾客的拥趸和好评。

（2）提高企业的市场反应速度

• 善于倾听客户的意见和建议

客户与企业间是一种平等的交易关系，在双方获利的同时，企业还应尊重客户，认真对待客户提出的各种意见及抱怨，并真正重视起来，客户流失才能得到有效改进。在客户抱怨时，认真坐下来倾听，扮演好听众的角色，有必要的话，甚至拿出笔记本将其要求记录下来，要让客户觉得自己的意见得到了重视。当然仅仅是听还不够，还应及时调查客户的反映是否属实，迅速将解决方法及结果反馈给客户，并提请其监督。客户意见是企业创新的源泉。例如，戴尔中国公司在上海戴尔解决方案中心召开了主题为"成功，从倾听开始"的戴尔咨询年会，目的是为了能够与用户面对面地探讨用户需求与问题，一同协助戴尔更好地改善产品及服务，与合作伙伴共同迈向成功。在活动当天，戴尔倾听到了许多来自戴尔企业级解决方案用户的分享，而这些在产品设计、用户反馈上的信息也被戴尔用来对产品的改进和创新，使得戴尔旗下的产品越发受到消费者的喜爱。

• 建立完善的客户检测系统，及时处理客户抱怨与投诉

企业要建立相应的沟通或者客户服务渠道，为客户投诉和提出建议提供方便。另外，企业认真对待客户的抱怨和建议，及时为客户提供用价值的信息，确保"声音"被反馈。例如，著名酒店锦江之星曾经有过因接待员过失、退给顾客的押金为假钞而被投诉的事件。事件发生后，门店经理立刻与客人取得联系，耐心听取客人发现假钞的经过，并对客人的遭遇表示同情和抱歉，酒店在进行双倍补偿的同时，还寄送了本地特产表示心意。而经过此事，酒店经理更加严谨地规范了员工的接待程序和操作规范，并对员工进行培训，让员工养成经手的现金都过验钞机的习惯。客户对酒店的回复表示满意，同时门店也与顾客建立了良好的关系。

（3）与客户建立关联

• 将企业战略和营销信息及时反映给客户

企业应及时将企业经营战略与策略的变化信息传递给客户，便于客户工作的顺利开展。同时把客户对企业产品、服务及其他方面的意见、建议收集上来，将其融入企业各项工作的改进之中。这样，一方面可以使老客户知晓企业的经营意图，另一方面可以有效调整企业的营销策略以适应顾客需求的变化。当然，这里的信息不仅包括企业的一些政策，如新制定的对客户的奖励政策、返利的变化、促销活动的开展、广告的发放等，而且还包括产品的相关信息，如新产品的开发、产品价格的变动信息等。例如许多消费

者在淘宝平台上购买产品会产生消费记录，淘宝平台的电商会根据消费者的购买记录将店铺中新推出的相似产品以后台推送或者短信的形式发送给客户，使客户能够及时了解新产品的信息。

- 加强对客户的了解

很多企业销售人员跳槽带走客户，主要原因就是企业对客户情况不了解，缺乏与客户的沟通和联系。企业只有详细地收集客户资料，建立客户档案，进行归类管理，并适时把握客户需求，才能真正实现留住客户的目的。企业还要确保客户的订货能正确、及时地得到满足，收集客户有关改进产品服务方面的意见，并将其反馈到企业的各个部门。市场上流行的客户关系管理（CRM）给企业提供了了解客户和掌握客户资料的条件，CRM主要是使用互联网技术实现对客户的统一管理，建立客户的档案，注明其名称、公司地址、资金实力经营范围、信用情况、销售记录、库存情况等，做到对客户的情况了然于心，并为其提供完善的服务，这样才能留住客户。例如，世纪华联以现代化信息化的管理为核心，以开拓全球市场为目标的经营理念。华联超市引入客户关系管理系统，提供储值消费、刷卡消费、消费积分等功能，并且这些数据能在后台看到，然后配合一些硬件设备完成各项储值、刷卡消费、积分、打印小票、消费后自动发送短信、统计会员消费、分析会员消费情况，让华联集团的管理真正的现代化、人性化、服务周到化。

- 进行满意度调研

研究表明，客户每4次购买中会有一次不满意，而只有5%的不满意客户会抱怨，大多数客户会少买或转向其他企业。所以，企业不能以抱怨水平来衡量客户满意度。企业应通过定期调研，直接测定客户满意状况。可以在现有的客户中随机抽取样本，向其发送问卷或打电话咨询，以了解客户对公司业绩各方面的印象。也可以通过电话向最近的买主询问他们的满意度是多少，测试可以分为高度满意、一般满意、无意见、有些不满意、极不满意5个类别。在收集有关客户满意度信息时，询问一些其他问题以了解客户再购买的意图是十分有利的。一般而言，客户越是满意，再购买的可能性就越高。衡量客户是否愿意向其他人推荐本公司及其产品也是很有用的，好的口碑意味着企业创造了高的客户满意。了解了客户不满意所在才能更好地改进，赢得客户满意，防止老客户的流失。例如，电信运营商专门与深圳满意度咨询（SSC）合作，就投诉处理、服务质量、运营等方面对客户满意度进行调研，通过电话、网络、实地拦截等方式收集数据。通过分析得出综合考虑顾客的评价和对满意度的影响大小、要重点提升的满意度驱动要素包括为欠费停机提早通知。这也为电信运营商的服务改进指明了方向。

- 优化客户关系

感情是维系客户关系的重要方式，日常拜访、节日问候、婚庆喜事、生日祝福、礼品惊喜等，都会使客户深为感动。交易的结束并不意味着客户关系的结束，在交易结束后还须与客户保持联系，以确保他们的满足持续下去。例如，椰岛造型的美容美发中心会根据顾客办卡记录和顾客信息，对顾客的生日进行存档。当顾客过生日时，椰岛造型会发送生日祝福短信。即便顾客已经注销会员或者不再进行消费,椰岛造型也会持续发送生日祝福。这给客户带来了一种温馨感,并且更容易获得客户的偏好。

总之,企业与客户之间建立良好的关联机制能够使企业和客户进行沟通,防止出现误解,同时也便于企业向客户展示企业的愿景、文化,加强客户对企业的了解。另外企业进行满意度调查和情感维系也是帮助客户关系优化的策略。

6.4 客户赢回策略

流失客户的赢回,是指恢复和重建与已流失客户之间的关系,主要针对那些曾经是企业的客户但因为某种原因而终止关系的客户。事实上,在流失的老客户身上仍然蕴含着可观的利润潜力。如果将赢回客户和开发新客户相比较,赢回老客户的成功率是寻找潜在客户成功率的 3~4 倍,并且重新获取老客户往往要比寻找新客户更节省成本。这是因为老客户对企业的产品/服务已经有了

扩展阅读 6.2 中国移动的客户流失与赢回管理

一定的了解,已经建立了一定的信任,并且企业拥有比获取潜在客户更得天独厚的优势——企业数据库中包含流失客户的大量信息。造成客户流失的许多原因,其实往往是一些小事和小误会而导致的不愉快,如果企业主动向这些客户伸出"橄榄枝",这些已经流失的客户很有可能转回到企业中。例如,我国企业在流失客户的赢回实践中,有的企业向"僵尸"/"睡眠"客户的账户中放入现金红包,以激发客户的再次购买欲望;还有的采取服务相关的赢回策略,如将流失顾客升级成 VIP 客户,使客户享有更多的特权和更高的地位感知,从而挽回流失客户。

(1)赢回客户的过程

赢回客户的目标是把中断和"休眠"的交易关系重新建立和激活。通常情况下,流失客户的赢回管理可以分为如图 6-2 所示的 5 个步骤。其中,识别流失客户、分析流失原因两个步骤已经在第 2 节进行阐述。接下来我们将阐述赢回客户的计划与策略、有效控制与过程优化、预防客户流失等 3 个步骤。

图 6-2 赢回客户的过程

①实施赢回策略。企业在客户赢回实践中应用的赢回策略形式繁多,有的企业采取价格相关的赢回策略,例如,向"休眠"客户的账户中放入现金红包,以激发客户的购买欲望;有的采取服务相关的赢回策略,如服务升级,使客户享有更多的特权和更高的地位感知从而挽回客户。所以,我们可以将赢回策略分为三大类:价格导向的赢回策略

（如红包、价格折扣、积分奖励等）、服务导向的赢回策略（如相同价格享受更高的服务、特殊待遇利益等）以及捆绑式赢回策略（价格与服务相结合）。

②有效地控制与优化。在受到赢回策略的刺激后，客户很有可能会"试探"企业，与企业不断接触来确定是否应该转回到企业中。这需要企业在实施赢回策略的过程中灵活处理这种情况，并按照客户的反馈不断调整优化。

③采取预防措施，防止已赢回客户的再次流失。将客户赢回之后并不是赢回管理的结束，如何预防这些客户再次流失成为企业面临的问题。

（2）以客户第二生命周期价值最大化为导向实施赢回策略

企业实施赢回策略来赢回客户的最终目的不只是让客户转回到企业中，而是实现客户第二生命周期价值的最大化。在客户面对赢回策略以及进入第二生命周期后，客户通常面临是否恢复关系以及恢复至何种程度（恢复多久、恢复多深入）等问题的决策选择，而是否恢复关系（对企业而言就是赢回的概率）、恢复至何种程度（对企业而言就是客户第二生命周期的长度以及盈利能力等）恰恰决定了客户第二生命周期的价值，如图 6-3 所示。在当今信息化时代，企业积累了客户在第一生命周期的大量数据，这可以帮助企业实施以客户第二生命周期价值最大化为导向的客户赢回管理活动。

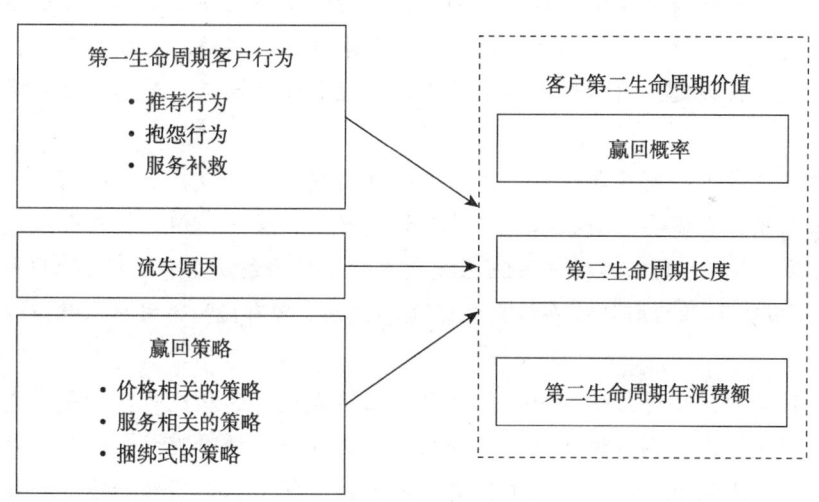

图 6-3 以客户第二生命周期价值最大化为导向实施赢回策略

在企业的后台数据库中，通常会记录客户在第一生命周期的推荐行为、抱怨行为及服务补救经历等信息。通常来说，有过推荐行为的客户最容易转回到企业中，因为他们本身对企业有着积极的评价和良好的态度；有过抱怨行为的客户则转回可能性相对较小，因为他们有了糟糕的经历，很难说服自己再相信企业；而经历过服务补救的客户更能体会到企业为了维系他们所做出的努力，更加容易认可企业，所以转回意向会很高。

企业可以通过与流失客户的沟通获得其流失原因，如果客户是因为对价格不满意流失的，这类客户很可能是价格敏感型的，通常企业会采取价格相关的赢回策略来挽回这部分客户。但是，即使成功赢回之后，这些客户也很有可能因为其他竞争者的价格促销策略而再次转移，他们带给企业的第二生命周期价值相对较低。对于那些是因为对企业的服务不满而转移的客户，他们对价格较为不敏感，只要企业提供了优越、高质量的服务，他们会愿意继续与企业保持交易关系，赢回这类客户会给企业带来的较高的第二生命周期价值。

即测即练

案例讨论

软件公司的客户流失与赢回

某软件公司采取项目开发与服务方式，提供物流软件的项目服务，经过多年市场开发，形成一定的用户群。公司通常针对用户的需求特点，实施二次技术开发，确保软件安装成功及试运行稳定，同时培训用户的软件管理或操作人员，使其能够正常使用该软件系统。

由于软件技术不断发展与完善，用户系统也需要不断升级换代。根据用户系统特点及安装年限长短，也需要适当收取一定的升级或者换代费用。但是，在升级换代活动中公司发现，原有用户中18%的用户系统已被竞争对手的系统所替代，35%的用户放弃不断升级换代的考虑，16%的用户放弃该系统方案的使用，只有12%的用户愿意接受升级或者换代服务。

面对这种局面，公司大吃一惊，是什么原因造成这样的状况呢？于是，成立调研小组实施专项问题调查。调查发现主要问题在于大部分用户的管理员或者操作员使用不当或者操作维护技术较低，造成系统不稳定、不适用。同时，厂商售后服务支持量加大，服务常常不及时或者脱节，以至于系统经常有瘫痪现象，数据丢失屡有发生。而且，一旦发生这种状况，系统管理员或操作员因担心自己的责任问题，也将所有的过失推在产品身上，造成用户单位对产品的不信任。

为了改变这种局面，公司出台"贴心大行动"，针对用户单位的系统管理员或操作员，实施常年技能培训，着重培养与提升其解决实际问题的能力。同时，针对各地区的技术支持要求，与当地原件服务商合作，成立技术队，对用户的系统问题提供技术支持等。

案例分析思路

"贴心大行动"提高了用户的回头率,重新燃起用户对公司的信任。在这一基础上,公司的软件升级换代工作顺利进行,也使用户系统在新技术支持下更稳定、更好用。

资料来源:苏朝晖. 客户关系管理:理念、技术与策略[M]. 三版. 北京:机械工业出版社,2020.

思考题:

造成软件公司客户流失的主要原因是什么?软件公司是怎么赢回流失客户的?

第7章

客户关系管理的工具

◆ **本章学习目标**

1. 熟悉客户关系管理的工具；
2. 掌握客户信息收集的方法；
3. 掌握客户关系管理系统的内涵、特征。

◆ **引导案例**

沃尔玛的意外发现

"啤酒与尿布"的故事产生于20世纪90年代的美国沃尔玛超市中，沃尔玛的超市管理人员分析销售数据时发现了一个令人难于理解的现象：在某些特定的情况下，"啤酒"与"尿布"两件看上去毫无关系的商品会经常出现在同一个购物篮中，这种独特的销售现象引起了管理人员的注意，沃尔玛超市通过对客户数据库的数据挖掘与分析，发现这种现象出现在年轻的父亲身上。

在美国有婴儿的家庭中，一般是母亲在家中照看婴儿，年轻的父亲前去超市购买尿布。父亲在购买尿布的同时往往会顺便为自己购买啤酒，这样就会出现啤酒与尿布这两件看上去不相干的商品经常会出现在同一个购物篮的现象。如果这个年轻的父亲在卖场只能买到两件商品之一则他很有可能会放弃购物而到另一家商店，直到可以一次同时买到啤酒与尿布为止。沃尔玛发现了这一独特的现象后，开始在卖场尝试将啤酒与尿布摆放在相同的区域，让年轻的父亲可以同时找到这两件商品，并很快地完成购物；而沃尔玛超市也通过让这些客户一次购买两件商品、而不是一件获得了很好的商品销售收入，这就是"啤酒与尿布"故事的由来。

沃尔玛超市通过对客户数据库的数据挖掘，发现购买某一商品的客户特征，从而面向那些同样具有这些特征却没有购买的客户推销这类产品。

7.1 客户数据的分析与应用

数据是企业决策的基础,如果企业想要做"事前诸葛亮",想要维护好辛苦与客户建立起来的关系,就必须像了解自己的产品或服务那样了解客户以及客户的需求变化,这样做的基础就是大量的客户数据分析。所以,对于企业来说,全面、准确、及时地掌握客户的数据和信息,正确进行客户数据分析,至关重要。

7.1.1 客户数据收集

根据客户的类型不同,应该掌握的客户信息也不同。

针对个人客户,应当掌握的信息应当包括以下几个方面的内容:基本信息、消费情况、事业情况、家庭情况、生活情况、教育情况、个性情况、人际情况等。针对企业客户,应当掌握的信息内容应当由以下几个方面组成:基本信息、客户特征、业务状况、交易状况、负责人信息等。

收集客户的信息要从点点滴滴做起,可通过直接渠道和间接渠道来完成。

具体来说,直接收集客户信息的渠道有以下几个方面。

(1)在调查中获取客户信息。

(2)在营销活动中获取客户信息。

(3)在服务过程中获取客户信息。

(4)在终端收集客户信息。

(5)网站和呼叫中心是获取客户信息的新渠道。

在调查中获取客户信息

即调查人员通过面谈、问卷调查、电话调查等方法得到第一手的客户资料,也可以通过仪器观察被调查客户的行为并加以记录而获取信息。

优秀的营销人员往往善于收集、整理、保存和利用各种有效的客户信息。如在拜访客户时,除了日常的信息收集外,还会思考:这个客户与其他客户有什么相同?有什么不同?并对重点客户进行长期的信息跟踪。目前,IBM 公司在已有市场经理、销售经理职位的基础上,增设了客户关系经理,其职责是尽可能详尽地收集一切与客户相关的资料,追踪所属客户的动向,判断和评估从客户那里还可能获得多少盈利的机会,并且努力维护和发展客户关系,以便争取更多的生意。IBM 公司的这种做法,使它获得了大量的客户信息。

在营销活动中获取客户信息

企业可以通过广告促销、与客户的展销会洽谈、往来函电、谈判等经营活动收集客户信息。

例如,广告发布后,企业与潜在客户或者目标客户进行联系,联系方式有打电话、剪下优惠券寄回、带其参观企业的展室等,一旦客户有所回应,企业就可以把他们的信息添加到客户数据库中。又如，与客户的业务往来函电，包括询价、发盘、还盘、接受、合同执行、争议处理等函电，可以反映客户的经营品质、经营作风和经营能力，也可以反映客户关注的问题及其交易态度等。因此，往来函电也可以帮助企业获取客户信息，是收集客户信息的极好来源。

在服务过程中获取客户信息

对客户的服务过程也是企业深入了解客户、联系客户、收集客户信息的最佳时机。

在服务过程中，客户通常能够直接并且毫无避讳地讲述自己对产品的看法和期望，对服务的评价和要求，对竞争对手的认识，以及其他客户的消费意愿，其信息量之大、准确性之高是在其他条件下难以实现的。服务记录、客户服务部的热线电话记录以及其他客户服务系统能够收集到客户信息。

此外，客户投诉也是企业了解客户信息的重要渠道，企业可将客户的投诉意见进行分析整理，同时建立客户投诉的档案资料，从而为改进服务、开发新产品提供基础数据资料。

在终端收集客户信息

终端是直接接触最终客户的"前沿阵地"，通过面对面的接触可以收集到客户的第一手资料。目前，超市普遍都设置了结账扫描仪，并且利用前端收款机收集、存储大量的售货数据，会员卡的发放也可以帮助超市记录单个顾客的购买历史。

商场可据此确定进货的种类和档次以及促销的时机、方式和频率，生产厂家可以知道什么样的人喜欢什么颜色的衣服、何时购买、在什么价格范围内购买，生产厂家就可以此针对特定的客户来设计产品，制定价格策略和促销策略。所以这些信息不仅对商场管理和促销具有重要的价值，而且对生产厂家也具有非常重要的价值。

但是，应当看到，终端收集一般难度较大，因为这关系到商家的切身利益，因此，生产企业要通过激励机制调动商家的积极性，促使商家乐意去收集。

利用社群来收集客户信息

社群是互联网时代的产物，意指"一群通过计算机网络连接起来的突破地域限制的人们，通过网络彼此交流、沟通、分享信息与知识，形成具有相近爱好的特殊关系网络，最终形成了具有社区意识和社群情感的社群圈"。

在社群中用户交互行为有很多，如发言、发红包，在使用第三方社群管理工具时还包括签到、邀请好友入群等行为。在社群内部，存在着多样大量的客户数据，包括访问、签到、发言、讨论、引导、分享等。

网站和呼叫中心是获取客户信息的新渠道

随着电子商务的开展，客户越来越多地转向网站去了解企业的产品或者服务，以及即时完成订单等操作，因此，企业可以通过引导客户访问网站主动进行信息注册的方式建立客户档案资料。此外，客户拨打客服电话后，呼叫中心可以自动将客户的来电记录在计算机数据库内。另外，在客户订货时，通过询问客户的一些基本送货信息，也可以初步建立起客户信息数据库，并逐步补充。

信息技术及互联网技术的广泛使用为企业开拓了新的获得客户信息的渠道，同时，由于网站和呼叫中心收集客户信息的成本较低，所以通过网站、呼叫中心收集客户信息越来越受到企业的重视，已经成为企业收集客户信息的重要渠道。

间接收集客户信息的渠道，是指企业从公开的信息中或者通过购买获得客户信息。一般可通过以下渠道获得。

（1）各种媒介。

（2）市场监督管理部门及驻外机构。

（3）国内外金融机构及其分支机构。

（4）国内外咨询公司及市场研究公司。

（5）从已建立客户数据库的公司租用或购买。

各种媒介

国内外各种权威性报纸、期刊、图书和国内外各大通讯社、互联网、电视台发布的有关信息，这些往往都会涉及客户的信息。

市场监督管理部门及驻外机构

市场监督管理部门一般掌握客户的注册情况、资金情况、经营范围、经营历史等，是可靠的信息来源。

对国外客户可委托我国驻各国大使馆领事馆的商务参赞帮助了解，另外，也可以通过我国一些大公司的驻外业务机构帮助了解客户的资信情况、经营范围、经营能力等。

国内外金融机构及其分支机构

一般来说，客户均与各种金融机构有业务往来，通过金融机构调查客户的信息，尤其是资金状况是比较准确的。

国内外咨询公司及市场研究公司

国内外咨询公司及市场研究公司具有业务范围较广、速度较快、信息准确的优势，可以充分利用这个渠道对指定的客户进行全面调查，从而获取客户的相关信息。

从已建立客户数据库的公司租用或购买

小公司由于实力有限或其他因素的限制，无力自己去收集客户信息，对此可通过向已经建立客户数据库的公司租用或者购买来获取客户的信息，这往往要比自己去收集客户信息的费用要低得多。

7.1.2 数据挖掘

数据挖掘是从大型数据库中提取人们感兴趣的知识，这些知识是隐含的、未知的、有用的信息，提取的知识表示为概念、规则、规律、模式等。

（1）数据挖掘的流程

首先，掌握企业内部各部门所负责的业务和业务特点，并把这些特点归纳为对现有数据进行分析的必要条件和参数。

其次，对现有数据进行详细归类整理和系统分析，对同类数据进行转换，对不符合条件和参数的数据进行清理，同时将可供挖掘的数据导入，有时还要从数据库的多个数据源中抽取相关联的数据并加以组合。

再次，建立数据挖掘的模型，为数据挖掘打造良好的基础框架。数据库技术在客户关系管理系统中起到了技术支撑平台的作用，客户关系管理系统在以数据库技术为代表的信息技术集成作用下，基本摒弃了市场营销领域靠经验决策的做法，极大提高了决策的科学性和准确性。

最后，对数据挖掘进行评估，在不同时段让系统对已发生的情况进行预测，然后比较预测结果和实际情况，以验证模型的正确性。

在完成了上述步骤之后企业可对客户关系管理系统中的数据进行保存，并且重复应用已建立起来的模型进行数据库的数据挖掘。企业内部的数据在经过这一系列的技术处理程序后，就形成了一条完整的数据挖掘流程，企业就能够更高效率地对拥有大量数据的数据库进行分析。

（2）数据挖掘技术的基本任务

数据挖掘是从数据仓库中发现知识的关键途径。概括而言，其基本任务主要有以下几个方面。

- 自动预测趋势和行为

数据挖掘可以自动在大型数据库中寻找预测性信息，因此，以前需要进行大量手工分析的工作的，现在都可以迅速而直接地通过数据挖掘得出结论。以市场预测为例，数据挖掘可以利用过去的促销数据，帮助企业寻找未来投资回报最大的客户。

- 关联分析

数据关联是数据仓库中存在的一种重要的可以识别的知识。若两个或多个变量的取值之间存在某种规律性，就称为关联。关联可分为简单关联、时序关联和因果关联等多种类型。关联分析的目的，是找出数据库中隐藏的关联网。当数据库中数据的关联函数难以掌握或不确定时，关联分析生成的规则就具有很好的可信度。

- 聚类分析

数据库中的记录可被划分为一系列有意义的子集，即聚类。聚类增强了人们对客观现实的认识，是概念描述和偏差分析的先决条件。聚类技术主要包括传统的模式识别方法和数学分类学。20世纪80年代初，出现了概念聚类技术，其要点是在划分对象时不仅考虑对象之间的距离，还要使划分出的类别具有某种内涵描述，从而避免了传统技术的某些片面性。

- 概念描述

概念描述就是对某类对象的内涵进行描述，并概括这类对象的有关特征。概念描述分为特征性描述和区别性描述，前者描述某类对象的共同特征，后者描述不同类对象之间的区别。生成区别性描述的方法很多，如决策树方法、遗传算法等。

- 偏差检测

数据库中通常会有一些异常数据,从数据库中检测出这些偏差至关重要。偏差包括很多潜在的知识,如分类中的反常实例、不满足规则的特例、观测结果与模型预测值的偏差、量值随时间的变化等。偏差检测的基本方法是,寻找观测结果与参照值之间有意义的差别。

（3）数据挖掘技术的应用

首先,数据挖掘技术应用于用户画像。企业可以基于客户终端信息、位置信息、消费信息等丰富的数据,为每个客户打上人口统计学特征、消费行为和兴趣爱好的标签,并借助数据挖掘技术(如分类、聚类、RFM 等)进行客户分群,完善用户画像,帮助运营商深入了解客户行为偏好和需求特征。

其次,数据挖掘技术应用于精准营销和个性化推荐。企业在客户画像的基础上对客户特征进行深入理解,建立客户与业务的精准匹配,以满足客户的需求,实现精准营销。利用客户画像信息、客户行为习惯偏好等,可以为客户提供定制化的服务,优化产品和定价机制,实现个性化营销和服务,提升客户体验与感知。

最后,数据挖掘技术应用于客户生命周期管理。客户生命周期管理包括新客户获取、客户成长、客户成熟、客户衰退和客户离开 5 个阶段的管理。在客户获取期,可以通过算法挖掘和发现高潜客户;在客户成长期,通过关联规则等算法进行交叉销售,提升客户人均消费额;在客户成熟期,可以通过大数据方法进行客户分群(RFM、聚类等)并进行精准推荐,同时对不同客户实施忠诚计划;在客户衰退期,需要进行流失预警,提前发现高流失风险客户,并做出相应的客户关怀;在客户离开期,可以通过大数据挖掘高潜回流客户。

7.1.3 大数据分析

大数据正在积极地影响着我国社会。它冲击着许多主要的行业,包括零售业、电子商务和金融服务业等,也正在彻底地改变我们的学习和日常生活。然而,仅有数据是不够的。对于深处大数据时代的企业来说,对大数据进行分析、应用的能力是价值所在。

在不同行业中,那些专门从事行业数据的收集、对收集的数据进行整理、对整理的数据进行深度分析,并依据数据分析结果做出行业研究、评估和预测的工作,被称为数据分析。大数据分析,是指用适当的方法对收集来的数据进行分析,提取有用的信息并形成结论,从而对数据加以详细研究和概括总结的过程。或者,顾名思义,大数据分析是指对大规模的巨量数据进行分析。大数据分析结合了传统统计分析方法和计算分析方法,在研究大量数据的过程中寻找模式、相关性和其他有用的信息,帮助企业更好地适应变化并做出更明智的决策。

大数据分析要注意以下 4 点。

（1）所有的数据都有用。在数据分析时,不能仅仅依靠一小部分数据采样,而要利用所有的数据。

（2）不断扩大数据量。找到并分析目标客户，要求企业拥有足够多的数据信息，并且在面对快速的、多源的、复杂结构的海量信息时，要乐于接受，同时要根据企业的发展需要不断扩大数据的分析量，而且是以自己力所能及的各种手段去获取信息。

（3）找到数据的相关关系。随着数据量的增加，企业要学会关注事物之间的相关关系，而不是一味地探求因果关系。

（4）强大的数据处理能力。大数据时代到来，社交网络产生的庞大用户以及大量用户生成内容（UGC）、文本信息、图片、视频、音频等非结构化数据也层出不穷。企业要想更快、更准确地对用户信息进行有效收集与利用，需要强大的数据处理能力作为支撑。

以客户为中心是客户关系管理理念的核心。从理论上来说，也可以在某种程度上把客户关系管理理念看作关系营销的延续。但真正让这一理念在企业实践中得到真正运用的，却是信息技术的飞速发展。如果说客户关系管理是一种构想，那么，信息技术就是实现美好蓝图的有力工具。如果信息技术没有在客户关系管理中得到应用，没有数据挖掘和大数据分析等信息技术的支撑，客户关系管理根本就不会有今天的发展。因此，从学习角度而言，只是理解了客户关系管理理念，并不足以让读者在企业的现实运营中把握客户关系管理的本质，还需要利用信息技术进一步掌握客户关系管理。

7.2 客户画像系统

在互联网步入大数据时代后，用户行为给企业的产品和服务带来了一系列的改变和重塑，其中最大的变化在于，用户的一切行为在企业面前是可"追溯""分析"的。企业内保存了大量的原始数据和各种业务数据，这是形成客户画像的基础。那么，如何利用大数据实施精细化运营和客户关系管理、建立企业客户的客户画像系统，显得尤为重要。如图 7-1 所示。

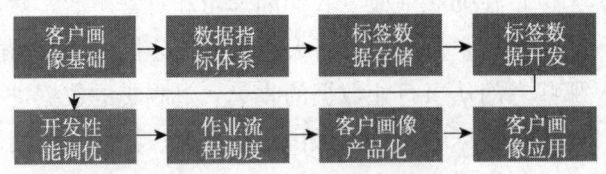

图 7-1　客户画像系统的组成

（1）客户画像基础

客户画像，即客户信息标签化，通过收集客户的社会属性、消费习惯、偏好特征等各个维度的数据，进而对客户或者产品特征进行刻画，并对这些特征进行分析、统计，挖掘潜在的价值信息，从而抽丝剥茧得出客户的信息全貌。客户画像可看作是企业应用大数据的根基，是实施客户关系管理的前置条件。

客户画像建模其实就是对客户"打标签"，从对客户打标签的方式来看，一般分为3种类型：①统计类标签：该类标签是最为基础也最为常见的标签类型，例如，对于某个客户来说，其性别、年龄、城市、星座等可以从客户注册数据、客户访问数据、消费数据中统计得出；②规则类标签：该类标签基于客户行为及确定的规则产生，例如，对平台上"消费活跃"用户这一口径的定义为"近30天交易次数≥2"；③机器学习挖掘类标签：该类标签通过机器学习和算法挖掘产生，用于对客户的某些属性或某些行为进行预测判断。例如，根据一个客户的行为习惯判断该用户是男性还是女性，根据一个客户的消费习惯判断对某商品的偏好程度。

在整个工程化方案中，系统依赖的基础设施包括 Spark、Hark、HBase、Airflow、MySQL、Redis、Elasticsearch。除去基础设施外，系统主题还包括 Spark Steraming、ETL、产品端三个重要组成部分组成。

（2）数据指标体系

数据指标体系是建立用户画像的关键环节，也是标签开发前要进行的工作，具体来说就是需要结合企业的业务情况设定相关的指标。数据指标体系的构成大致包括以下4个维度。①客户属性维度：常见客户属性指标包括用户的年龄、性别、安装时间、注册状态、城市、省份、活跃登录地、历史购买状态、历史购买金额等。②客户行为维度：常见用户行为指标包括用户订单相关行为、下单/访问行为、客户近30天行为类型指标、用户高频活跃时间段、客户购买品类、点击偏好、营销敏感度等相关行为。③风险控制维度：风险控制维度标签大致包括法院失信人、贷款逾期、贷款不良、同一设备有多账号登录、经常投诉客户、经常差评用户等。④社交属性维度：社交属性用于了解客户的家庭成员、社交关系、社交偏好、社交活跃程度等方面。常见的社交属性维度包括经常活跃时间段、活跃地、家庭成员等。

（3）标签数据存储

在画像系统搭建的过程中，数据存储的技术选型是一项非常重要的内容，不同的存储方式适用于不同的应用场景。常用的存储方式大致包括以下4种。①Hive：Hive 是基于 Hadoop 的数据仓库工具，依赖于 HDFS 存储数据，提供的 SQL 语言可以查询存储在 HDFS 中的数据。开发时一般使用 Hive 作为数据仓库，存储标签和客户特征库等相关数据。②MySQL：MySQL 作为关系数据库，在用户画像中可用于元数据管理、监控预警、结果集存储等应用中。③Hbase：Hbase 是一个高性能、列存储、可伸缩、实时读写的分布式存储系统，同样运行在 HDFS 上。与 Hive 不同的是，Hbase 能够在数据库上实时运行，而不是执行 MapReduce 任务，适合进行大数据的实时查询。④Elasticsearch：Elasticsearch 是一个开源的分布式全文检索引擎，可以近乎实时地存储、检索数据。而且可扩展性很好，可以扩展到上百台服务器，处理 PB 级别的数据。对于客户标签查询、用户入群计算、用户群多维透视分析这类对响应时间要求较高的场景，可以考虑选用 Elasticsearch 进行存储。

(4)标签数据开发

标签数据开发是客户画像体系搭建中最主要的环节,主要包括离线标签开发、实时类标签开发、用户特征库开发、人群计算、打通数据服务层等开发内容。离线标签开发主要围绕数据指标体系开发统计类标签、规则类标签、挖掘类标签等展开;实时类标签主要针对给用户展现实时性较强的场景开发相关数据,如首页新人弹窗、新人红包等场景;用户特征库围绕用户的每次行为明细记录相关数据,如用户浏览、搜索、收藏、下单等行为明细,一般特征库按日做时间分区;人群计算应用在数据服务层之前,业务方需要组合用户的标签来筛选出对应人群,通过人群计算功能组合标签划分出对应的人群;打通数据服务层,将业务方根据业务规则圈定出来的用户人群推送到不同的业务系统中去。

(5)开发性能调优

客户画像系统在数据开发阶段可能会遇到一些需要调优的场景,主要包括以下几种:①数据倾斜调优:数据倾斜是开发客户画像过程中常见的问题,当任务执行一直卡在map100%、reduce99%,最后的1%花了几个小时都没执行完时,这种情况一般是遇到了数据倾斜。在遇到这种问题时,可以采取过滤掉倾斜数据、引入随机数的方法。②合并小文件:在Spark执行"insert overwrite table 表名"的语句时,由于多线程并行向HDFS写入且RDD默认分区为200个,因此默认情况下会产生200个小文件。Spark中可以使用repartition或coalesce对RDD的分区重新进行划分,repartition是coalesce接口中shuffle为true的实现。在Spark内部会对每一个分区分配一个task执行,如果task过多,那么,每个task处理的数据量很小,这就会造成线程频繁在task之间切换,导致集群工作效率低下。为解决这个问题,常采用RDD重分区函数来减少分区数量,将小分区合并为大分区,从而提高集群工作效率。③缓存中间数据:在画像标签每天ETL的时候,对于一些中间计算结果可以不落磁盘,只需把数据缓存在内存中。而使用Hive进行ETL时需要将一些中间计算结果落在临时表中,使用完临时表后再将其删除。④开发中间表:在用户画像迭代开发的过程中,初期开发完标签后,通过对标签加工作业的血缘图整理,可以找到使用相同数据源的标签,对这部分标签,可以通过加工中间表缩减每日画像调度作业时间。

(6)作业流程调度

在开发完每一个画像标签对应的脚本后,需要将该脚本提上调度流,每天定时作业刷新昨天产生的新标签。在开发迭代的过程中,开发初期会使用 crontab 命令调度开发任务定时执行,但随着调度任务规模的增加,使用Kettle、Airflow这样的工具替代crontab做定时调度会提高集群工作效率。一方面可以帮助厘清任务之间的依赖关系;另一方面当调度出现异常时可快速定位出现问题的位置。

(7)客户画像产品化

客户画像产品化是把数据应用到业务服务中的一个重要出口,业务人员熟知业务,但对数据不了解。通过这种产品可视化的方式，方便业务人员分析客户群特征，将分析后的客户群推送到对应业务系统中触达客户，更方便、快捷地将数据赋能到即时查询、标签视图与标签查询、元数据管理、客户分群功能、人群分析功能等。

（8）客户画像应用

客户画像产品化后就成为业务人员接触客户、触达用户的有效工具。对于业务人员从经营分析的多个维度分析了解客户特征，可进一步通过消息推送、短信、邮件等多渠道触达、运营客户，有效帮助流量增长和 GMV 转化，提升用户体验。同时画像标签数据、用户行为特征库的构建，为推荐相关人员进行数据挖掘提供了底层支持。

7.3 客户关系管理系统

客户关系管理的核心内容之一，就是利用信息技术对客户资源进行集中而有效的管理。把经过分析和处理的客户信息与客户相关的各种业务领域结合起来，让市场营销、产品销售、客户服务和技术支持等部门能过够共享客户资源，使企业可以根据客户的需求和偏好提供有针对性的定制化服务，提高客户满意度，从而吸引和挽留客户，最终提升企业利润。而这些都是依靠客户关系管理（CRM）系统来实现的。

7.3.1 客户关系管理系统的特征

客户关系管理系统是指利用软件、硬件和网络技术，为企业建立一个客户信息收集、管理、分析和利用的信息系统，它以客户数据的管理为核心，实时记录企业在市场营销与销售过程中与客户发生的各种交互行为以及各类相关活动的状态，提供各类数据模型，并为后期的分析和决策提供支持。就其实质而言，客户关系管理系统是现代信息技术和管理思想的合体，它以信息技术为手段，对以"客户为中心"的业务流程进行组合与设计，进而

扩展阅读 7.1 "前台一张网，后台一条链"——海尔的 CRM 系统

形成一套自动化的解决方案，从而提高客户的忠诚度，最终实现业务操作效益的提高和企业利润的增长。在实践中，集成了客户关系管理思想和先进技术成果的客户关系管理系统，一般包含客户合作管理系统、业务操作管理系统、数据分析管理系统和信息技术管理系 4 个子系统，它们是企业实现以"客户为中心"战略导向的有力助手。

一般而言，一套完整有效的客户关系管理系统主要具有综合性、集成性、智能型和高技术性等基本特征。

1. 综合性

客户关系管理系统是企业各个业务单元的集成，实现了营销、销售、服务与支持职

能的信息化和自动化。在实践中，企业的营销和服务业务主要是建立在联络中心和决策中心运作的基础上，并需要在客户接触过程中保证沟通的正确性；企业的销售是利润实现的源泉，其功能实现离不开系统对市场、客户、竞争对手、政府政策等方面信息的支持，以及对销售计划、销售实施、销售人员、销售定价、销售合同、销售订单和销售业绩考核等事项的技术支持。因此，客户关系管理系统实际上是管理艺术和信息技术相结合的产物，在组成、功能以及运用上都具有很强的综合性。

2. 集成性

集成性是指不同要素之间的组合。客户关系管理系统的集成性具体体现在以下几个方面：第一，理论与技术的结合。客户关系管理系统是客户关系管理理论与信息技术的融合，是客户关系管理理论的信息化和信息技术在企业管理方面的集成应用。第二，信息的集成性。数据库是客户关系管理系统的重要组成部分，其本身就是数据收集和数据挖掘技术的集中运用。从前台获取的信息来看，该系统往往囊括来自客户、竞争对手、企业部门内部和外部的信息。第三，功能的集成性。从业务流程来看，客户关系管理系统是对营销、销售、服务等重要业务功能的集合，系统设计也主要是实现上述三大功能的自动化和一体化。除此之外，客户关系管理系统在不同功能模块之间、技术与技术之间等方面也呈现出诸多集成现象。

3. 智能性

客户关系管理系统的智能性是随着人工智等技术的发展而逐渐产生的，其前端仍然是以自动化和信息化为基础的。客户关系管理系统的智能性主要体现在商业智能化方面，系统从前台业务中获取很多有关市场、客户、竞争对手、政府政策等方面的信息以及企业内部运营相关的信息，这些信息数量大、种类多、内容复杂，必须要借助智能化的手段和数据挖掘技术、多维分析和智能报表等工具进行分析和利用，以此实现系统在企业经营管理（尤其是客户关系管理）中的重要作用。具体而言，企业将人工智能等相关技术应用于销售、客户服务和市场推销等业务层面，是客户关系管理系统智能性的一种体现。

4. 高技术性

客户关系管理系统涉及数据仓库、在线联机分析、数据挖掘、互联网和多媒体等多种信息工程和数据处理等专业领域的先进技术，一般而言，优质的客户关系管理解决方案必须有效地整合相关技术，并与先进的管理理念和管理模式结合起来，才能最终实现企业系统管理的目标。

7.3.2 客户关系管理系统的类型

CRM 是一种以客户为中心的业务模式，是由多种技术手段支持的、通过以客户为中心达到增强企业竞争力的商业策略。或者说，CRM 要达到的目标，就是在适当的时间通过适当的渠道给适当的客户提供适当的产品和服务，这不是仅凭一种技术手段就能够实现的。为此，CRM 的实现需要应用多种技术手段，也需要不同级别 CRM 系统的支持。从这个角度出发，美国研究机构——Metagroup 根据客户关系管理系统的功能，把客户关系管理系统划分为以下 3 种类型：运营型客户关系管理系统、协作型客户关系管理系统和分析型客户关系管理系统，这一分类现已得到业界的公认。

1. 运营型客户关系管理系统

运营型客户关系管理系统，也称操作型客户关系管理系统，它以企业前台业务流程的集成和整合为目标，实现以市场、销售、服务与支持为内容的系统流程化、自动化和一体化。一般而言，运营型客户关系管理系统主要发生在企业的前端，通常处在与客户、市场竞争者的频繁接触中，主要作用在于客户分析和服务支持。以业务流程为基础，运营型客户关系管理系统可以划分成销售自动化、营销自动化和客户服务与支持自动化三大功能模块。其中，销售自动化主要实现对销售业务的管理自动化，包括对客户联系人、销售订单市场机会、产品报价、销售渠道、对手跟踪、销售预测和统计报表等方面的自动化管理；营销自动化主要是为了实现对营销活动的自动化管理，包括对营销活动、网络营销、任务分派、销售线索和日历日程等方面管理的自动化；客户服务与支持自动化是企业前台业务的重点，主要是针对客户的服务请求、咨询、投诉以及客户关怀等功能而实施的管理活动。

相比之下，运营型 CRM 系统虽然具有一定的数据统计能力，但它是浅层次的，与以数据仓库、数据挖掘为基础的分析型 CRM 系统是有区别的。另外，运营型 CRM 系统不包含呼叫中心等员工同客户共同进行交互活动的应用，与协作型 CRM 系统有所区别。

2. 协作型客户关系管理系统

协作型客户关系管理系统是企业与客户进行沟通所需手段的集成和自动化的客户关系管理，其作用在于帮助企业更好地与客户进行沟通和协作，主要是追求客户互动的直接性、有效性和实用性，缩短企业与客户之间的距离，实现企业与客户在互动关系中构建密切协作。通常，员工是企业行为的执行者，反映到客户关系管理方面就是员工与客户共同参与到一项任务或流程，从而在实现企业为客户提供全方位客户交互服务的同时，达到系统收集客户信息的目的，其主要功能有电话接口、电子邮件和传真接口、网上互动交流等。这是一种较为理想的系统模型，促成了企业的主导作用和客户的能动性的有机结合，从而使企业和客户都能得到完整的、准确的、一致的信息。

协作型 CRM 系统主要应用于协同工作，适用于那些侧重服务和与客户沟通频繁的企业。它不拘于行业，适用于任何需要多种渠道地和客户接触、沟通的企业，具有多媒体、多渠道整合能力的客户联络中心是协作型 CRM 系统今后的主要发展趋势。

3. 分析型客户关系管理系统

分析型客户关系管理系统是指对运营型客户关系管理系统和协作型客户关系管理系统运转过程中产生的信息进行收集、梳理、分析、利用，并借助信息技术实现企业信息管理的自动化，为企业的战略决策提供支持的客户关系管理系统。其运行机制是以数据仓库/数据中心为基础，对来自客户、市场、合作伙伴、竞争者及业务部门的内部和外部数据进行整合、分析和挖掘，然后运用决策支持技术，把完整可靠的数据转化为有价值的信息或知识，最终运用于企业市场预测、经营决策和运营管理，其主要功能是针对客户接触、客户行为、客户沟通、个性化服务等方面展开系统的分析活动。

分析型客户关系管理系统应用大量交易数据进行帕累托分析、销售情况分析，从而可以对将来的市场趋势做出预测，它适合于大量客户数量巨大的金融、电信、证券等行业。

客户关系管理系统的分类主要是以系统的功能和业务流程为考量，其分类本身即是企业系统设计、实施和实现的功能载体。虽然客户关系管理系统分为 3 种不同类型，但它们彼此之间却是紧密联系、相辅相成的。处在企业前台的运营型系统利用其敏锐的触角为分析型系统提供基本的数据支持，而分析型系统的进一步工作则需要协作型系统提供功能支持。在分析型系统给出分析结果之后，系统会自动地将相关的客户联络方式传送到客户呼叫中心，再通过呼叫中心进行客户互动、提供客户关怀。这样，三大系统彼此之间分工明确、相互支持、互联互通，有机地组成了客户关系管理系统的整体。

7.4 全域营销工具

在数字化未到临的时代，阿里巴巴提出了全新的数据赋能的营销方法论——全域营销（Uni Marketing）。全域营销即整合各类可触达的消费者的渠道资源，建立全链路、精准、高效、可衡量的跨屏渠道营销体系。它以消费者运营为核心，以数据为能源，实现全链路、全媒体、全数据、全渠道的一种智能营销方式。通过数字化手段将"认知""兴趣""购买"及"忠诚"的消费者链路变成可视化可运营的消费者资产管理过程。在存量经济时代，流量红利逐渐消失，重构与消费者间的联结，基于数字化手段进行全域营销，是企业实现持续增长的必行之策。

全域营销能够结合公域流量驱动的潜客拉新和私域流量驱动的客户运营，陪伴企业完成从孵化、初创、成长到成熟的阶段过渡。从用户侧来讲，全域营销可以覆盖用户从品牌兴趣和认知、到消费转化、再到忠诚度和推荐意愿建立全旅程。例如，图 7-2 展示了某企业为客户提供的全域营销解决方案。

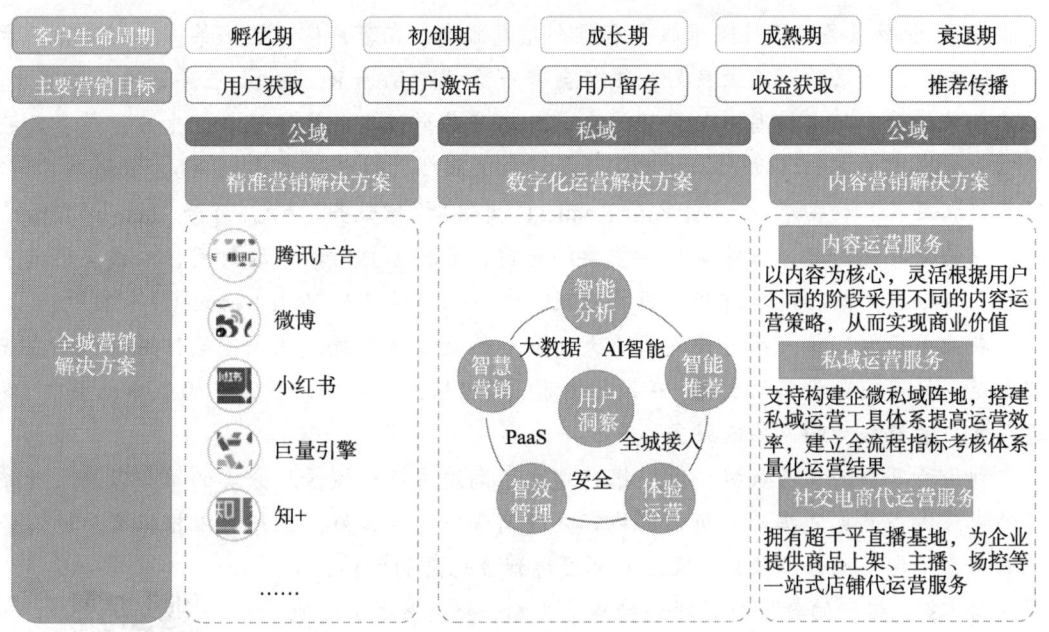

图 7-2 全域营销解决方案

即测即练

案例讨论

美国第一银行——CRM 支持"如您所愿"

作为世界上最大的 Visa 信用卡发卡行,美国第一银行拥有超过 5 600 万信用卡客户,其核心理念是"成为客户信任的代理人"。美国第一银行在与客户建立联系时采用一种被称为"ICARE"的要诀:I(inquire)——向客户询问并明确其需求;C(communicate)——向客户保证将尽快满足其需求;A(affirm)——使客户确信有争先完成服务工作的能力和愿望;R(recommend)——向客户提供一系列服务的选择;E(express)——使客户银行接受单个客户的委托。

在"ICARE"的基础上,美国第一银行推出了一项名为"At Your Request"(如您所愿)的客户服务,赢得了客户的信任,获得巨大的商业成功。无论是"ICARE"还是"At Your Request",都离不开第一银行先进的数据仓库的全面信息支持。

美国第一银行的客户可通过电话、电子邮件或网络得到"At Your Request"提供的 3

项服务：金融服务、旅行娱乐服务和综合信息服务。在客户使用美国第一银行的信用卡一定时期后，如果信用记录良好，银行会寄一份"At Your Request"业务邀请函给客户。客户如果接受，只需填写一份爱好简介，包括其每个家庭成员的姓名、生日、最喜欢的期刊、最喜欢的文娱活动等，就可获得各种相关服务。银行通过"At Your Request"帮助客户满足其各种需求，如"At Your Request"提供"提醒服务"功能，称为"Just-in-Time"，在客户的周年纪念日、特殊事件和重要约会前，会按客户所希望的时间、方式、渠道来提醒。再如客户想在饭店订座或想要送花，都可以通过"At Your Request"来实现。

在业务后台，第一银行开发了庞大而先进的数据库系统，从每一笔信用卡交易中提取大范围的有重要价值的数据。在银行看来，可以从大多数信用卡客户的业务记录中"发现"客户最感兴趣的商品或服务。

利用所掌握的交易数据，第一银行建立了高度准确、按等级分类的单个客户实际偏好的记录，当然也能据此分析出群体客户的消费情况和偏好。银行可以根据客户的消费偏好信息确定商业合作伙伴，从他们那里得到最优惠的价格，并提供给客户。银行的数据仓库通过持续地更新，会越来越清晰地反映出客户的需求和消费偏好，这为"At Your Request"业务的开展提供了最有力的信息支持。

案例分析思路

案例来源：苏朝晖. 客户关系管理建立，维护与挽救[M]2版. 北京：人民邮电出版社，2020.

思考题：

从客户数据的收集与分析角度，分析美国第一银行如何利用客户数据库管理客户关系？

参 考 文 献

[1] 王伟立. 任正非：以客户为中心[M]. 深圳：海天出版社，2018.
[2] 马宝龙，王高. 认识营销[M]. 北京：机械工业出版社，2020.
[3] 王永贵，马双. 客户关系管理[M]. 2 版. 北京：清华大学出版社，2020.
[4] 戴国良. 图解顾客关系管理[M]. 北京：企业管理出版社，2019.
[5] 苏朝晖. 客户关系管理建立、维护与挽救[M]. 2 版. 北京：人民邮电出版社，2020.
[6] 王广宇. 客户关系管理[M]. 3 版. 北京：清华大学出版社，2019.
[7] 张兵，于育新. 客户关系管理实务[M]. 合肥：中国科学技术大学出版社，2019.
[8] 赵宏田. 用户画像方法论与工程化解决方案[M]. 北京：机械工业出版社. 2021.
[9] 史雁军. 数字化客户管理：数据智能时代如何洞察、连接、转化和赢得价值客户[M]. 北京：清华大学出版社，2018.
[10] 马宝龙，姚卿. 客户关系管理[M]. 北京：中国人民大学出版社，2014.
[11] 苗月新. 客户关系管理[M]. 北京：清华大学出版社，2020.
[12] 秋叶，秦阳，陈慧敏. 社群营销：方法、技巧与实践[M]. 北京：机械工业出版社，2021.
[13] 黄天文. 引爆用户增长[M]. 北京：机械工业出版社，2020.

教师服务

感谢您选用清华大学出版社的教材！为了更好地服务教学，我们为授课教师提供本书的教学辅助资源，以及本学科重点教材信息。请您扫码获取。

》教辅获取

本书教辅资源，授课教师扫码获取

》样书赠送

市场营销类重点教材，教师扫码获取样书

 清华大学出版社

E-mail: tupfuwu@163.com
电话：010-83470332 / 83470142
地址：北京市海淀区双清路学研大厦 B 座 509

网址：http://www.tup.com.cn/
传真：8610-83470107
邮编：100084

中国高等院校市场学研究会官方推荐教材
新时代营销学系列新形态教材书目

书　名	主　编	书　名	主　编
市场营销学	符国群	促销基础	贺和平　朱翊敏
市场营销学（简明版）	符国群	营销实战模拟	孔　锐
消费者行为学	彭泗清	营销策划	费鸿萍
市场研究	景奉杰　曾伏娥	营销工程	沈俏蔚
国际市场营销	孙国辉	大数据营销	李　季
服务营销	王永贵	商业数据分析	姚　凯
组织营销	侯丽敏	旅游市场营销	白长虹
网络营销	龚艳萍	金融市场营销	王　毅
战略品牌管理	何佳讯	农产品市场营销	袁胜军　肖　艳
产品创新与管理	黄　静	医药市场营销学	官翠玲
定价策略	柯　丹	体育市场营销学	肖淑红
整合营销沟通	牛全保	电信市场营销学	吕　亮
营销渠道管理	张　闯	新媒体营销	戴　鑫
品牌管理	王海忠	绿色营销	王建明
零售管理	蒋青云	创业营销	金晓彤
销售管理	李先国	珠宝营销管理	郭　锐
客户关系管理	马宝龙